教育部人文社会科学研究基金"大城市外来人口住房不平等研究：多维测度、互动机制与融合路径"（17YJC790113）研究成果

感谢佛山科学技术学院"冲补强"专项资金和广东省社会科学研究基地"创新与经济转型升级研究中心"资助

问道落脚城市：
中国城市外来人口共享发展研究

潘　静　著

中国财经出版传媒集团

经济科学出版社
Economic Science Press

图书在版编目（CIP）数据

问道落脚城市：中国城市外来人口共享发展研究 /
潘静著 . —北京：经济科学出版社，2020. 11
ISBN 978 - 7 - 5218 - 2099 - 7

Ⅰ . ①问… Ⅱ . ①潘… Ⅲ . ①城市 - 外来人口 -
研究 - 中国 Ⅳ . ①C924. 24

中国版本图书馆 CIP 数据核字（2020）第 228103 号

责任编辑：刘殿和
责任校对：刘 昕
责任印制：李 鹏 范 艳

问道落脚城市：中国城市外来人口共享发展研究
潘 静 著
经济科学出版社出版、发行 新华书店经销
社址：北京市海淀区阜成路甲 28 号 邮编：100142
教材分社电话：010 - 88191309 发行部电话：010 - 88191522
网址：www. esp. com. cn
电子邮箱：bailiujie518@ 126. com
天猫网店：经济科学出版社旗舰店
网址：http://jjkxcbs. tmall. com
北京密兴印刷有限公司印装
710 × 1000 16 开 18. 25 印张 320000 字
2020 年 11 月第 1 版 2020 年 11 月第 1 次印刷
ISBN 978 - 7 - 5218 - 2099 - 7 定价：68. 00 元
（图书出现印装问题，本社负责调换。电话：010 - 88191510）
（版权所有 侵权必究 打击盗版 举报热线：010 - 88191661
QQ：2242791300 营销中心电话：010 - 88191537
电子邮箱：dbts@ esp. com. cn）

序

我国农业转移人口的职业转化与身份转换的困境和出路

——读《问道落脚城市》随感

陈广汉

　　《问道落脚城市：中国城市外来人口共享发展研究》是潘静博士研究我国高速工业化和城市化进程中，进城务工农民身份转换滞后于职业转换的缘由、影响与求解之道的一部学术著作。所谓职业转换，就是进城务工农民已经不在农村从事农业劳动，而是在城市的工业和服务行业工作。所谓身份转换，就是他们虽然在城市工作和生活，但是仍然是农业户口，没有获得他所工作和生活城市的户籍。在阅读全书的过程中，我感受到了一位青年经济学学者的社会责任、学术追求和务实严谨的治学态度。

　　经济发展的历史表明工业化和城市化是经济发展中结构变化的基本标志，是现代经济增长的显著特征和重要动力。改革开放以来，中国经历了快速的工业化和城市化，大量的农业劳动力从农村和农业部门流入城市的工业部门与服务行业，发生了人类历史上最为壮观的农业人口向城市的迁徙过程，推动了我国经济的持续高速增长。但是，在大量农民进入城市工业和服务业工作实现职业转化的同时，他们并没有实现从农村居民向城市居民的身份转换。进入城市工作的"农民工"没有获得城市的身份和城市户口，在社会福利、医疗保障和教育等方面，难以享受与城市居民的同等待遇。这种现象在我国沿海经济发达地区普遍存在，在珠三角地区尤为突出。在珠三角的一些城镇里外来务工人员占人口的比例高达本地户籍人口的五六倍，但他们多数最终难以在城市扎根。当他们人老体弱时，就会回归乡村故土。这是 20 世纪 70 代末期开始的第一代大多数农民工的真实写照。从目前看来，我国的城市化进程还远没有完成，解决城市外来务工人口的身份转化，使他们能够落脚城市，共享发展成果，实现共同富裕，是社会主义市场经济发展的本质要求，也是新时代实现共享发展需要解决的课题。广东是农业转移人口的大省，珠三角是外来务工人员最为集中的地区。本书作者亲眼目睹了珠三角一些外来务工人员的工作和生活状态，将研究聚焦于中国工业化和城市化中这个重要群体的工作、生活和发展前景，提出了农业转移人口"如何实现真正落脚城市"的问题，将"中国城市外来人口共享发展"作为全书的主题，探讨我国劳动力流向城市的原因以及外来人口在城市生存发展所面临的就业、居住、公共服务、社会融合等问题及其落脚定居城市的实现路径。这是新时代和经济发展新阶段实现国家现代化必须解决的课题，具有重要的理论和现实意义，体现了一个学者的社会责任和经济学的终极追求——对人的福利的关注。

二元经济结构模型是发展经济学研究发展中国家工业化和城市化的经典理论。从我所接触的学术文献看，最早提出二元结构和二元主义概念的是荷兰经济学家波克（J. H. Boeke）。第二次世界大战结束前夕，设在纽约的太平洋关系协会（Institute of Pacific Relations）的国际研究委员会组织了一次对远东和东南亚地区的考察，涉及的国家包括中国、日本和东南亚国家。研究的内容包括第二次世界大战期间该地区经济、政治、社会发展与演进的状况和趋势，以及战后经济、社会和政治发展的评估和预测。波克参加了这次考察和研究活动，随后发表了一系列著作，分析了一些殖民地国家存在的二元社会和经济结构，以及二元结构对这些国家经济、政治和社会发展的影响，认为由于不发达地区存在社会经济的二元结构，正统的西方经济理论不能解释和指导这些地区的经济发展，需要建立二元结构经济学（Dualistic Economics）。[①] 波克的二元结构分析不仅包括经济，而且包括社会和文化观念的差异，以及这种差异导致的冲突对这些国家经济发展的不利影响。如果说波克强调的是二元结构对发展中的国家经济发展的障碍，那么刘易斯（William Arthur Lewis）在《劳动无限供给条件下的经济发展》[②] 的著名论文中，提出的二元经济结构的理论模型，则对二元经济转型的过程、原因、动力和机理进行了分析，成为发展经济学的经典理论。同时，对刘易斯模式中可能存在的零值劳动假设、忽视农业技术进步、工业部门资本积累与农业剩余劳动力转移同步等问题提出了质疑。为了回应上述质疑和批评，费景汉（John

---

① ［荷］波克. 荷兰统治时期印度尼西亚群岛的经济结构［M］. 纽约：太平洋关系协会，1942；波克. 荷兰统治时期印度尼西亚群岛的经济的演进［M］. 纽约：太平洋关系协会，1946；波克. 对无声的远东的兴趣：东方经济学介绍［M］. 莱顿：莱顿大学，1948；波克. 二元社会的经济学和经济政策［M］. 纽约：太平洋关系协会，1953.

② 刘易斯. 劳动无限供给条件下的经济发展［J］. 曼彻斯特学报，1954，22（2）：139-191.

C. H. Fei）和拉尼斯（Gustav Ranis）将农业劳动生产率变化与工业部门技术进步的要素偏向类型引入二元经济结构模型，分析农业劳动生产率提高和工业部门不同要素偏向的技术创新，以及农业和工业部门的均衡发展对农业剩余劳动力转移和二元经济结构转型的重要意义。① 二元经济结构理论的这一发展将刘易斯二元结构模型一般化、公式化和数量化，被一些经济学家称之为最有用的发展中国家增长模型。② 随后，托达罗（Michael P. Todaro）分析了农业劳动力在城市就业的概率与城乡预期收入差距对农业劳动力转移决策影响，解释在一些发展中国家城市存在大量失业情况下，农业劳动力仍然流向城市，加入城市的失业大军的现象。上述理论的发展增强了二元结构学说对发展中国家工业化、城市化和农业劳动力向城市转移的解释力。尽管如此，中国工业化、城市化和农业人口转移的丰富实践仍然对这一理论提出了一些挑战。潘静博士在书中分析的城市新二元结构就是一例，表现为城市外来人口与本地居民在工资收入、行业准入、就职部门、职业流动、劳动权益保护等方面的差异。作者从社会资本、人力资本、户籍制度等方面分析了城市新二元结构形成的原因和破解之策。这些研究从理论上丰富了二元结构的含义和研究领域，从经济发展实践看具有积极的政策含义。中国城市新二元结构形成和破解，仅仅从经济和城市方面探讨是不够的。二元结构是一个社会从传统农业社会向现代工业社会转型过程必然存在的现象，它不仅体现在经济结构层面，而且表现在社会、文化和体制的多个方面。从马克思经济学的视角看，它不仅表现在生产力上，而且体现在生产关系和上层建筑等方面。在中国这样一个传统农业文明悠久，人口众多、地域广阔的国度，更是如此。社会、文化和观念的二元结构与经济二元结构是相互影响的。从社会经济发展的实践看，传统社会、文化和观念转变需要更长的时间，改变社会和文化的二元结构比经济二元结构难度可能更大。在一个自由竞争的统一和公平的市场环境下，资本、劳动、技术、信息等要素在城乡之间的双向自由流动，导致的农业与工业、乡村与城市的均衡发展，是二元经济结构转型的重要条件。我国城市新二元结构的很多问题其根源在农村，根本在农业发展、乡村振兴和农民富裕，在于城乡之间社会和经济有形和无形边界的消除和融合

---

① ［美］拉尼斯，费景汉. 经济发展的一种理论 ［J］. 美国经济评论，1961，51（4）：553－565；［美］费景汉，拉尼斯. 劳动剩余经济的发展：理论和政策 ［M］. 加利福尼亚：理查德·D. 艾尔温公司，1964.

② 陈广汉. 刘易斯的经济思想研究 ［M］. 广州：中山大学出版社，2000：69－123.

发展。

"莫道春来便归去，江南虽好是他乡。"如果将来城市外来人口不将他们工作和生活的城市看成"他乡"，城市的人才、资本、技术也能在农村找到像城市同样的发展机会和回报，那么城乡的融合发展和城市的新二元结构的破解也就有了希望。相信潘静博士能像她书中讲到的那样，不忘初心，在这一学术领域不断探索，再出佳作。

在本书付梓之际，受作者之托，写下上述阅读随感。

是为序。

2020 年 11 月 19 日清晨，完稿于深圳湾科技园丽雅查尔顿酒店

自　序

问道落脚城市，实现共享发展

记得曾读过加拿大专栏作家道格·桑德斯（Doug Saunders）撰写的一本书 *Arrival City*，中文译名《落脚城市》。书中描写了作者游历世界多个国家和地区，对于落脚于城市的乡村移民生存状态的所见、所闻、所感。生活在主要人口流入地的珠三角地区，笔者耳闻目睹农民工和异地就业大学生为了生计和梦想，义无反顾去往城市，而像"候鸟"一样漂泊在城市，并没有真正落脚城市，未能与本地居民共享城市发展的机会和成果。笔者由此萌生了一个想法：撰写一本研究当代中国新型城镇化进程中的城市外来人口问题的专著，取名为《问道落脚城市：中国城市外来人口共享发展研究》。不同于道格·桑德斯的书名原意"到达城市"，本书名的"落脚城市"意为到达并定居城市。并且参阅古语"臣闻问道者更正，闻道者更容"，本书名的"问道"又有两层含义：一是问"为什么落脚城市这么困难"；二是问"如何实现真正落脚城市"。全书主旨是探讨中国城市外来人口的共享发展问题。

本书写作的初心主要源于三个方面：

一是对人的福利的关注。在中国40多年的城镇化进程中，大量劳动力从农村流向城市，从农业部门流向工业和服务业部门，释放巨大的生产力潜能。城镇化如同增长的引擎，正成为未来很长一段时间促进中国城乡发展和经济持续增长的主要动力。然而，城镇化的推进究竟为了什么？促进经济增长只是一个中介目标，而最终目的是为了人的全面发展。记得恩师曾说过"社会科学的研究是可以有一种情怀的"，我理解的这种情怀就是对人的情怀，对民众福利的关注。怎样能够让包括外来人口在内的全体居民共享经济发展的成果？怎样能够实现就业机会、住房条件、公共服务、社会权益等方面的全面共享？这是两个值得思考的问题。于是，与本书论题结缘。本书"落脚城市"的篇章拟对城市外来人口在就业与收入、住房状况、公共服务、社会融合这四个领域的共享发展问题做分析。

二是对均等机会的追求。"共享发展"在经济学上可以追溯至包容性增长理论，后演进为包容性发展理论，倡导机会均等是包容性发展的核心，在新型城镇化进程中实现发展机会的均等性是共享发展的前提。印度籍经济学家阿马蒂亚·森（Amartya Sen）曾提出可行能力理论，建立"能力平等"这一新的平等观。"可行能力"即个人有可能实现的、各种可能的功能性活动组合。该理论认为拥有更大的实质自由、获得均等的发展机会和消除能力贫困是发展的要义。面对城市内部外来人口与本地居民之间的收入不平等、居住空间不平等、公共服务不均等、社会隔离等非包容发展的现象，值得担忧的主要还不是结果不平等问题，而是机会不平等等深层次的问题。对此，本书各章致力于探寻增进外来人口可行能力的内在动力机制，通过实证论据剖析造成中国城市外来人口与本地居民各类功能性活动差距的原因是结果不平等还是机会不平等，是源于市场的机制还是政策性因素，以便找到通过均等机会的创造、促进外来人口落脚城市的有效路径。

三是对激励机制的探寻。为什么促进外来人口落脚城市、推进农业转移人口市民化这么困难？原因在于促进外来人口落脚城市的一系列制度改革涉及外来人口与本地居民之间、人口流入地与流出地政府之间的利益再分配，若缺乏有效的激励机制，通过减少一部分人利益而去增加另一部分人利益的"存量改革"必然受到既得利益者的抵制。我们可以做的应是探寻由市场主导与政府调节协同推进、能够增进各方利益"共赢"的内生机制，实施"增量改革"，实现"帕累托改进"。这需要建立"人—地—钱"挂钩的激励机制，通过放开落户限制，建立"带地进城"新机制，构建财政转移支付同农业转移人口市民化挂钩机制，推进城市群发展模式，以便促进劳动力等要素在城乡之间、城市空间之间实现优化配置，做大经济"蛋糕"，有效分担市民化成本，增进包括外来人口在内的全体居民的利益。

围绕中国城市外来人口的共享发展的论题，全书分为去往城市和落脚城市两篇。上篇去往城市，探讨中国劳动力流向城市的原因，共三章。第一章是全书的总论，分析城镇化发展的理论与现实。第二章在"乡土中国"特定的社会情境下探讨中国农村劳动力流向城市的原因。第三章由"孟母三迁"的典故引入探讨城市公共服务供给对劳动力迁移地选择的影响。下篇落脚城市，探讨外来人口在城市生存发展所面临的就业、居住、公共服务、社会融合等问题及其落脚定居城市的实现路径，共五章。第四章探讨城市外来人口的就业和收入状况，分析外来人口与本地居民的职业获得和收入差距的影响因素。第五章探讨外来人口的住房现状特征，分析城市外来人口住房不平等的影响因素。第六章探讨外来人口享有城市公共服务的状况和参加社会保障的影响因素，分析农业转移人口市民化的财力支持状况。第七章探讨城市社会信任的影响因素，分析外来人口在城市的社会融合状况及其定居意愿的影响因素。第八章探讨促进外来人口真正落脚城市的有效路径。

本书立足当代中国现实背景，以故事开篇，基于文献和理论研究，使用中国家庭追踪调查（CFPS）、中国劳动力动态调查（CLDS）等覆盖全国范围的微观调查数据和宏观统计数据，用详实数据和丰富图表，运用计量统计模型，并穿插实地调研的案例和政策咨询分析，从理论和实证层面对各章的论题展开论述。

撰写专著和将研究的点点滴滴呈现给读者是一个寻找知音的过程。本书可能还有一些疏漏和尚待深入研究之处。在此，请读者不吝指教。

潘　静

2020 年 9 月于佛山

目　录

上篇　去往城市

下篇　落脚城市

上篇

去往城市

第一章 共享发展：城镇化发展的理论与现实

第 一 节 城 镇 化：增 长 的 引 擎

在中国改革开放以来快速经济转型与城镇化进程中，大量劳动力从农村流向集聚度更高的城市地区，从农业部门流向效率更高的工业和服务业部门，释放巨大的生产力潜能。1978 年中国城镇化率仅为 17.9%，2019 年常住人口城镇化率已上升至 60.6%[①]。根据人均收入增长趋势，预计到 2030 年中国城镇化率达 70% 左右，将有近 10 亿人生活在城市里。城镇化以劳动力的补给、资源的集聚、基础设施的互通、知识的分享为经济发展创造有利条件，有力支持中国近 40 多年来的经济高速增长。有研究表明劳动力向生产率迅速提高的制造业和服务业转移对中国 GDP 增长贡献率接近 20%。[②] 当前，中国城镇化进程正加速前行，城镇化如同增长的引擎，正成为未来很长一段时间促进中国城乡发展和经济持续增长的主要动力。

要素集聚是经济全球化的基本特征，要素集聚也是影响区域经济增长的重要因素。作为生产投入的基本要素，劳动力在城市的集聚对产业集群、知识分享、企业创新、城市经济增长都起着重要作用。与其他要素的集聚效应类似，劳动力要素的集聚具有扩大市场规模、促进基础设施建设、降低运输费用、促进技术外溢等规模经济效应；但在有限的城市治理能力下，劳动力的过度集聚也会引起交通拥挤、要素价格上涨、环境污染等负面效应，由此推测城市的劳动力集聚会存在一个理论上的最优规模（Au and Henderson，2006a）。现实中，城市劳动力集聚规模是否达到最优取决于劳动力集聚能否

---

① 国家统计局《2019 年国民经济和社会发展统计公报》。
② 国务院发展研究中心和世界银行联合课题组 . 中国：推进高效、包容、可持续的城镇化[J]. 管理世界，2014（4）：5－41.

提高城市的劳动生产率，如果城市的劳动生产率随着劳动力集聚规模的扩大而提高，那么该城市的劳动力集聚还未达到最优规模，此时仍可扩大人口流入；如果城市的劳动生产率随着劳动力集聚规模的扩大而降低，那么该城市的劳动力就是过度集聚。

国内外的研究普遍发现存在大城市的生产率优势，即人口集聚有利于城市生产率的提升，在人口密度大、经济活动密集的大城市中的劳动生产率比中小城市要高，存在城市规模的工资溢价（Combes et al.，2012）。锡康和霍尔（Ciccone and Hall，1996）基于美国县市数据的实证研究发现，人口密度每提高1%，城市劳动生产率将提高6%。踪家峰和周亮（2015）、彭树宏（2016）、胡尊国等（2017）基于中国微观调查数据的实证研究也发现中国大城市存在工资溢价现象。徐清和陈旭（2013）基于中国地级市面板数据的实证研究同样发现，在中国大部分城市中，随着劳动力要素投入的增加，城市的劳动生产率是上升的。这说明中国大部分城市的劳动力集聚规模并非过度而是不足，中国的城市远未达到最优规模，因而在现阶段继续推进农村劳动力向城市转移仍能提升城市的生产率水平，继而促进城市经济发展。

大城市的生产率优势主要源于三种效应：一是集聚效应，二是选择效应，三是补偿效应。对于集聚效应的产生，传统的解释是基于马歇尔外部性，即产业集聚可以通过中间投入品共享、劳动力市场蓄水池及知识溢出"三位一体"的机制来提高生产率（Marshall，1890）。当前的城市经济理论进一步认为，集聚经济导致城市收益递增源于分享、匹配、学习三种机制（Duranton and Puga，2004）：在更大人口规模的城市中，允许更有效地分享不可分割的基础设施、风险、多样性和专业化等所带来的收益；允许雇主与雇员之间、上下游企业之间等通过搜寻实现更有效的配对；有助于经济主体通过更频繁的、直接的互动促使知识创新、扩散与积累。又由于大城市的竞争更为激烈，效率较低的劳动者被淘汰或者自我选择进入规模较小的城市，形成选择效应和分类效应。而大城市的名义工资更高可看作对大城市高生活成本的一种补偿，形成补偿效应（Yankow，2006）。

当然，也有研究认为城市经济过度集聚引发拥挤效应，带来成本上升，表现为人口膨胀、交通拥挤、房价高涨、环境污染等问题，最终导致效率损失。例如，宁光杰（2014）基于中国农村外出劳动力样本，实证发现考虑不可观测能力特征和选择偏误之后，大城市的工资溢价不存在。然而，城市集聚经济成本的提高、"城市病"的产生不能简单归咎于城市人口规模的扩张和集聚经济的效率损失。由于要素集聚提升城市生产率作用的发挥是以城市综合承载规模和治理能力为约束条件的，当面临经济集聚效率下降时，通过提升城市综合承载规模和治理能力，可使生产可能性边界外移，减缓生活成本随人口扩张而上升的程度，此时人口的流入仍能保持城市劳动生产率不下降。也有学者指出人口的集聚、城市的发展反而能有效缓解城市问题（陆铭等，2019）。

　　既然青睐人口集聚提升城市生产率的好处，同时又担心人口过度集聚引起城市拥挤、成本上升的问题，那么这是不是一些大城市实施大力引进高技能人才而排挤低技能劳动力政策的充分理由？答案是否定的。首先，新经济地理学的文献证实经济集聚可提高制造业等可贸易品部门的劳动生产率，使得可贸易品部门的就业和工资水平上升，提高城市的总收入，这会增加对不可贸易品的需求，为服务业等不可贸易品部门创造更多的就业机会。其次，城市经济集聚也催生技术进步，技术进步与服务业就业需求之间存在互补性，计算机等智能技术的应用能够替代打字、搬运等一些重复性劳动，但无法替代保姆、医生等复杂性工作，这也会带来服务业就业的增加。最后，由于大城市高技能劳动者时间的机会成本较高，其对保姆、清洁工等低技能服务业的消费需求也更大。以上三个方面就解释了为什么近年来许多大城市吸引高级工程师、金融分析师、律师、医生等高技能人才集聚的同时，对家庭保姆、清洁工、快递员等工作岗位的需求也剧增，甚至出现家庭保姆月薪上万的现象。陆铭等（2012）的实证研究也发现较高技能和较低技能组别的劳动力均从城市规模的扩大中得到就业概率的提升，外来移民并不会挤占城市本地居民的就业机会。因此，一些大城市采取的限制低技能劳动力落户的措施只会导致保姆等低技能服务业岗位严重供不应求，有失效率与公平。

　　既然现阶段中国城市的劳动力集聚规模仍是不足，且经济集聚对城市高、低技能工作岗位的需求都有扩大作用，那么如何达到城市劳动力集聚的最优规模？刘易斯（Lewis，1954）指出发展中国家往往存在二元经济结构，将相对落后的农业部门的剩余劳动力转移出去才能实现二元经济结构向一元经济结构转变，而转出的劳动力则是城市部门劳动力集聚的重要来源。因此，城市化是包括中国在内的发展中国家的城市劳动力集聚达到最优规模的重要途径。换言之，中国城市劳动力集聚能否达到最优规模的问题实际上是中国城乡劳动力要素资源的最优配置问题。在完全竞争市场机制下，城乡劳动力要素配置遵循要素的边际报酬相等的原则，当城市劳动力的边际产出大于农村时，农村劳动力就会流向城市，从而促进城市的劳动力集聚。

然而，中国劳动力转移的市场机制并不完善。中国长期以来存在城乡二元户籍制度，尽管推行了 2010 年提出的"在全国范围内实行居住证制度"、2020 年提出的"放开放宽除个别超大城市外的城市落户限制"等多项户籍制度改革措施，但城市外来人口与本地居民之间享有城市基本公共服务水平仍有较大差距，例如，外来人口子女在城市上学需交纳高额的借读费，外来人口不能同等享有城市本地医疗保障等，且特大城市的落户限制仍没有放开。另外，大城市的高房价、就业歧视等隐性的准入条件也限制农村劳动力向城市转移。可见，中国城乡劳动力仍面临许多流动障碍，这造成中国城市劳动力集聚规模不足。奥和亨德森（Au and Henderson，2006b）也指出非常强的劳动力流动障碍已导致中国城市太小。

大城市的生产率优势说明，中国农村劳动力往城市集聚代表先进生产力的发展方向。2.4 亿农业人口转移抓住了城镇化的机遇，离开乡村，到城市里找到更具生产力、收入更高的工作。未来随着城市产业结构的转型、服务业的发展，城市对外来人口的吸附能力还会增强。外来人口的流入对城市来说并不是负担；相反，这恰是支撑城市发展的最具活力的资源。如果说城镇化是经济增长的引擎，那么城市外来人口就是推动引擎运作的最主要的补给能源。对此，应该消除劳动力流动的制度障碍，让劳动力能够在城市间和行业间自由流动，实现劳动力与城市的土地、资本等要素资源的优化配置。

第二节　共享发展：初心与归宿

要素的集聚和城镇化的推进究竟为了什么？促进经济社会发展的最终目的是为了人的全面发展，让全民能够共享发展成果，提高全民的福祉。中国城镇化建设经历从注重经济发展向经济与社会发展并重，并强调以人的发展为核心的历程，由"经济为本"向"以人为本"的转移是新型城镇化建设区别于传统的城镇化建设的重要特征。推进"人的城镇化"建设、实现共享发展才是我们致力于经济社会建设的初心与归宿。

共享发展理念在经济学上可以追溯至 20 世纪时提出的包容性增长理论，亚洲开发银行和世界银行在"对穷人友善的增长"基础上，提出"包容性增长"的理念。包容性增长可以界定为机会均等的增长，倡导让更多人共享经济增长的成果，给予弱势群体更多的发展机会和应有的保护。2011 年博鳌亚洲论坛将"包容性发展"定为年会主题，自此，"包容性增长"进一步延伸为"包容性发展"。包容性发展比包容性增长更加强调发展的目的不是一味地追求 GDP 增长，而是要以人为本，关注经济、社会、生态环境、人民生活等各个方面的全面进步。包容性发展的主要内涵包括：一是通过高速、有效和可持续的经济增长更大限度地创造就业与发展机会，同时协调好经济增长与社会进步、环境保护的关系；二是倡导机会均等，确保人们能够平等地获得发展机会；三是倡导底线保障，确保人们能得到最低限度的经济福利，维护人们生存发展的权利。其中，倡导机会均等是包容性发展的核心，强调机会均等就是要通过消除由个人户籍身份、家庭背景、社会环境等不同所造成的机会不平等，从而缩小结果的不平等。从内涵上看，共享发展理念与包容性发展理念是一脉相连的。

共享发展理念也体现经济效率与社会公平的统一。发展与共享的关系是生产力与生产关系的矛盾运动在城镇化进程中的集中体现，它反映效率与公平、做大"蛋糕"与分好"蛋糕"的对立与统一。共享发展理念既蕴含对公平正义的诉求，又蕴含对经济效率的追求。新型城镇化建设是在"发展"的基础上谈"共享"的。人口往城市集聚有利于城市生产率提高，这意味着外来人口进城是在不损害城市本地居民既得利益基础上与本地居民一起将城市经济增长的"蛋糕"做大的，这是一个"帕累托改进"的过程，外来人口理应可以同等分享城市经济增长的"蛋糕"；那么，努力促进城市经济增长，供分配的"蛋糕"越大，便有更多的经济成果可以用于平衡本地居民、外来人口等各方利益。而公平的分配、合理的共享反过来也有助于促进经济社会的全面发展。通过平等机会的共享，外来人口能够在城市获得公平的就业机会，分享到城市的人力资本外部性，提升劳动者自身的人力资本水平，也能够同等得到城市基本公共服务保障，外来人口因此获得有效激励，其劳动生产率提高，这有利于促进城市经济增长；同时，消除对外来人口歧视性待遇，增进收入分配的公平性，促进基本公共服务均等化，有助于减少社会矛盾，维护社会稳定，为城市经济社会发展创造良好环境。

在新型城镇化建设过程中强调共享发展理念，推进"全民共享"和"全面共享"，实现经济效率与社会公平的统一，确保"机会均等"和"成果共享"，这实质是在推进高效的城镇化的同时要实现包容的城镇化。中国改革开放 40 多年，城镇化发展道路成功推动了城市经济快速增长，同时避免了许多国家城镇化进程中出现的诸如大规模的城市外来人口群体贫困、失业和贫民窟等常见城市病问题。但以往的城镇化道路也存在一些非包容发展的现象，表现为：

一是城市内部的收入不平等持续存在。近十几年来随着城市化的发展，中国居民收入差距呈现先加剧而后略有回落的态势。2003～2018年中国居民人均可支配收入基尼系数从2003年的0.479上升至2008年的0.491，再逐年回落至2018年的0.468，[①] 但这16年的收入基尼系数都超过0.4的国际警戒线。居民收入差距除了源于城乡收入差距外，还源于农村人口进城后带来城市新二元结构所呈现的城市内部收入差距。城市内部外来人口与本地居民的工资性收入有差距：一方面是由于人口流动的制度障碍、行业准入的身份歧视、用工制度的同工不同酬所致；另一方面是由于进城农民工往往受教育程度较低、缺乏技能，难以获得较高工资的工作。

除工资性收入差距外，中国居民的财产性收入差距也在扩大，居民的财产性收入不平等程度比工资性收入不平等程度还要高。2012年中国家庭净财产基尼系数达0.73；[②] 据2012年中国家庭金融调查数据，全国最高收入10%的家庭所拥有的资产约占全国家庭资产的85%，而其收入占全国家庭总收入的57%。对于城市中等收入家庭来说，大部分资产由房产构成。在大城市房价飙升背景下，有房产者的财富资产不断增值，而无房产者日常承受着沉重的住房租金负担，相对于本地居民来说，外来人口在流入地城市租房的比例较高，在城市内部，外来人口与本地居民之间的住房财产性收入差距持续扩大。

二是外来人口不能与本地居民同等享受城市基本公共服务。在城镇化进程中，将超过2.4亿的农业转移人口吸纳到城市中并实现基本公共服务全民覆盖并非易事。城市人口迅速增加会加大对城市公共服务资源的需求，在短期内公共服务供给提升能力有限，这必然会加大城市基本公共服务的供需矛盾，导致对城市公共服务资源的竞争更加激烈，使得本地居民和外来人口之间的关系变得紧张。对于外来人口的流入，城市本地居民感觉公共服务资源被挤占，义务教育入学学位紧张、学区房不足、优质医疗资源紧缺、交通拥挤、保障性住房名额有限、公共服务质量下降等。各城市地方政府在综合考

---

① 国家统计局《2019中国住户调查年鉴》。
② 北京大学中国社会科学调查中心《2014中国民生发展报告》。

虑各方利益的基础上，自然会隐约地通过落户政策和基本公共服务适用范围的调整，对外来人口享受城市基本公共服务有所限制，而优先保障本地居民享有公共服务的水平。

从长期来看，公共服务同城不同等的症结不在于外来人口的增加，也不在于城市公共服务供给短缺，因为城市在提供公共服务方面具有规模经济和规模报酬递增的优势，城镇化为公共服务提供商的集聚提供有利条件，基础设施的建设成本也因更多消费者的使用得以分摊，所以人的集聚反而有利于城市公共服务供给效率的提高。而外来人口缺乏同城待遇的症结，一方面在于异地公共服务不可携带，公共服务异地转移困难；另一方面在于缺乏让地方政府提供公共资源使之与吸纳常住人口规模相匹配的激励机制。对此，推进农业转移人口市民化的系列制度改革，让外来人口享有同城待遇，是作为新型城镇化包容性发展的一个政策思路。

此外，外来人口与城市本地居民的住房状况存在较大差距，面对大城市的高房价，较多外来人口在城里买不起房子，而住在租赁房或集体宿舍，聚居于城中村或老旧住宅区；外来人口在申请保障性住房时也受到户籍等身份限制。外来人口背负着"边缘人"和"外来人"的身份，在权益保障和心理认同上相对缺乏社会支持，容易受排斥，这需要建立社会信任，促进外来人口融入城市社会。

第三节　可行能力：新的平等观

城市外来人口与本地居民的共享发展不仅是一个怎样实现城市资源有效配置的问题，还是一个用怎样的平等观引领和评价城镇化进程中的人的发展的问题。早期的研究侧重从收入和财富的多寡的视角来讨论发展过程中的不平等，然而，这种"经济平等主义"的分析视角是单维的、局限的。不平等不仅涉及收入和财富的多寡，还涉及"功利主义"讨论的心理满足程度的高低、"自由至上主义"讨论的自由权的程序，以及"罗尔斯正义论"讨论的包括基本权利、自由、机会、收入、财富、自尊等理性人想要的"基本物品"的多寡。

不同于经济平等主义基于"物质域"的分析，功利主义从个体效用的视角评价不平等状况。效用被定义为快乐、幸福、满意度、愿望的实现或个人选择行为的某种表现等心理成就。功利主义最初由边沁（Bentham）开创其现代形式，再由穆勒（Mill）、马歇尔（Marshall）、庇古（Pigou）等学者继承发展。功利主义注重个人的福利，主张一切选择须根据其产生的结果来评价，并仅根据每种状态的效用对事物状态进行赋值，然后将不同人的效用加总得到总量，而不注重总量在个人之间的分配。功利主义基于心理成就这个"效用域"来评价不平等，而个人的收入、财富、自由、权利等只能通过对效用变量的影响而间接发挥作用。

不同于功利主义侧重后果的评价，自由至上主义则强调程序性规则而不计后果。自由至上主义要求一定的法权自由和正当行为的规则得到遵守，并按这些规则是否得到遵守的信息来评价不平等，正如其代表人物诺齐克（Nozick，1974）所指出"人们通过行使权利而享有的'权益'，不管后果多么糟糕，也不能由于后果而被否定"。

相对于自由至上主义，罗尔斯（Rawls，1971）提出的当代正义理论所包含的信息基础要丰富一些。罗尔斯正义论认为基于基本权利、自由、机会、收入、财富、自尊等理性人想要的"基本物品"，按照两个正义原则来评价不平等。第一正义原则是自由权优先原则，即每个人都享有各项平等自由权；第二正义原则是机会平等和差别原则，即所有的职位应该在机会平等的情况下向所有人开放，并且让社会中收益最少的个人获得最大收益。罗尔斯认为第一原则优先于第二原则，第二原则中的机会平等原则又优先于差别原则。也就是说按照罗尔斯正义论的思想，首先要保证外来人口与本地居民享有平等的自由权，其次要让外来人口与本地居民享有"基本物品"的机会平等，同时给予最缺乏"基本物品"的人最大化的补助收益，那么这是一种相对公平的社会分配结构。

对平等的价值评价的争论核心在于对特定"基本平等"诉求的重要性界定以及据以判断不平等的核心变量的选择，不同的侧重和选择便形成不同的平等观。以上几种平等观各有局限，印度籍经济学家阿马蒂亚·森（Amartya Sen）在对功利主义、自由至上主义、罗尔斯正义论等平等观进行批判性思考的基础上形成新的平等观，即能力平等观。无论是功利主义、自由至上主义还是罗尔斯正义论，其在选择平等评价域时都不同程度地将一些重要的信息排除在外，如功利主义单纯考虑后果，也忽略分配，从而无法实现对平等问题的全面价值评价。森认为，对不平等问题评价的合适"空间"既不是功利主义主张的"效用"，也不是罗尔斯正义论主张的"基本物品"，而是一个人选择有理由珍视的生活的实质自由。森（2013）将此定义为"可行能力"，即个人有可能实现的、各种可能的功能性活动组合，而"功能性活动"指个人认为值得去做或达到的多样的事物状态。区别于以往的平等观，可行能力理论将发展的关注焦点从"物质域""效用域"等转向个体生活质量的构成要素"能力域"，采用具有更宽广信息基础的"能力集"来全面评价不平等，将评价的维度从单维拓展至多维，具有更强的包容性和综合性。

　　森的可行能力理论将发展看作扩展人们享有实质自由的过程，扩展自由是发展的首要目的，同时也是主要手段，这分别是自由在发展中所起的建构性作用和工具性作用。拥有更大的实质自由去做个人所珍视的事情，这对提升个人的全面自由以及促进个人获得有价值成果的机会都具有重要意义；自由不仅是评价成功或失败的基础，还是个人首创性和社会有效性的主要决定因素。而贫困不仅是收入的被剥夺，还被视为是"基本可行能力的被剥夺"，除低收入外，营养不良、疾病、人力资本不足、社会保障缺乏、社会歧视等可行能力的欠缺是造成贫困的主要原因。如果要评价个人实现自己想要的生活状况，则不仅要考虑个人拥有的基本物品，还要考虑个人特征，确定从基本物品到个人实现其目标的能力转化。例如，一个拥有较多财富的残疾人与一个身体健康而有较少财富的人相比，前者拥有较少的机会过上正常生活，虽然拥有较多基本物品，但能力转化更为困难，更处于劣势地位。可行能力理论认为，能力贫困是弱势群体处于劣势地位的根源，其也隐含结构主义和福利主义的思想，强调社会结构不平等与制度排斥性是贫困产生的主要原因，主张公民权益的保障以及国家福利制度的建设（Alkire，2002）。

　　森进一步提出通过增进政治自由、经济条件、社会机会、透明性保证、防护性保障这五种类型的工具性自由，帮助人们提高整体能力并实现更自由的生活。政治自由指公民享有的政治权益；经济条件指人们享有将其拥有的劳动、知识等经济资源运用于消费、生产和交换的机会；社会机会主要涉及教育、医疗保健等方面的社会安排；透明性担保指人们在社会交往中所需的信用建立，以保证在信息公开和明晰的条件下自由地交易；防护性保障指应对人们的突发性困难而提供的社会保障。增进这五类工具性自由可以理解为涵盖保障公民权益、增进平等就业机会和居民收入、提供公共服务、增进社会信任等方面的全面发展。

　　立足可行能力的视角，本书探讨城市外来人口与本地人口的共享发展问题并不局限于外来人口与本地人口之间的收入差距，而是扩展至外来人口与本地人口增进实质自由的可行能力差距：一是作为"发展的首要目的"的分析，构建由就业与收入、居住状况、教育、医疗、社会保障等的公共服务、社会信任与认同等功能性活动所组成的"可行能力集"，比较这两类人群在各类功能性活动的待遇差距；二是作为"发展的主要手段"的分析，探究导致两类人群的个体在就业与收入、居住状况、公共服务、社会信任与认同等方面的可行能力差距的原因，以便寻找增进外来人口可行能力的合适工具。例如，外来人口往往因人力资本不足、户籍身份歧视等可行能力的欠缺，而在收入获得、居住状况、公共服务享有等功能性活动上处于劣势，未能与本地人口同等扩展实质自由。

除理论思想外，森还提出三种测度可行能力的实用方法，即直接法、补充法和间接法。直接法通过直接考察和比较功能性活动或可行能力以便衡量所处的不平等状态。其应用可以是对所有功能性活动和可行能力向量的"全面比较"形式，也可以是对某些功能性活动和可行能力向量的"局部排序"形式，还可以是选定作为焦点的功能性活动和可行能力向量的"突出可行能力比较"形式。补充法在传统的用收入衡量不平等的基础上运用可行能力方面的因素作为补充。其应用形式是在分析收入不平等的基础上，补充分析教育、医疗保健、社会保障等功能性活动以及人力资本、户籍歧视、性别歧视等可能影响可行能力的工具性变量。间接法仍聚焦于收入不平等的分析，但用收入以外的其他方面的可行能力的影响因素对收入进行调整，计算"调整后的收入"来衡量不平等。其应用形式是首先明确收入是如何影响可行能力的，然后对可行能力进行赋值，确定转换率，继而得到"调整后的收入"。这三种方法为全面衡量贫困、发展和不平等问题提供方法论工具。

可行能力理论对于公共政策选择也具有启示意义。既然贫困意味着贫困人口缺少获得和享有正常生活的能力，贫困的实质是贫困人口创造收入的能力和机会的匮乏，那么，减少贫困、促进发展、增进平等的政策着力点应是寻找提升可行能力的内生动力。这种内生动力涉及市场与政府力量的协调。森论证市场与自由之间存在的一种更基础性的关系，即竞争性市场均衡可以保证，在保持所有其他人的自由不变时，没有一个人的自由可以有任何增加。这个结论拓宽了对市场机制最优性的理解，意味着市场机制所达到的"帕累托最优"也可以用实质自由来衡量。森在肯定市场的基础性作用的同时，也强调市场机制成功促进发展的效应的发挥需要以所提供的机会可被合理地分享为前提，为了让机会可被合理地分享，需要适当的公共政策的介入，包括教育、医疗、社会保障等公共服务的提供、保障性住房政策、户籍制度改革等。因此，从可行能力视角分析不平等问题，市场和政府都发挥着相应的作用，且两者之间存在互补性。市场为人们提供经济自由和机会，具有效率优势；而市场机制的力量必须通过包括政府在内的社会公共行动去创造基本的社会机会来补充，将广泛利用市场和扩展社会机会两个方面的作用相结合，以便增进社会公平正义，全面提升所有人的实质自由。

公共政策的介入不可避免地涉及激励问题和财政负担问题。对于激励问题，有质疑的声音认为公共支持体制会抑制主动性和扭曲个人努力方面所产生的作用。鉴于此，立足可行能力视角进行公共政策选择则认为，与其用收入低下作为转移支付和补贴的标准，不如聚焦于能力剥夺的评判，对文盲、营养不良、医疗服务缺乏等更基本的、更能直接被观察到的功能性活动予以关注，并作为收入再分配的标准，这对于防止激励机制的扭曲具有一定优势。对于财政负担问题，人们普遍担心财政过度开支会带来通货膨胀和经济不稳定。鉴于此，立足可行能力视角进行公共政策选择则认为，应对公共政策的目标进行全面考虑，将提供和保障人们的基本可行能力方面的公共支出置于最重要的地位，基于财政成本的考虑，需把财政支出的重点放在义务教育、医疗保健等对个人可行能力提升起较大作用的领域。

可行能力理论为本书探讨城市外来人口的共享发展问题提供多维的分析视角，包括就业与收入、居住状况、公共服务、社会信任等分析维度。本书各章也致力于探寻增进外来人口可行能力的内在动力机制，区分造成城市外来人口与本地居民各类功能性活动差距的原因是结果不平等还是机会不平等，是源于市场的机制还是政策性因素等。在政策选择层面，要实现城市外来人口的共享发展，关键是增进外来人口的可行能力，通过基本公共服务均等化、农业转移人口市民化等公共政策的推进，消除对外来人口的歧视性因素，扩展外来人口与本地人口平等地分享城市发展的社会机会，借力公共政策并最终依靠市场机制，增进包括外来人口在内的全体居民的实质自由。

第四节　特征事实：人往城市去

以上关于城市发展的理论、共享发展理念、可行能力理论等研究为本书探讨城市外来人口的共享发展问题奠定理论基础、提供分析视角。本节立足中国现实，分析城镇化进程中外来人口的分布特征及其流入地的城市特征，探究中国流动人口往城市集聚的特征事实。

一、外来人口的界定

自 20 世纪 80 年代以来，国内大规模的人口从农村流向城市、从农业部门转移至工业部门，在这个过程中，出现一些特定名词用于表述中国城乡转移的人口，包括"农民工""流动人口""农业转移人口""城市新移民""外来人口"等。这些名词的表述与中国城镇化中的人口变迁过程同步演化并反映其新动向。人口迁移是世界各国在现代化进程中普遍出现的现象，如在 20 世纪上半叶美国经济大繁荣时，美国也出现大量的农民从农村转向城市寻找非农就业。只不过在西方国家中城乡人口的转移大多呈现出职业变换、地域转移与市民身份变化同步、合一的特征，这些跨地域转移的人口一般被称为移民。而中国城乡人口的转移涵盖多种要素的变迁，受到户籍等制度约束，面对城乡二元经济社会结构的转型，中国的城乡转移人口的职业变换、地域转移与市民身份变化是分离的和不完全的，并未真正实现从农民到市民身份的转变。

最初对城乡转移人口的表述侧重其职业变换，在 20 世纪 80 年代初产生"农民工"一词，并广泛沿用至 21 世纪初，"农民工"的表述突出反映农村剩余劳动力流向城市或就地非农化，由主要从事农业转为从事工业，由农民职业向工人职业转变。由于这些城乡转移人口在地域转移上是不完全的，他们进城打工，但由于仍持有农村户籍无法享有城市公共服务等限制，并不定居于城市，而是如同城市"候鸟"往返于城乡之间，所以也被称为"流动人口"。经过 30 多年的城乡人口变迁，有部分农民工在城市通过自己的努力已经从底层的务工人员转变为拥有专业技能的技术工人，有些转变为自我雇用的个体工商业者，也有一些成为占有相当生产资本并雇用他人的企业主，农民工群体的职业性质已出现分化，不仅是务工人员，也有"类白领"的管理人员，也有小企业主；他们中也有一部分人已举家迁移至城市定居，而不需像以往那么频繁流动于城乡之间。"农民工"和"流动人口"的表述已不能囊括当今的城乡转移人口。2012 年党的十八大报告首次用"农业转移人口"替代"农民工"的表述，"农业转移人口"弱化"农民工"所反映的务工人员身份和职业，而更注重人口的城乡转移，是相对中性的表达。

在 2010 年前后，1980 年以后出生的进城务工人员成为农民工的主体力量，这类被称为"新生代农民工"的群体引起社会的广泛关注。与祖辈、父辈这些"老一代农民工"相比，"新生代农民工"基本没有务农经历，他们外出打工主要不是因为农村生活压力所迫，而是主动到城市寻求更好的发展机会，他们对城市的认同感较高，也有落户城市和享有城市基本公共服务的强烈诉求。基于对"新生代农民工"和市民化诉求的关注，有学者提出"城市新移民"的概念（张文宏和雷开春，2008）来意指城乡转移人口，也特指"新生代农民工"。"城市新移民"一词反映有变更居住地、永久迁移的意向，也是反映将城乡转移人口看作与本地居民具有平等身份和权益的群体，而非暂住人员、流动人口，通过推动市民化政策，让新移民能够定居城市，最终成为新市民。

在城镇化进程中，从农村向城市转移人口是人口城镇化的重要组成部分，但并非全部。许多发展中国家的经历也表明城乡移民并不是城市化的唯一形式，而从小城镇向大城市的迁移者、从大城市向大都市的迁移者也是进城人口的组成部分。在当今的中国，进城人员并不都是来自农村，而从小城市到大城市、从欠发达地区城市到发达地区城市的转移人口越来越多。约 2.5 亿进城人口中的 3/4 来自农村，其余 1/4 来自其他城市（杨菊华，2019）。进入大城市的人口不再是乡城迁移者的天下，城镇背景的迁移者所占的比例日益扩大。以往使用的"农民工""流动人口""农业转移人口""城市新移民"的表述一般主要指"城—乡"转移人口，而未明确是否包括"城—城"转移人口。为了将城乡转移人口与城城转移人口都纳入城镇化过程中人口变迁的研究对象中，文献中用"外来人口"来表述从农村或外地流入城市的人口（刘涛和曹广忠，2015）。中国的户籍制度不仅在性质上有城乡户籍之分，在地域上也有本地、外地户籍之别。无论是持有农村户籍还是外地城市户籍的居民，其在城市就业、居住、享有基本公共服务等方面或多或少面临一定的差别待遇。从农村或外地城市流入新城市的人口中，除少数在流入地获得"农转非"或由外地户口转本地城市户口而成为新城市本地人外，其他大部分的进城人口由于持有农村户口或外地城市户口而面临与城市本地居民不同的待遇。

本书的主要研究对象人群包括城乡转移和城城转移人口在内的城市外来人口。如无特殊说明，本书所界定的城市外来人口是指从农村或外地城市迁入新城市而仍持有农业户口或外地城市居民户口的人口。鉴于城乡转移人口仍是城镇化进程中人口迁移的主要构成及现有数据统计口径的限制，在本书某些特定论述中，农民工、流动人口、农业转移人口等表述也通用。在本书的一些实证研究中，对城乡转移和城城转移的外来人口、对持农业户口和外地户口的外来人口有所区分，以便更好地区分两类人群的特征。

二、外来人口的规模与地域分布

在新型城镇化过程中，中国流动人口规模庞大，近 10 年来，流动人口从 2010 年的 2.21 亿人增加至 2018 年的 2.41 亿人，而后在 2019 年略下降至 2.36 亿人，2019 年流动人口占总人口比例为 16.9%。[①] 作为流动人口主体的外出农民工[②]的数量持续增长，从 2009 年的 1.45 亿人逐年增加至 2019 年的 1.74 亿人；其中，2010 年外出农民工增速最大，为 5.5%，之后年份外出农民工增速有所放缓，2019 年外出农民工增速为 0.9%，见图 1-1。在 2019 年 1.74 亿人的外出农民工中，来自中部地区的居多，占 36.9%；其次是来自西部地区，占 31.9%；而来自东部和东北部地区的分别占 27.5%、3.7%。来自中部地区的外出农民工以跨省流动为主，中部地区输出的农民工中跨省流动的占 59.2%；而来自东部和东北部地区的外出农民工以省内流动为主，东部和东北部地区输出的农民工中省内流动的分别占 82.9%、70.2%；来自西部地区的外出农民工跨省流动和省内流动的约各占一半。农民工主要流入东部地区，2019 年流入东部地区的农民工占 54.0%，而流入中部和西部的农民工分别占 21.4%、21.2%，流入东北部的农民工占 3.1%。[③]

约 2.4 亿的外来人口流向哪里？外来人口在中国各省份及各城市具有怎样的分布特征？外来人口在各省份的分布如表 1-1 所示。东部省份是外来人口的主要吸纳地，东部省份的外来人口数量和比例显著高于中部和西部省份。广东和浙江是外来人口占比最高的两大省份。2010 年全国第六次人口普查统计的五年前常住地在省外、现住地在广东、浙江的人口依次有

---

① 根据《2010 年第六次全国人口普查主要数据公报》和 2018 年、2019 年《国民经济和社会发展统计公报》，该统计口径的流动人口指人户分离人口中扣除市辖区内人户分离的人口。

② 外出农民工指在户籍所在乡镇地域外从业的农民工；本地农民工指在户籍所在乡镇地域以内从业的农民工。

③ 国家统计局《2019 年农民工监测调查报告》。

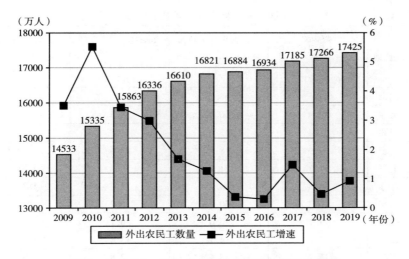

图 1-1 2009～2019 年中国外出农民工数量和增速

资料来源：国家统计局 2009～2019 年《农民工监测调查报告》。

1586.2 万人、888.8 万人，分别占现住地在广东、浙江人口的 15.2%、16.3%。① 2015 年全国 1% 人口抽样调查统计的户口省外、现住地在广东、浙江的人口比例分别为 58.4%、60.9%。2018 年广东、浙江户口在外乡镇街道的人口分别有 4282.7 万人、2018.5 万人，分别占现住地在广东、浙江人口的 37.8%、35.2%。其次，江苏和福建这两个省份的外来人口占比也较高，2010 年统计的五年前常住地在省外、占现住地在江苏、福建的人口比例分别为 6.8%、7.7%；2015 年统计的户口在省外、现住地在江苏、福建的人口比例分别为 44.7%、36.0%；2018 年统计的户口在外乡镇街道占现住地在江苏、福建的人口比例分别为 22.8%、30.7%。上海、北京、天津这三个直辖市的外来人口比例较高。2010 年统计的五年前常住地在该直辖市外的人口占现住地在上海、北京、天津的人口比例依次为 22.7%、21.6%、13.9%；2015 年统计的户口在该直辖市外的人口占现住地在上海、北京、天津的人口比例依次为 71.0%、66.0%、66.4%；2018 年统计的户口在外乡镇街道占现住地在上海、北京、天津的人口比例依次为 52.3%、51.6%、32.5%。而东部省份的河北、山东的人户分离的人口所占比例较小，其人口主要处于净流出状态。

---

① 据 2010 年全国第六次人口普查、《2011 中国统计年鉴》的人口数据计算抽样比换算，并计算比例。

表 1-1 中国各省份外来人口规模和比例

区域	现住地	五年前常住地在省外人口占现住地总人口比例（%）（2010 年）	户口在省外人口占现住地总人口比例（%）（2015 年）	户口在外乡镇街道人口占现住地总人口比例（%）（2018 年）	户口在外乡镇街道人口数（万人）（2018 年）
东部	北京	21.6	66.0	51.6	1111.7
	天津	13.9	66.4	32.5	507.3
	河北	1.4	17.5	11.7	881.2
	辽宁	2.9	18.9	20.6	897.1
	上海	22.7	71.0	52.3	1268.0
	江苏	6.8	44.7	22.8	1832.3
	浙江	16.3	60.9	35.2	2018.5
	福建	7.7	36.0	30.7	1210.5
	山东	1.5	14.1	13.4	1344.0
	广东	15.2	58.4	37.8	4282.7
	海南	4.4	31.9	22.9	214.0
中部	山西	1.5	9.9	21.3	792.7
	吉林	1.4	9.8	23.2	628.2
	黑龙江	1.0	11.3	15.1	570.0
	安徽	1.7	14.2	15.9	1005.1
	江西	1.8	15.7	8.5	396.2
	河南	0.5	11.3	7.5	715.4
	湖北	1.7	15.6	20.8	1229.9
	湖南	1.2	12.0	16.4	1129.5
西部	内蒙古	3.8	17.0	29.8	756.0
	广西	1.5	15.7	12.4	611.8
	重庆	3.0	18.9	26.8	829.9
	四川	1.4	12.4	19.9	1660.5
	贵州	1.9	18.7	14.7	527.1
	云南	1.5	21.6	13.7	660.4
	西藏	3.8	37.7	6.5	22.2
	陕西	2.1	19.8	15.2	586.3
	甘肃	1.1	14.5	9.7	325.9
	青海	3.7	29.6	21.9	132.2
	宁夏	4.2	19.2	23.5	161.7
	新疆	4.4	37.8	19.0	472.1

资料来源："五年前常住地在省外人口占现住地总人口比例"据 2010 年全国第六次人口普查数据计算；"户口在省外人口占现住地总人口比例"据 2015 年全国 1% 人口抽样调查数据计算；"户口在外乡镇街道人口占现住地总人口比例"据《2019 中国统计年鉴》计算；"户口在外乡镇街道人口数"按 0.820‰ 抽样比换算。

中部和西部的大部分省份是人口主要输出地，现住地在中部、西部省份而户口在省外或外乡镇街道的人口所占比例较小。按五年前常住地在省外人口占现住地总人口比例的指标来看，中部和西部省份该比例均低于 5%。按户口在省外人口占现住地总人口比例的指标来看，除西藏、新疆外，中部和西部省份该比例均低于 30%。按 2018 年户口在外乡镇街道人口占现住地总人口比例的指标来看，中部的黑龙江、安徽、江西、河南、湖南和西部的广西、四川、贵州、云南、西藏、陕西、甘肃、新疆按人户分离核算的外来人口比例较小，均低于 20%，这些省份主要处于人口净流出状态。

在外来人口的来源地结构方面，以广东、浙江这两大主要人口流入地省份为例，根据 2015 年全国 1% 人口抽样调查，按人户分离的统计口径①，来自广东省内其他县的外来人口占现住地在广东的人口的 31.7%；来自广东省外的外来人口占现住地在广东的人口的 58.4%。来自浙江省内其他县的外来人口占现住地在浙江的人口的 20.8%；来自浙江省外的外来人口占现住地在浙江的人口的 60.9%。可见，广东、浙江这两个经济大省较大程度地吸引了省外人口的流入。

广东、浙江跨省外来人口的来源地构成分别如图 1-2、图 1-3 所示。从省外输入广东的外来人口中，最多的是来自湖南省，户籍在湖南、现住地在广东的人口占来自广东省外外来人口总数的 22.2%；其次多的是来自广西，其占来自广东省外外来人口总数的 18.3%。从省外输入广东的外来人口主要分布的省份依次是湖南、广西、湖北、四川、江西、河南、贵州、重庆、云南、福建，来自这 10 个省份的外来人口占来自广东省外外来人口总数的 90.1%，来自其他省份的占 9.9%。从省外输入浙江的外来人口中，最多的是来自安徽省，户籍在安徽、现住地在浙江的人口占来自浙江省外外来人口总数的 18.8%。从省外输入浙江的外来人口主要分布的省份依次是安徽、江西、贵州、河南、四川、湖北、湖南、云南、重庆、江苏，来自这 10 个省区的外来人口占来自浙江省外外来人口总数的 89.7%，来自其他省份的占 10.3%。受地域临近、交通互联等因素的影响，流入广东的人口主要来自与广东相邻的省份和西南省份，流入浙江的人口主要来自长江流域的省份。

外来人口在各城市的分布呈现向东部沿海地区城市和中西部省会大城市集聚的特点。全国约有 1/3 的地级市常住人口多于户籍人口，呈人口净流入

---

　① 现住地在广东和浙江、户口登记地在本省其他县或省外。

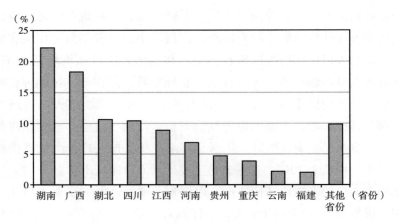

图1-2　广东地区跨省外来人口的来源地构成

资料来源：2015年全国1%人口抽样调查。

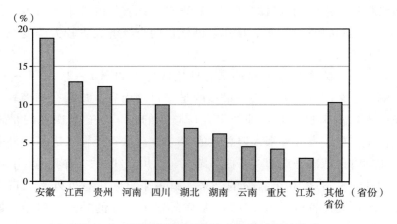

图1-3　浙江地区跨省外来人口的来源地构成

资料来源：2015年全国1%人口抽样调查。

状态。表1-2所示的是按外来人口数量最多的排名前30位城市的外来人口情况。2013年外来人口数量最多的前五位城市依次是上海、北京、深圳、东莞、天津，其中，深圳、东莞的外来人口占常住人口比重较高，占比达七成。在外来人口数量最多的前30位城市中，东部沿海城市有23个，其他7个城市成都、武汉、郑州、昆明、济南、乌鲁木齐、贵阳均为中西部省会大城市。外来人口最多的前30位城市的外来人口数量已占全国外来人口总量的83.1%；外来人口最多的前50位城市的外来人口数量占全国外来人口总量的93.8%。外来人口最多的前30位城市的外来人口占常住人口比重平均达

28.5%；外来人口最多的前 50 位城市的外来人口占常住人口比重平均为
22.1%。而中西部大部分城市呈人口净流出状态。在全国人口净流出的城市
中，各城市的户籍人口与常住人口缺口平均为 47.4 万人，户籍人口比常住人
口平均少 11.8%。[①]

表 1-2　　2013 年外来人口规模排名前 30 位城市的外来人口数量及占比

排序	城市	外来人口（万人）	外来人口占常住人口比重（%）	排序	城市	外来人口（万人）	外来人口占常住人口比重（%）
1	上海	982.9	40.7	16	郑州	168.6	18.3
2	北京	876.9	41.5	17	中山	163.3	51.4
3	深圳	738.6	69.5	18	泉州	132.5	15.8
4	东莞	642.8	77.3	19	惠州	126.6	26.9
5	天津	468.1	31.8	20	青岛	122.7	13.7
6	广州	460.4	35.6	21	温州	112.5	12.2
7	苏州	404.1	38.2	22	昆明	111.1	16.9
8	佛山	348.0	47.7	23	福州	110.3	15.0
9	成都	241.8	16.9	24	嘉兴	109.8	24.1
10	武汉	200.0	19.6	25	常州	103.3	22.0
11	宁波	186.2	24.3	26	大连	102.9	14.8
12	杭州	177.8	20.1	27	沈阳	98.6	11.9
13	无锡	176.2	27.2	28	济南	86.7	12.4
14	厦门	176.2	47.2	29	乌鲁木齐	83.1	24.0
15	南京	175.7	21.5	30	贵阳	73.1	16.2

注：常住人口 - 户籍人口 = 外来人口，（常住人口 - 户籍人口）/常住人口 = 外来人口比重。
资料来源：《2014 中国区域经济统计年鉴》。

外来人口在省份内各城市间的分布呈现向个别超大、特大城市集聚的特
点。以广东、浙江这两大主要人口流入地省份为例，2016～2018 年广东省、
浙江省各地级市新增常住人口占全省新增常住人口总数比重的年均值分别如
图 1-4、图 1-5 所示。在广东省 21 个地级市中，2016～2018 年新增常住人
口主要集中在深圳和广州，深圳和广州新增常住人口占全省新增常住人口的
比重分别为 33.3%、28.6%，这两个超大城市新增常住人口已占全省新增常

---

① 《2014 中国区域经济统计年鉴》。

住人口的六成以上。佛山、珠海属于第二梯度，其新增常住人口占全省新增常住人口的比重分别为 9.2%、5.0%。而韶关、云浮、阳江、梅州、清远、揭阳、河源、潮州、汕尾等地级市的新增常住人口增长甚微，常住人口少于户籍人口，处于人口净流出状态。

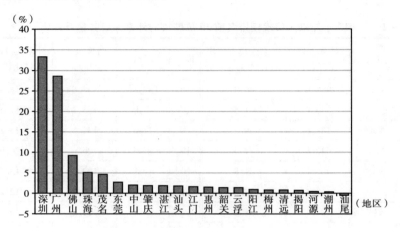

图 1 - 4　2016 ~ 2018 年广东省地级市新增常住人口占全省新增常住人口比重
资料来源：2017 ~ 2019 年《广东统计年鉴》。

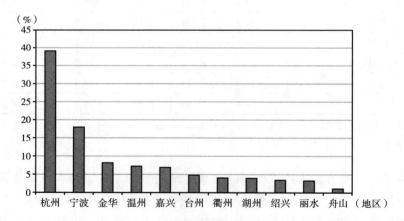

图 1 - 5　2016 ~ 2018 年浙江省地级市新增常住人口占全省新增常住人口比重
资料来源：2017 ~ 2019 年《浙江统计年鉴》。

浙江省各地级市新增常住人口的分布也表现出类似特征。在浙江省 11 个地级市中，2016 ~ 2018 年新增常住人口主要集中在杭州和宁波，杭州、宁波新增常住人口占全省新增常住人口的比重分别为 39.1%、17.9%，这两个特大城市新增常住人口已占全省新增常住人口的近六成。金华、温州、嘉兴属于第二梯度，其新增常住人口占全省新增常住人口的比重分别为8.2%、7.2%、6.9%。而衢州、丽水的常住人口少于户籍人口，处于人口净流出状态。可见，新增常住人口在主要流入地省份内各城市间的分布是极不均匀的，省内前两位大城市吸纳了过半数的新增常住人口，而其他城市仅吸纳较小比例的新增常住人口，人口流入大省也有部分城市处于人口净流出状态。

从外来人口在省份之间、城市之间的分布可以看出，中国人口流动主要具有以下特征事实：人口从中西部省份流向东部沿海省份，特别是往珠三角地区和长三角地区集聚；人口从农村和其他城市流向东部沿海地区城市和中西部省会城市；外来人口在省份内各城市间的分布不均匀，人口往省份内个别超大、特大城市集聚的趋势在扩大。

三、人口流入地的城市特征

正所谓"人往高处走"，大量人口往中国东部沿海地区以及大城市集聚。这些人口流入地的城市具有怎样的特征？外来人口规模与城市特征之间呈现怎样的变化规律？图1-6~图1-14刻画了外来人口相对规模与流入地城市主要特征之间的关系，这些城市特征主要包括人均GDP、平均工资、平均房价、产业结构、土地供给面积、固定资产投资、人力资本水平等方面。

从图1-6看出，城市人均GDP越高，外来人口比重越大；外来人口主要流入人均GDP更高的城市；换句话说，这也意味着人口集聚伴随着更高的城市人均GDP水平。例如，深圳、苏州，2010~2013年外来人口比重均值分别为72.3%、38.7%，人均GDP均值分别高达116228元、108103元；而运城、丽江市的外来人口比重分别为1.5%、3.3%，人均GDP仅为19605元、15623元。

从图1-7看出，城镇单位就业人员平均工资越高，外来人口比重越大；外来人口主要流入平均工资更高的城市；在其他因素既定的情况下，人口集聚有利于提高城市劳动生产率水平。这一方面印证人口迁移推拉理论（Lee，1966）中的"拉力"因素，迁入地城市工资水平相对迁出地工资水平越高，则人口流入的"拉力"越大。另一方面，更高的工资水平代表更高的劳动生产率，在更大人口规模的城市中通过分享、匹配和学习机制，能够提高要素

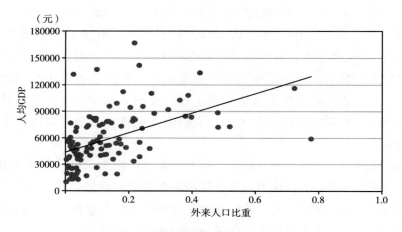

图1-6　中国城市外来人口与人均 GDP

注：外来人口比重＝(常住人口－户籍人口)/常住人口。

资料来源：据2011～2014年《中国区域经济统计年鉴》得到2010～2013年数据再计算年均值。

生产率，于是形成更高的工资水平。例如，上海、广州，2010～2013年外来人口比重均值分别为39.7%、36.1%，平均工资分别达79262元、61157元；而丹东、普洱的外来人口比重分别为1.2%、2.3%，平均工资分别为28322元、29837元。

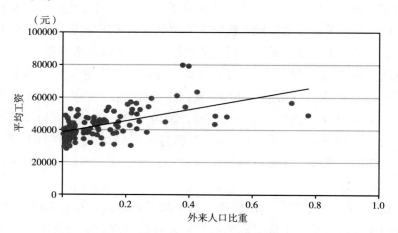

图1-7　中国城市外来人口与平均工资

资料来源：同图1-6。

人口往城市集聚，在实现更高的人均 GDP 和平均工资水平的同时，也对房价上涨有一定的助推作用。从图1-8看出，外来人口相对规模与城市平均房价之间呈正相关系，外来人口比重越大的城市，平均房价也越高。例如，深圳、北京等人口大量流入的城市 2010～2013 年平均房价达 10000 元/平方米以上，而朔州、酒泉等外来人口较少的城市的平均房价在 3000 元/平方米以下。城市人口的增加带来住房需求的提高，在住房供给等其他因素既定的情况下，房价会上升。城市人口集聚产生一定的拥挤效应，住房支出作为城市居民主要的生活成本，大城市高房价所带来的住房支出等生活成本的上升程度相对中小城市要高。

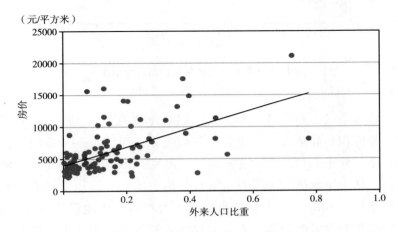

图 1-8 中国城市外来人口与房价

注：房价 = 商品房销售额/商品房销售面积。

资料来源：同图 1-6。

城市产业结构与外来人口流向也有一定相关关系。城市第三产业与第二产业产值之比反映城市产业结构情况。从图 1-9 看出，第三产业相对第二产业产值占比越高，则城市外来人口比重越大。一般认为，第三产业的就业吸纳能力比第二产业要高。随着城市规模的扩张，在城市制造业、建筑业增长的同时，也需要更多的金融、物流等生产性服务业以及餐饮、家政等生活性服务业的配套。第三产业相对第二产业产值占比较高的城市对劳动力的需求较大，能够较大程度地吸引外来人口流入。例如，我们观察到在北京、上海、广州、深圳等大城市，保姆、快递员的需求较大，其工资水平普遍较高，甚至高于大学毕业生工资水平，这些城市吸引较多外来务工人员从事家政、物流配送等服务业工作。

人口流入给城市提供更多的劳动力要素资源，劳动力与土地、物质资本、人力资本等要素的共同作用促进城市经济增长。图 1-10 和图 1-11

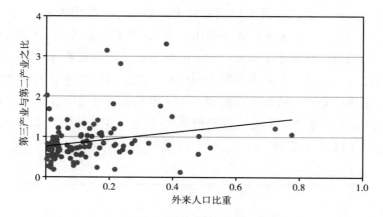

图1-9　中国城市外来人口与产业结构

资料来源：同图1-6。

反映人口流入地的土地供给与外来人口相对规模的关系。图1-10反映城市出让土地面积与外来人口比重略显正向关系；而图1-11反映出让土地面积增长率与外来人口比重呈负向关系。可见，2010～2013年人口流入较多的城市总体上土地供给规模有所增加，但土地供给面积增长速度赶不上外来人口增长的程度。外来人口比重越大的城市，土地供给增长率较低，土地供应呈相对收紧的趋势，人口大量流入的城市对土地集约化利用的要求更高。

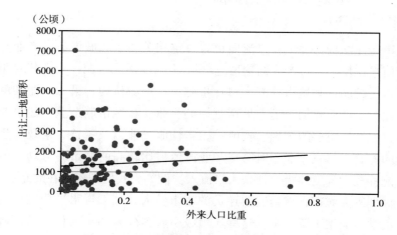

图1-10　中国城市外来人口与土地供给规模

资料来源：据2011～2014年《中国国土资源统计年鉴》得到2010～2013年出让土地面积及增长率数据再计算年均值。

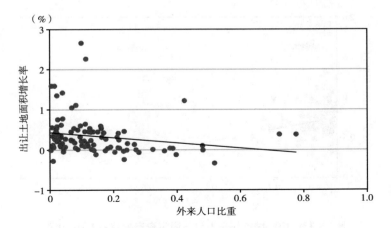

图 1 – 11 中国城市外来人口与土地供给增长率

资料来源：同图 1 – 10。

图 1 – 12 和图 1 – 13 反映人口流入地的固定资产投资与外来人口相对规模的关系。从图 1 – 12 看出固定资产投资额与外来人口比重之间呈正向关系；而从图 1 – 13 看出固定资产投资占 GDP 比重与外来人口比重之间呈负向关系。地区固定资产投资反映地区物质资本水平。外来人口相对规模越大、劳动力越多的城市，固定资产投资额越大，形成劳动力与物资资本同向增加的配置格局；同时，在外来人口相对规模越大的城市，固定资产投资占 GDP 比重越低，即反映物质资本对产出的贡献度随着城市外来人口相对规模的扩大而降低。

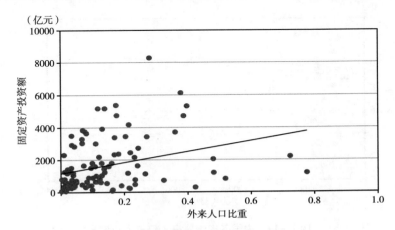

图 1 – 12 中国城市外来人口与固定资产投资额

资料来源：同图 1 – 6。

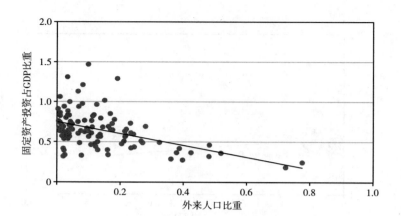

图1-13　中国城市外来人口与固定资产投资占GDP比重

资料来源：同图1-6。

　　地区人力资本水平与外来人口相对规模的关系如图1-14所示。这反映人力资本水平与外来人口规模呈正向关系，劳动力倾向于流入人力资本水平更高的地区。2017年北京、上海、天津平均受教育年限在所有省份中位列前三位，这三个人口大量流入的直辖市的平均受教育年限都达11年以上，广东、浙江、江苏这三个外来人口较多的省份的平均受教育年限也在9年以上。可见，劳动力倾向于往人力资本水平更高的地区集聚，更充裕的劳动力和更高的人力资本又使得人口大量流入的地区形成更高的生产率水平。

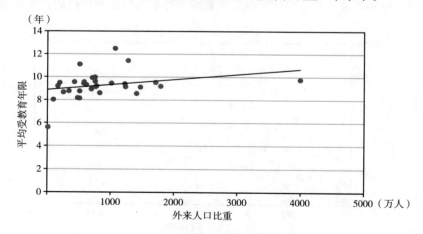

图1-14　中国各省份外来人口与人力资本

资料来源：据《2018中国人口和就业统计年鉴》之2017年各省份受教育程度的人口计算各省份平均受教育年限。

　　综上所述，"人往高处走"的"高处"代表较高的人均 GDP、较高的平均工资和较高的人力资本水平的城市；进城人口在获得"高处"收益的同时，也需承受更高的城市房价水平。这些人口大量流入的城市具有第三产业相对第二产业产值占比较高的产业结构，面临土地供给增长趋缓的土地资源格局以及固定资产投资增加而其占 GDP 比重下降的资本投入状况。

第二章　乡土中国：城乡劳动力流动

第一节　"乡土中国"下劳动力流动的独特现象

"从基层上看去，中国社会是乡土性的。"费孝通先生在《乡土中国》一书的开篇提及中国社会的乡土本色。这种本色表现为"离乡不离土""熟人社会"以及重视家族、遵循"差序格局"、维系血缘与地缘关系等多个方面。这种乡土本色恰恰为解释中国城乡劳动力流动的机制提供一个崭新的视角。

在新型工业化和城镇化发展过程中，中国农村劳动力流动规模日益扩大。中国劳动力的流向以从内地农村向东南沿海城市为主，劳动力流动的地域范围表现为省内就近转移和跨省异地转移并存的特征。在乡土社会中，中国农村劳动力流动还表现出一些独特的社会现象。中国农村家庭往往只是部分成员外出打工，部分成员留守农村，而非"举家"迁移；外出打工成员还定期给家里汇款、寄生活费等。农村劳动力外出打工以通过亲戚、同乡介绍的居多；在同一地区或单位，来自同一家乡的劳动力比例往往较大，即通常说的"抱团"现象。

怎么解释中国农村劳动力流动的这些独特现象？在乡土社会的背景下，"家庭决策"和"社会互动"是解释这些独特现象的两个重要视角。一方面，在中国农村地区，人们普遍有较强的传统家庭观念，家庭成员是否外出打工通常不是成员个体决策的结果，而是家庭通过综合权衡收益和风险后作出的家庭人力资源配置最优化的决策结果。另一方面，中国农村劳动力流动受到来自户籍、土地等制度约束，面临异地劳动力市场信息不充分的问题。在这样的条件下，来自家庭和家乡的社会关系网络以及由此带来的社会互动对劳动力流动和外出就业的作用尤为重要。我们需要把家庭决策机制和社会互动效应相结合才能对中国农村劳动力流动的独特现象背后的因素进行更合理的解读。

基于以上背景，本章使用中国家庭追踪调查（CFPS）数据，实证探讨中国农村劳动力流动的影响因素，重点分析家庭决策机制和社会互动效应对农村家庭劳动力流动的影响，并进一步考察这两类因素对家庭劳动力省内流动和跨省流动的作用。

第二节 城乡劳动力流动的理论依据

本节基于对劳动力流动的影响因素的文献研究，提出关于家庭决策和社会互动对中国农村家庭劳动力流动影响的研究命题。

一、家庭决策与劳动力流动

新古典迁移理论以个人作为劳动力迁移决策的主体，个人根据期望的城乡收入差距作出迁移的决策（Todaro，1969；Harris and Todaro，1970）。而新经济迁移理论强调家庭作为决策主体的重要性，家庭根据预期收入最大化和风险最小化的原则，决定其成员的迁移（Stark and Levhari，1982）。对于影响家庭劳动力流动的预期收入最大化和风险最小化的因素，现有的文献主要从以下四个方面进行探讨。

第一，绝对收入因素。现有的研究普遍发现，家庭收入水平越低，劳动力流动概率越高（程名旺等，2006）；迁入地相对迁出地的收入水平越高，劳动力流动概率也越高（Cai and Wang，2003）。不同类型收入对劳动力流动的影响又有所不同。朱（Zhu，2002）对家庭收入做细分发现，非农就业与农业经营的收入差距越大，家庭外出打工概率越高。据此，推断家庭农业收入越低，劳动力流动概率会越高。朱（Zhu，2002）所讨论的非农就业收入包括非农经营收入和工资性收入。而根据朱农（2004）的观点，中国农村剩余劳动力向城市迁移的"地域流动"和从事本地非农生产活动的"职业流动"之间是一种替代关系。如果农村剩余劳动力在本地非农经营收入越多，他们越愿意留在本地，那么，推断非农经营收入与劳动力向城市迁移之间应该存在一种负相关关系。

第二，相对收入因素。根据新经济迁移理论，家庭在作出迁移决策时不仅考虑绝对预期收入水平，而且考虑相对于参照人群的收入水平，即"相对剥夺"效应（Stark and Taylor，1991）。"相对剥夺"效应表明，家庭即使在家乡的收入水平有了很大提高，但只要提高的程度不及家乡的参照人群，其家庭成员仍然有一种相对剥夺的感觉，这会提高其迁移倾向。斯塔克和泰勒（Stark and Taylor，1991）运用墨西哥迁移至美国的调查数据，证明了"相对剥夺"效应的存在。

据此，得到命题1：家庭劳动力流动概率与家庭农业收入、非农经营收入存在负相关关系；家庭劳动力流动概率与家庭相对村庄的收入水平存在负相关关系。

第三，人力资本因素。根据第二、第三产业的教育回报率较高且城市的第二、第三产业相对密集的逻辑，教育在理论上能够促进劳动力从农村向城市流动。实证研究大多支持这一结论。例如，都阳和朴之水（2003）发现家庭最高教育水平对劳动力流动有积极影响；李实（2002）和奈特（Knight，2002）发现户主的教育程度与家庭劳动力流动的概率成正比。

第四，物质资本因素。土地是农村家庭最主要的物质资本。较少的人均土地数量意味着人地关系相对紧张、富余劳动力较多，而把富余劳动力转移出去有利于提高家庭的总体效益。朱（Zhu，2002）、陈等（Chen et al.，2010）的研究均发现人均土地较少的家庭的劳动力流动倾向较高。

据此，得到命题2：家庭劳动力流动概率与家庭受教育程度存在正相关关系；与家庭人均土地数量存在负相关关系。

二、社会互动与劳动力流动

根据现有文献的研究，社会互动对劳动力流动的影响可划分为社会网络效应和同群效应。

对于社会网络效应，多芬和杰尼科（Dolfin and Genicot，2010）认为社会网络通过提供迁移过境信息、提供迁入地就业信息、对迁移成本的信贷担保三种机制促进迁移。鲍尔等（Bauer et al.，2002）也认为网络外部性在不确定性环境下有利于移民获得迁入地的劳动力市场信息和信贷支持，提高预期工资，减少不确定性，并减轻融入迁入地文化的压力。现有的实证研究普遍发现社会网络能够提高迁移的可能性（Dolfin and Genicot，2010）；拥有更广的亲友网络能够促进劳动力流动（Munshi，2003）；异地有亲友、老乡会显著提高外出打工的概率（Chen et al.，2010）。

在中国，村落是一个以血缘、亲缘、宗缘、地缘等社会关系网络构成的生活共同体（李培林，2002）。在中国农村，社会网络效应的衡量也需考虑其独特的社会文化背景。一方面，根据中国的"拜年"文化，边和李（Bian and Li，2005）提出采用"拜年网"，即研究相互拜年的亲友数目及其构成来衡量社会网络。另一方面，宗族是中国传统农村人与人之间社会网络的一个缩影，人们的交往通常围绕宗族关系而展开。许（Hsu，1963）指出可从规模和强度来衡量宗族网络。宗族可被视为自然的合作组织，其成员自觉地与组织外成员区分开来，并共享组织的资源，因此，宗族人口规模便成为对宗族网络规模的一种度量；又由于祠堂和家谱是宗族的两种表征，祠堂和家谱的存在有利于加强成员间的联系和凝聚力，其在一定程度上能反映宗族网络的强度。郭云南和姚洋（2013）采用"家庭姓氏的人口比例"来衡量宗族网络规模，采用"家庭所属宗族是否有祠堂或家谱"来衡量宗族网络强度，实证研究发现宗族网络强度对家庭外出打工具有显著的影响。

据此，得到命题3：家庭劳动力流动概率与社会网络效应存在正相关关系。

对于同群效应，社会经济学分析认为在信息不充分的情况下，人们通过观察他人的行为来收集信息，使自己的行为趋同于他人的行为，这可使自己在信息不完全条件下获得最大效用。鲍尔等（2002）也指出"羊群效应"①体现在个体对他人迁移行为的追随，以便减少自身搜寻迁移信息的成本。鲍尔等（2002）、陆铭等（2013）均实证发现以村庄迁移率衡量的同群效应显著地提高个体外出打工的概率。

据此，得到命题4：由于同群效应的作用，家庭劳动力流动概率与村庄劳动力流动概率存在正相关关系。

第三节　中国城乡劳动力流动机制的实证分析

一、数据来源与变量说明

本章使用的数据来自2010年中国家庭追踪调查（CFPS）。CFPS是一项全国性的综合社会跟踪调查项目，由北京大学中国社会科学调查中心主持实施，该调查通过跟踪收集个体、家庭、社区三个层次的数据，反映中国社会、

---

① "羊群效应"也意指其他文献讨论的"同群效应"。

经济、人口、教育和健康的变迁情况。2010 年该调查的抽样对象涵盖除内蒙古、海南、青海、宁夏、西藏、新疆外的 25 个省（自治区、直辖市）的 33600 个成人个体、14798 个家庭和 635 个社区，代表中国约 95% 的人口。本章使用的是 CFPS2010 的农村和城中村家庭样本及其对应村庄的数据。家庭的有效样本数为 9636 个，其中农村家庭样本 7368 个，城中村家庭样本 2268 个。村庄有效样本数为 415 个。研究样本包含家庭和村庄两个层面的微观数据，覆盖全国性调查的绝大部分地区，实证检验结果具有较强的普适性。

　　实证模型的因变量是劳动力流动，自变量包括家庭和村庄两个层面的特征变量，关注的变量包括反映家庭决策机制和社会互动效应的两类因素。变量说明和描述统计如表 2 - 1 所示。

表 2 - 1　　　　　　　　　　变量说明和描述统计

类别	变量名称	变量说明	全样本（9636）				有人外出工作家庭样本（3450）	无人外出工作家庭样本（6186）
			均值	标准差	最小值	最大值	均值	均值
因变量	家庭是否有人外出工作	家庭有人外出工作 =1，无 =0	0.358	0.479	0	1	1	0
	家庭外出工作成员比例	家庭外出工作成员数与家庭总成员数之比（%）	11.53	18.64	0	100	32.20	0
	省内外出工作成员比例	家庭外出到省内工作的成员数与家庭总成员数之比（%）	5.93	14.38	0	100	16.56	0
	跨省外出工作成员比例	家庭到外省工作的成员数与家庭总成员数之比（%）	5.60	13.52	0	100	15.64	0
家庭特征变量	人均农业收入[#]	家庭年人均农业生产纯收入（元）	1426	3445	0	175063	1314	1488
	人均非农经营收入[#]	家庭年人均非农经营收入（元）	151	4359	0	375000	83	189
	人均工资性收入[#]	家庭年人均工资性收入（元）	4239	6381	0	160000	4191	4265
	家庭与村人均纯收入之比	家庭年人均纯收入与村年人均纯收入之比	0.94	3.87	0	244	0.98	0.91

续表

类别	变量名称	变量说明	全样本（9636）				有人外出工作家庭样本（3450）	无人外出工作家庭样本（6186）
			均值	标准差	最小值	最大值	均值	均值
家庭特征变量	教育程度	家庭成员中最高受教育程度：文盲/半文盲、小学、初中、高中、大专、大学本科、硕士、博士，依次取值1~8	3.01	1.21	1	7	3.20	2.91
	人均经营土地面积#	家庭人均经营土地面积（亩）	1.91	7.98	0	502	1.91	1.91
	亲戚家数	春节期间来拜访的亲戚家的数目	6.04	6.83	0	100	6.45	5.81
	有族谱/家谱	家族有族谱/家谱=1，无=0	0.24	0.43	0	1	0.26	0.23
	从事农业生产	家庭从事农业生产=1，否=0	0.75	0.43	0	1	0.84	0.70
	土地被征用	家庭经历过土地被征用=1，否=0	0.12	0.33	0	1	0.10	0.14
村庄特征变量	祠堂数	村内家族祠堂数（个）	0.49	2.02	0	22	0.65	0.40
	最大姓氏户数比例	最大姓氏户数占全村总户数比例（%）	32.28	28.56	0	100	35.43	30.54
	村外出打工比例	村外出打工的劳动力占村劳动力总数的比例（%）	33.05	22.27	0	100	37.68	30.48
	村人均纯收入#	村年人均纯收入（元）	3873	2463	53	28000	2951	4385
	村人均农业总产值#	村年人均农业总产值（元）	5209	26371	0	473226	3251	6296
	村有集体企业	村有集体企业=1，无=0	0.05	0.22	0	1	0.03	0.07
	常住人口数#	村常住人口数（人）	2073	1523	31	10982	2030	2097

续表

类别	变量名称	变量说明	全样本 (9636)				有人外出工作家庭样本 (3450)	无人外出工作家庭样本 (6186)
			均值	标准差	最小值	最大值	均值	均值
村庄特征变量	距县城距离	村距本县县城（市区）距离（公里）	27.89	22.04	0	130	29.39	27.05
	少数民族聚集区	村是少数民族聚集区＝1，否＝0	0.12	0.33	0	1	0.13	0.12
	城中村	属于城中村＝1，否＝0	0.24	0.42	0	1	0.16	0.28

注：#表示该变量以对数形式纳入模型中。

本章构建二值离散变量和连续变量来衡量劳动力流动，并对外出工作地是在省内和省外进行细分讨论。根据 CFPS 的问卷题目"过去一年，您家是否有人外出工作？"，构建衡量劳动力流动的虚拟变量，对"有家庭成员外出工作"赋值为 1，对"无家庭成员外出工作"赋值为 0。在 9636 个家庭样本中，35.8% 的家庭有成员外出工作，64.2% 的家庭没有成员外出工作。通过计算家庭外出工作成员数与家庭总成员数之比，构建家庭外出工作成员比例这个连续变量。在有成员外出工作的家庭样本中，其平均人口规模为 4.8 人，平均外出工作率为 32.2%，即这类家庭平均约有 1.5 人外出工作。按照家庭成员外出工作地是在本省内还是在省外，分别构建省内外出工作成员比例和跨省外出工作成员比例变量。在有成员外出工作的家庭样本中，省内外出工作成员比例均值为 16.6%，跨省外出工作成员比例均值为 15.6%。

在家庭特征变量中，关注的是反映家庭决策机制和家庭社会网络效应的变量。对于家庭决策因素，采用家庭人均农业生产纯收入、人均非农经营收入、人均工资性收入来衡量家庭绝对收入水平；采用家庭与村人均纯收入之比[1]来衡量家庭相对收入水平，以此度量"相对剥夺"程度；采用家庭成员中最高受教育程度来衡量家庭的人力资本水平；采用家庭人均经营土地面积来衡量物质资本水平。在以上变量中，家庭人均农业收入、家庭人均非农经营收入、家庭人均工资性收入、家庭人均经营土地面积分别取对数处理后再

---

① 家庭年人均纯收入源于 CFPS 中家庭调查的数据，村年人均纯收入数据源于 CFPS 中村委会报告的数据，两者在调查上相对独立，可尽量避免两者之间的内生性。

纳入实证模型中。对于家庭社会网络，采用春节期间来拜访的亲戚家数目、家族是否有族谱/家谱来衡量。现有的文献普遍认为：拜年的亲戚越多，则家庭社会网络规模越大（Bian and Li，2005）；相对于没有族谱/家谱的家庭，有族谱/家谱的家庭的网络联系更紧密，家庭社会网络强度更高（Tsai，2007）。家庭层面的控制变量还包括家庭是否从事农业生产及是否经历过土地被征用。

在村庄特征变量中，关注的是反映村庄社会网络和同群效应的变量。对于村庄社会网络，采用村内家族祠堂数、最大姓氏户数占全村总户数比例来衡量。村内有较多的家族祠堂，村内家族间在祠堂开展的集体仪式或交流活动一般较多，这有利于加强相互间的责任意识或网络凝聚力，提高村庄社会网络资本（Tsai，2007）；相同姓氏家族内部的认同感和网络联系一般较强，当村最大姓氏户数所占比例较高时，同姓氏家族辐射至村内的网络联系也较强，村庄社会网络强度因而也较高（Freedman，1965）。对于同群效应，我们采用村外出打工比例这个变量来检验。如果村外出打工比例的系数显著为正值，那么说明村劳动力流动概率越高，家庭劳动力流动概率也越高，证明存在同群效应。村庄层面的控制变量还包括村人均纯收入、村人均农业总产值、村是否有集体企业、村常住人口数、村距县城（市、区）的距离、村是否为少数民族聚集区、村是否属于城中村。其中，村人均纯收入、村人均农业总产值、村常住人口数这几个变量取对数处理后再纳入实证模型中。

二、实证模型

本章的基本模型对影响农村家庭劳动力流动的家庭决策机制和社会互动效应进行实证检验，并进一步考察这两类因素对家庭劳动力省内流动和跨省流动的影响。对于因变量中衡量劳动力流动的变量是二值离散变量的情形，采用 Probit 模型进行实证研究，并运用极大似然法（ML）进行估计。所建立的 Probit 模型如下：

$$z_{i,j}^* = x_{i,j}' \alpha + e_{i,j} \qquad (2-1)$$

$$z_{i,j} = 1 \quad 若 \quad z_{i,j}^* > 0 \qquad (2-2)$$

$$z_{i,j} = 0 \quad 若 \quad z_{i,j}^* \leqslant 0 \qquad (2-3)$$

$$P(z_{i,j} = 1 \mid x_{i,j}) = \int_{-\infty}^{x'_{i,j}\alpha} \phi(t)\,dt = \Phi(x'_{i,j}\alpha) \qquad (2-4)$$

其中，$z_{i,j}$ 是村庄 j 中家庭 i 是否有人外出工作的虚拟变量，取值为 1 或 0；$z_{i,j}^*$ 是对应于 $z_{i,j}$ 的潜变量，表示劳动力流动程度；$x_{i,j}$ 是可能影响家庭成员外出工作的自变量向量；α 是未知参数向量；扰动项 $e_{i,j}$ 服从均值为 0、方差为 σ_e^2 的正态分布；$\phi(t)$ 是标准正态分布的概率密度函数；$\Phi(.)$ 是定义在整个实数域上的累积分布函数。

对于因变量中衡量劳动力流动的变量是连续变量的情形，现有的文献通常采用最小二乘法（OLS）进行估计。然而，当因变量的取值受限制（截断或删截）或存在选择性时，若直接采用 OLS 估计一般会导致估计参数有偏且不一致①。此时，采用 Tobit 模型可在一定程度上克服这个问题。Tobit 模型一般采用 Heckman 两步法或极大似然法进行估计，这两种方法得到的估计参数都是渐近无偏和渐近正态分布的，但最大似然法比 Heckman 两步法得到的估计参数方差更小②。

本章衡量劳动力流动的连续变量"家庭外出工作成员比例""家庭省内外出工作成员比例""家庭跨省外出工作成员比例"都有较大比例的样本点取值为 0，数据结构存在"左截断"（left-censorsed）。对此，建立"左截断"数据形式的 Tobit 模型如下，并运用极大似然法进行估计。

$$y_{i,j}^* = x'_{i,j}\beta + u_{i,j} \qquad (2-5)$$

$$y_{i,j} = y_{i,j}^* \quad \text{若} \quad z_{i,j} = 1 \qquad (2-6)$$

$$y_{i,j} = 0 \quad \text{若} \quad z_{i,j} = 0 \qquad (2-7)$$

其中，$y_{i,j}$ 表示村庄 j 中家庭 i 外出工作成员比例；$y_{i,j}^*$ 是对应于 $y_{i,j}$ 的潜变量，表示劳动力流动程度；$x_{i,j}$ 是可能影响家庭成员外出工作的自变量向量；β 是未知参数向量；扰动项 $u_{i,j}$ 服从均值为 0、方差为 σ_u^2 的正态分布。当家庭有成员外出工作（$z_{i,j} = 1$）时，家庭外出工作成员比例 $y_{i,j}$ 可反映潜变量劳动力流动程度 $y_{i,j}^*$；当家庭无成员外出工作（$z_{i,j} = 0$）时，家庭外出工作成员比例 $y_{i,j}$ 为 0。

---

① OLS 估计只有在两种特殊情形下得到的估计参数是无偏的：选择方程和结果方程的扰动项不相关，即选择过程和结果过程相互独立；逆米尔斯比率（inverse Mills ratio）与结果方程的自变量不相关。

② Nelson F D. Efficiency of the Two-step Estimator for Models with Endogenous Sample Selection [J]. Journal of Econometrics, 1984, 24（1 – 2）: 181 – 196.

三、城乡劳动力流动机制的基本实证结果分析

表 2-2 是基本模型的估计结果。模型 1 是以家庭是否有人外出工作这个虚拟变量作为因变量，采用 Probit 模型估计的结果。模型 2、模型 3 是以家庭外出工作成员比例作为因变量，分别采用 Tobit 模型和 OLS 估计的结果。从模型 2 和模型 3 的比较中发现，对于本章样本，Tobit 模型和 OLS 估计的变量系数符号基本一致，稳健性较强；Tobit 模型估计的边际效应与 OLS 估计的系数①稍有差异，下文主要采用 Tobit 模型对实证结果进行分析。

表 2-2　　　　　　　　　　　基本模型的估计结果

类别	变量	模型 1：Probit 家庭是否有人外出工作		模型 2：Tobit 家庭外出工作成员比例		模型 3：OLS 家庭外出工作成员比例
		系数（标准误）	边际效应	系数（标准误）	边际效应	系数（标准误）
家庭特征变量	人均农业收入#	-0.0114** (0.005)	-0.0041	-0.3230* (0.183)	-0.0959	-0.0811 (0.069)
	人均非农经营收入#	-0.0218** (0.009)	-0.0079	-0.8537*** (0.321)	-0.2534	-0.2904*** (0.105)
	人均工资性收入#	0.0520*** (0.002)	0.1889	2.1687*** (0.093)	0.6437	0.5617*** (0.027)
	家庭与村人均纯收入之比	-0.0100*** (0.003)	-0.0036	-0.3827*** (0.127)	-0.1136	-0.1198** (0.051)
	教育程度	0.1054*** (0.013)	0.0383	4.0968*** (0.456)	1.2160	1.2132*** (0.163)
	人均经营土地面积#	-0.0100 (0.008)	-0.0036	-0.4664* (0.276)	-0.1384	-0.1362 (0.102)
	亲戚家数	0.0032 (0.002)	0.0011	0.0667 (0.074)	0.0198	0.0086 (0.027)
	有族谱/家谱	-0.0121 (0.034)	-0.0044	-0.1730 (1.195)	-0.0512	0.2505 (0.438)

---

①　Tobit 模型的变量系数不能直接解释为边际效应，需要进行调整；OLS 模型的变量系数可解释为边际效应。

续表

类别	变量	模型1：Probit 家庭是否有人外出工作		模型2：Tobit 家庭外出工作成员比例		模型3：OLS 家庭外出工作成员比例
		系数（标准误）	边际效应	系数（标准误）	边际效应	系数（标准误）
家庭特征变量	从事农业生产	0.6447 *** (0.102)	0.2124	19.3041 *** (3.611)	5.7296	3.8575 *** (1.339)
	土地被征用	-0.1687 *** (0.047)	-0.0594	-6.1738 *** (1.673)	-1.8325	-1.8348 *** (0.583)
村庄特征变量	祠堂数	0.0300 *** (0.007)	0.0109	0.7259 *** (0.242)	0.2154	0.2658 *** (0.094)
	最大姓氏户数比例	0.0020 *** (0.001)	0.0007	0.0643 *** (0.019)	0.0191	0.0202 *** (0.007)
	村外出打工比例	0.0082 *** (0.001)	0.0030	0.3133 *** (0.024)	0.0930	0.1022 *** (0.009)
	村人均纯收入#	-0.2186 *** (0.019)	-0.0794	-7.6591 *** (0.676)	-2.2733	-2.2458 *** (0.242)
	村人均农业总产值#	0.0157 *** (0.006)	0.0057	0.5123 ** (0.204)	0.1521	0.0877 (0.065)
	村有集体企业	-0.2640 *** (0.080)	-0.0902	-9.3886 *** (2.899)	-2.7866	-2.5892 *** (0.928)
	常住人口数#	0.0630 *** (0.021)	0.0229	2.2559 *** (0.745)	0.6696	0.6171 ** (0.261)
	距县城距离	0.0030 *** (0.001)	0.0011	0.0972 *** (0.024)	0.0289	0.0262 *** (0.009)
	少数民族聚集区	-0.0451 (0.047)	-0.0163	-0.1731 (1.667)	-0.0514	-0.2271 (0.617)
	城中村	-0.2941 *** (0.040)	-0.1025	-10.8641 *** (1.449)	-3.2246	-3.3420 *** (0.498)
	常数项	-0.8401 *** (0.239)	—	-32.6971 *** (8.589)	—	8.5605 *** (3.061)
	观测值	9087		9087		9087
	虚拟 R² 或调整 R²	0.1265		0.0394		0.1082

注：*** 、** 、* 分别表示在1%、5%、10%的水平上显著；#表示该变量以对数形式纳入模型中。

（一）绝对收入和相对收入因素的影响

在模型 1、模型 2 中，家庭人均农业收入、家庭人均非农经营收入的系数都显著为负值，这说明家庭人均农业收入、人均非农经营收入越低，家庭有人外出工作的概率（下文简称"家庭外出打工率"）越高。这印证命题 1 中的"家庭劳动力流动概率与家庭农业收入以及非农经营收入存在负相关关系"。另外，模型 1、模型 2 表明家庭劳动力流动概率与家庭人均工资性收入呈现显著的正相关关系。其中一种可能的解释是：工资性收入有一部分是由家庭成员外出打工挣得的，所以人均工资性收入高的家庭，其劳动力流动的概率也高。

在模型 1、模型 2 中，在控制家庭人均收入水平和村庄人均收入水平的变量后，家庭与村人均纯收入之比的系数显著为负值，这表明在相同的家庭人均收入水平和村庄人均收入水平下，相对于村庄收入水平越低的家庭，其外出打工倾向越大。家庭与村人均纯收入之比每下降 10%，家庭外出打工率将提高 0.04%，家庭外出工作成员比例将提高 1.14%。这印证命题 1 中的"家庭劳动力流动概率与家庭相对村庄的收入水平存在负相关关系"，也证明中国农村劳动力流动存在"相对剥夺"效应。

（二）人力资本和物质资本因素的影响

在模型 1、模型 2 中，家庭成员中最高教育程度的系数显著为正值，这说明家庭成员教育程度的提高不仅提高了家庭外出打工率，也提高了家庭外出工作成员比例。模型 1 中，家庭人均经营土地面积的系数为负值，这说明家庭人均经营土地面积与家庭外出打工率存在一定的负相关关系，但不太显著。在模型 2 中，家庭人均经营土地面积的系数显著为负值，这说明家庭人均经营土地面积越小，家庭外出工作的成员比例越高。这支持命题 2，即家庭劳动力流动概率与家庭受教育程度存在正相关关系；与家庭人均土地数量存在负相关关系。

（三）社会网络效应的影响

本章讨论的社会网络效应划分为家庭和村庄两个层面。对于家庭社会网络效应，无论是以拜年亲戚家数还是以家庭是否有族谱/家谱来衡量，这两个变量系数都不显著，这暂未能说明家庭社会网络对总体上的劳动力流动具有显著的影响。下文拟划分劳动力省内流动和跨省流动的情况做进一步分析。对于村庄社会网络效应，在模型1、模型2中，无论是以村庄祠堂数还是以最大姓氏户数比例衡量村庄社会网络，其变量系数都显著为正值。村庄祠堂数越多，最大姓氏户数比例越高，则家庭外出打工率和家庭外出工作成员比例越高。这说明村庄社会网络对家庭劳动力流动具有显著的促进效应，这从村庄社会网络层面印证命题3中关于社会网络效应与家庭劳动力流动概率之间的正相关关系。

（四）同群效应的影响

在模型1、模型2中，村外出打工比例的系数显著为正值。村外出打工比例每提高10%，家庭外出打工率将提高3%，家庭外出工作成员比例将提高0.93%。这说明家庭劳动力流动概率与村庄劳动力流动概率之间具有同向变化趋势，中国农村劳动力流动存在同群效应，这支持命题4的结论。

此外，模型1、模型2中其他控制变量的估计结果表明：从事农业生产的家庭的外出打工率和外出工作成员比例都显著高于没有从事农业生产的家庭；经历过土地被征用的家庭的外出打工率和外出工作成员比例都显著低于没有经历过土地被征用的家庭；人均纯收入较低的村庄，其家庭外出打工率和外出工作成员比例都显著较高；村人均农业生产总值较高的村庄，其家庭外出打工率和外出工作成员比例都显著较高；有集体企业的村庄的家庭劳动力流动概率比没有集体企业的村庄要低；村常住人口数越多，家庭劳动力流动概率越高；村离县城距离越远，家庭劳动力流动概率越高；城中村的家庭劳动力流动概率较低；是否属于少数民族集聚区对家庭劳动力流动没有显著影响。

四、劳动力省内与跨省流动机制的实证结果分析

为进一步考察劳动力省内流动和跨省流动的影响因素，分别针对家庭劳动力省内流动比例和跨省流动的比例进行实证分析，得表2-3的结果。模型4、模型6分别是以家庭省内外出工作成员比例、家庭跨省外出工作成员比例作为因变量采用Tobit模型估计的结果；模型5、模型7是相应采用OLS估计的结果。

表 2 – 3　　　　　　　　劳动力省内流动和跨省流动的估计结果

类别	变量	模型 4：Tobit 家庭省内外出工作成员比例		模型 5：OLS 家庭省内外出工作成员比例	模型 6：Tobit 家庭跨省外出工作成员比例		模型 7：OLS 家庭跨省外出工作成员比例
		系数（标准误）	边际效应	系数（标准误）	系数（标准误）	边际效应	系数（标准误）
家庭特征变量	人均农业收入#	− 0.7259 *** (0.261)	− 0.1524	− 0.1318 ** (0.055)	0.3116 (0.276)	0.0652	0.0507 (0.052)
	人均非农经营收入#	− 1.8994 *** (0.599)	− 0.3987	− 0.2494 *** (0.083)	− 0.1157 (0.423)	− 0.0242	− 0.0411 (0.079)
	人均工资性收入#	2.2902 *** (0.149)	0.4807	0.2935 *** (0.021)	1.9238 *** (0.133)	0.4028	0.2683 *** (0.020)
	家庭与村人均纯收入之比	− 0.9920 *** (0.373)	− 0.2082	− 0.0586 (0.040)	− 0.3919 ** (0.159)	− 0.0821	− 0.0612 (0.038)
	教育程度	5.9895 *** (0.675)	1.2572	0.8698 *** (0.130)	2.5839 *** (0.648)	0.5410	0.3434 *** (0.123)
	人均经营土地面积#	− 0.1922 (0.413)	− 0.0403	− 0.0421 (0.081)	− 0.6460 * (0.384)	− 0.1353	− 0.0941 (0.077)
	亲戚家数	− 0.2607 ** (0.115)	− 0.0547	− 0.0733 *** (0.022)	0.3725 *** (0.099)	0.0780	0.0820 *** (0.021)
	有族谱/家谱	0.5956 (1.757)	0.1250	0.2889 (0.348)	− 1.0611 (1.696)	− 0.2222	− 0.0384 (0.329)
	从事农业生产	23.5322 *** (5.245)	4.9391	3.1201 *** (1.063)	12.5490 ** (5.302)	2.6276	0.7374 (1.005)
	土地被征用	− 5.1467 ** (2.464)	− 1.0803	− 0.9476 ** (0.462)	− 5.9751 ** (2.422)	− 1.2511	− 0.8873 ** (0.437)
村庄特征变量	祠堂数	1.4007 *** (0.341)	0.2940	0.3073 *** (0.075)	− 0.2123 (0.357)	0.0445	− 0.0415 (0.071)
	最大姓氏户数比例	0.0717 *** (0.028)	0.0151	0.0112 ** (0.005)	0.0475 * (0.027)	0.0100	0.0090 * (0.005)
	村外出打工比例	0.1925 *** (0.036)	0.0404	0.0339 *** (0.007)	0.3899 *** (0.035)	0.0816	0.0683 *** (0.006)
	村人均纯收入#	− 4.9731 *** (1.025)	− 1.0438	− 0.6208 *** (0.192)	− 10.2413 *** (0.969)	− 2.1443	− 1.6250 *** (0.182)

续表

类别	变量	模型 4：Tobit 家庭省内外出工作成员比例		模型 5：OLS 家庭省内外出工作成员比例	模型 6：Tobit 家庭跨省外出工作成员比例		模型 7：OLS 家庭跨省外出工作成员比例
		系数（标准误）	边际效应	系数（标准误）	系数（标准误）	边际效应	系数（标准误）
家庭特征变量	村人均农业总产值#	0.5381 *（0.300）	0.1129	0.0530（0.052）	0.5155 *（0.302）	0.1079	0.0347（0.049）
	村有集体企业	-15.4408 ***（4.484）	-3.2409	-2.2959 ***（0.736）	-2.8886（4.190）	-0.6048	-0.2933（0.696）
	常住人口数#	2.9850 ***（1.102）	0.6265	0.3997 *（0.207）	1.4170（1.063）	0.2967	0.2174（0.196）
	距县城距离	0.0713 **（0.036）	0.0150	0.0123 *（0.007）	0.1068 ***（0.033）	0.0224	0.0139 **（0.007）
	少数民族聚集区	-1.4071（2.498）	-0.2953	-0.5536（0.490）	1.7544（2.313）	0.3673	0.3265（0.463）
	城中村	-9.7848 ***（2.122）	-2.0537	-1.5795 ***（0.395）	-12.0562 ***（2.148）	-2.5244	-1.7625 ***（0.373）
	常数项	-101.7010 ***（13.457）	—	-1.7013（2.429）	-24.4800 **（12.164）	—	10.2619 ***（2.297）
	观测值	9087		9087	9087		9087
	虚拟 R^2 或调整 R^2	0.0308		0.0476	0.0349		0.0588

注：***、**、*分别表示在1%、5%、10%的水平上显著；#表示该变量以对数形式纳入模型中。

（一）家庭决策因素对劳动力省内和跨省流动的影响

模型4、模型6表明，绝对收入因素中的家庭人均农业收入和人均非农经营收入对劳动力省内流动具有显著的负向影响，这与基本模型的结果一致；但这两个变量对劳动力跨省流动的影响并不显著。家庭人均工资性收入对劳动力省内和跨省流动都具有显著的正向影响。与基本模型一致，家庭收入的"相对剥夺"效应无论对劳动力省内流动还是跨省流动的影响都显著。家庭成员受教育程度的提高对劳动力省内流动和跨省流动都具有显著的促进作用。家庭人均经营土地数量对劳动力省内流动的影响不显著，但对劳动力跨省流动具有显著的负向影响。

（二）社会互动因素对劳动力省内和跨省流动的影响

对于社会网络效应，模型4、模型6表明，以拜年亲戚家数衡量，家庭社会网络对劳动力省内流动具有显著的负向影响，而对劳动力跨省流动具有显著的正向影响。一种可能的解释是：拜年亲戚家数较多的家庭，其家庭社会网络联系较紧密，家庭成员对家乡的归属感较强，且家庭社会网络在家乡当地能对家庭成员就业发挥更大的作用，因而他们更愿意留在本地工作；而在当前中国存在制约劳动力流动的制度约束下，家庭成员如果到省外打工，则面临比在省内打工更高的心理成本、家庭赡养成本和就业风险，需要拥有更强的家庭社会网络才能弥补家庭成员省外打工的成本，并减轻其给家庭带来的风险负担，因而家庭社会网络越强，劳动力跨省流动概率越高。此外，以村最大姓氏户数比例衡量的村庄社会网络对劳动力省内流动和跨省流动都具有显著的促进效应。以祠堂数衡量的村庄社会网络对劳动力省内流动的促进效应显著，但对劳动力跨省流动的影响并不显著。

对于同群效应，模型4、模型6表明家庭省内外出打工成员比例、跨省外出打工成员比例分别与村外出打工比例之间都存在显著的正相关关系，这说明劳动力省内流动和跨省流动都存在同群效应。此外，模型其他控制变量对劳动力省内、跨省流动的影响与基本模型的结果基本一致。

第四节　结　　论

本章围绕农村劳动力为什么去往城市的论题，针对中国农村劳动力流动过程中面临户籍等制度约束、存在诸如非"举家"迁移和"抱团"等独特现象，从"家庭决策"和"社会互动"的视角寻求解释。基于CFPS家庭和村庄两个层面的数据，探讨家庭决策机制和社会互动效应对中国农村家庭劳动力流动的影响，得到的主要结论如下：第一，家庭人均农业收入、人均非农经营收入与家庭劳动力外出打工率具有显著的负相关关系；中国农村劳动力流动存在"相对剥夺"效应，家庭相对于村庄的相对收入越低，家庭劳动力外出打工倾向越高。第二，家庭受教育水平的提高对家庭劳动力流动具有显著的促进效应。第三，村庄社会网络对家庭劳动力流动具有显著的促进效应；

家庭社会网络对家庭劳动力省内流动具有负向影响，对劳动力跨省流动具有正向影响。第四，家庭外出打工率与其所在村庄外出打工率呈现同向变化趋势，中国农村劳动力流动的"同群效应"得到证实。

综上所述，得到如下的启示：

第一，农村劳动力流向城市已成为中国工业化、城镇化发展的必然要求。当前，较低的农业和非农经营收入所构成农村推力因素以及城市工业化快速发展所构成城市拉力因素是存在的，两者共同构成推动农村劳动力向城市转移的"源动力"。这有利于加快城市工业化和城镇化进程，但同时也引发如何实现城乡融合的问题。

第二，中国农村家庭在作出迁移决策过程中表现出很强的经济理性，无论是出于家庭内部分工还是进城后就业竞争力的考虑，人力资本都是影响迁移决策的一个重要因素，让较高教育水平和学习能力的劳动者进城务工是大多农村家庭理性选择的结果。因此，要促进农村劳动力流动和城乡融合，提高农村居民教育水平这个"加速度"因素就显得尤为重要。这需要一方面加大对农村基础教育的投入，提高农村居民教育水平，继而提高其迁移的能力；另一方面加大对进城农民工的技能培训，继而提高其融入城市的能力。

第三，在"乡土社会"，社会互动对劳动力流动有着独特的作用，好比劳动力流动的"润滑剂"。不同于社会网络对城镇劳动力所产生的信息共享机制，社会网络对农村劳动力流动更多产生的是风险分担效应和示范效应。"抱团"迁移可尽量规避单个农民工进城所面临的风险；早批外出打工者又会对后来外出打工者产生示范作用。但另一个值得思考的问题是在农村所积累的"原始"社会网络如何在新迁入的城市得以拓展？这不仅需要增强村民之间的社会互动，还需要促进农民工与城市当地工人的交流，借助"原始"社会网络建立"新型"社会网络。

第四，农村劳动力向城市转移还面临户籍、社会保障等方面的制度障碍。要克服劳动力流动的障碍，需要通过健全城乡发展一体化体制机制，加快户籍和土地制度改革，稳步推进实施城镇基本公共服务和社会保障常住人口全覆盖等政策，积极推进农业转移人口市民化进程，实现城乡协调发展。

第三章　孟母三迁：劳动力迁移地选择

第一节　从"孟母三迁"看劳动力迁移地选择

正所谓"孟子生有淑质，幼被慈母三迁之教"，"孟母三迁"的典故被世人所熟知，其寓意是父母为了让孩子拥有一个良好的成长环境，而选择多次迁居。将这个典故引申至中国当代的城镇化进程，在收入水平、发展机会和生活成本相当的城市中，劳动力是否选择流向交通设施、基础教育、公共医疗、生态环境等公共服务水平较高的地区？即地区公共服务水平是否会影响劳动力流向？

在现实的案例中，那些被纳入重点名校学区的住房价格远高于其他街区的住房价格，不少家长为了让孩子能够就读重点小学和中学，不惜血本购买学区房。2020 年 6 月一则新闻报道深圳两个住宅小区只是一街之隔，仅相距约 300 米，由于实施"积分入学，就近入学"政策，其中一个住宅小区属于有重点小学和中学的学区，其房屋单价比另一个小区约高 6 万元/平方米。还有就是"高考移民"的例子，为了考上好大学，某些高考竞争激烈省份的考生通过各种途径将户籍、学籍转到录取分数低、录取率高的省份参加高考，这俨然是现实版的"孟母三迁"。不单是出于对优质教育资源的追逐而选择迁移，对良好生态环境、便捷交通设施等公共服务的需求也影响着人们长期定居地的选择。例如，笔者在与一位出租车司机闲谈时了解到，他以前曾到河北工作，因不适应当地偶发的沙尘暴天气，而转为选择到广东做出租车生意。

可见，劳动力迁移与地方公共服务供给息息相关。从个体行为来看，地方公共服务供给水平是人们选择居住地所考虑的因素之一；从地方政府角度来看，地方公共服务是政府之间支出竞争的政策工具之一，地方政府通过有效提供公共服务，吸引劳动力等资源的流入，实现人口集聚与当地经济集聚相匹配；从区域融合角度来看，与户籍制度相捆绑的公共服务能够实现多大程度的松绑，将影响劳动力等资源的有效流动，继而影响中国的城乡结构和城市化进程。

在大半个世纪前，蒂布（Tiebout，1956）就提出一个探讨地方公共服务供给与劳动力迁移的基准模型。该模型认为地方公共服务和税收的数量组合会影响人口流动，居民通过"用脚投票"，选择公共服务和税收水平合适的社区，在这种机制下，地方政府就可以实现公共服务的有效供给。而国内基于中国数据应用蒂布模型的实证研究较少，这一方面是因为国内具体到地级市、区（县）、社区的劳动力迁移数据较为缺乏；另一方面是长期受户籍制度的制约，劳动力并非完全自由流动，蒂布机制的应用十分有限。然而，近30多年来，中国户籍政策正逐步放开，从 20 世纪 90 年代推出"蓝印户口政策"，到 2001 年以来开放小城镇户口，2010 年以来推行居住证制度、积分入户制度等，再到 2019 年全面取消 100 万～300 万人口的 II 型大城市的落户限制，全面放开放宽 300 万～500 万人口的 I 型大城市的落户条件。随着户籍政策的松绑，蒂布模型在中国存在发挥机制的可能。

基于以上背景，本章拟探讨地方公共服务供给影响劳动力流动的理论机制，并以人口流入大省广东为例，具体至地级市层面，分析城市公共服务供给与人口迁移的关系特征，实证分析城市各类基本公共服务水平对劳动力流动的影响效应。

第二节　公共服务影响劳动力流动的机制

地方公共服务供给影响劳动力流动的机制源于蒂布模型（Tiebout，1956）。蒂布模型探讨地方公共服务供给与劳动力迁移的关系，它提出"地方公共服务完全竞争的市场理论"。经过半个多世纪，一方面，学术界存在对蒂布模型基本假设与现实矛盾的争议；但另一方面，这种争议也引发对蒂布机制的实证研究。国外对蒂布模型的实证研究主要有两类文献：一是从资本化的角度，间接检验地方公共服务的供给对地方财产价值的影响；二是从人口迁移的角度，直接检验地方公共服务供给对劳动力迁移率的影响。

资本化的角度解释认为劳动力迁入的增加，会增加当地住房需求，进而提高当地的财产价值。从资本化的角度对蒂布模型进行间接检验的文献如奥茨（Oates，1969）针对美国新泽西东北部城镇的样本，实证发现地方财产价值与实际税率之间呈显著的负相关关系，而与公立学校的生均教育费支出之间表现为显著正相关关系。其他学者基于不同的样本也进行了类似的检验（Gramlich and Rubinfeld，1982；Epple and Sieg，1999；Rhode and Strumpf，2003）。

从人口迁移的角度对蒂布机制进行直接检验的文献主要有：班扎夫和沃尔什（Banzhaf and Walsh，2008）运用美国街区层面的普查数据，探讨空气质量的变化对人口密度和平均收入的影响，证实对于环境质量这种公共服务来说，地区环境质量越好，越能吸引人口迁入。卡恩（Kahn，2000）实证发现环境管制政策的实施使得洛杉矶及其周边地区烟雾减少，进而吸引人口流入。比内特（Binet，2003）基于法国 27 个市财政竞争的面板数据研究发现，当地政府增加公共服务供给或降低税率的政策能够吸引外来移民，而移民数的变化对地方财政支出变量几乎没有影响。黛（Day，1992）基于加拿大各省的数据实证得出，省际人口迁入率与省级人均教育支出、人均医疗支出存在正相关关系。除以上基于宏观数据的经验研究外，国外也有一些对蒂布机制经验研究是基于微观数据开展的（John et al.，1995；Borrow，2002）。

国内与蒂布机制相关的研究主要渗透于财政分权、税收竞争的文献中（乔宝云等，2005；张军等，2007；郭庆旺和贾俊雪，2009）。从资本化角度的研究，如梁若冰和汤韵（2008）基于中国 35 个大中城市数据、颖等（2020）基于中国地级市数据都证实地方公共服务供给与房价存在正相关关系。从人口迁移角度的研究，如付文林（2007）基于第五次人口普查的省际数据实证发现，地方公共服务水平的提高会显著引起高学历户籍人口迁入的增加，而地方公共服务对于中等学历和低学历移民比率的影响并不显著。何炜（2020）基于 2017 年全国流动人口动态监测调查数据，运用"反事实"分析框架的实证研究也得出公共服务提供水平对高、低教育水平劳动力流入的影响存在分化的结论。夏怡然和陆铭（2015）基于 2005 年 1% 人口抽样调查数据实证发现，城市的基础教育和医疗服务等公共服务水平会影响劳动力的迁移地选择，长期流动的劳动力更会选择流向公共服务较好的城市。刘欢和席鹏辉（2019）基于中国城市面板数据实证发现城市空气污染程度提高会抑制人口迁入，即存在"环境移民"。

第三节 广东公共服务供给与劳动力迁移的关系特征

一、广东地区劳动力迁移状况

广东是人口流入大省，外来人口规模较大，特别是省外流入的人口数是所有省份中最多的。按人户分离的口径核算，2015 年统计的户口在省外、现住地在广东的人口有 2410.4 万人，占现住地在广东人口的 58.4%；① 广东 2018 年户口在外乡镇街道的人口有 4282.7 万人，占现住地在广东人口的 37.8%，② 广东人户分离的人口数是所有省份中最多的。从广东各地级市的外来人口分布看，按常住人口与户籍人口之差的口径核算，2018 年广东全省常住人口为 11346.0 万人，户籍人口为 9502.1 万人，常住人口与户籍人口之差为 1843.9 万人。珠三角地区是外来人口的主要流入地，除肇庆市外，珠三角其他八个地级市的常住人口多于户籍人口，其外来人口数依次为：深圳 805.2 万人，东莞 607.6 万人，广州 552.8 万人，佛山 353.6 万人，中山 154.1 万人，惠州 102.1 万人，珠海 61.7 万人，江门 60.9 万人；③ 而粤东西北地区各市的常住人口少于户籍人口，处于人口净流出状态。

按户籍人口净迁移率④的口径核算，广东省各地级市户籍人口的净迁移率、省内净迁移率、省外净迁移率状况如表 3－1 所示。在 2016～2018 年，深圳的净迁移率在广东省各地级市中是最高的，深圳 3 年平均净迁移率为 72.28‰；净迁移率其次高的依次为东莞（41.63‰）、珠海（28.08‰）、佛山（25.44‰）、中山（22.85‰）、广州（14.38‰）等，可见，广东较大比例的外来人口选择到深圳落户，而广州尽管外来人口总量较大，但广州吸纳人口迁入落户的比例在珠三角地区城市中并不算高。从省内净迁移率和省外净迁移率的比较来看，珠海、佛山、中山、广州这四个珠三角地区城市的省内净迁移率和省外净迁移率大体相当，各在 10‰左右；而深圳、东莞的省外

---

① 据 2015 年全国 1% 人口抽样调查数据，按 1.55% 抽样比换算。
② 据《2019 中国统计年鉴》人口数据计算抽样比换算。
③ 据《2019 广东统计年鉴》，按常住人口与户籍人口之差的口径计算。
④ 净迁移率为"净迁入率"的含义，即某地区一定时期内人口迁入和迁出相抵后的净值与该地区同期平均人口之比。

净迁移率大幅高于省内净迁移率，深圳的省外净迁移率为 47.60‰，省内净迁移率为 24.68‰，东莞的省外净迁移率为 26.17‰，省内净迁移率为 15.46‰，可见，从外省流向广东的外来人口较大比例选择在深圳、东莞落户。另外，除清远外，粤东西北地区各地级市的净迁移率均为负值，这些地区的人口大多迁至珠三角地区落户。

表 3 – 1　　　　　2016～2018 年广东省各地级市人口净迁移率　　　　单位：‰

排序	地区	净迁移率	省内净迁移率	省外净迁移率	排序	地区	净迁移率	省内净迁移率	省外净迁移率
1	深圳	72.28	24.68	47.60	12	云浮	-2.91	-2.47	-0.43
2	东莞	41.63	15.46	26.17	13	汕头	-3.52	-3.56	0.03
3	珠海	28.08	12.70	15.38	14	茂名	-3.93	-3.27	-0.66
4	佛山	25.44	13.56	11.89	15	湛江	-4.30	-3.58	-0.73
5	中山	22.85	10.02	12.83	16	潮州	-4.93	-4.03	-0.90
6	广州	14.38	7.04	7.34	17	汕尾	-6.02	-5.06	-0.96
7	惠州	9.76	2.13	7.63	18	韶关	-6.09	-6.10	0.01
8	清远	1.76	0.10	1.66	19	河源	-8.20	-6.83	-1.37
9	江门	-0.89	-1.25	0.36	20	梅州	-8.35	-8.30	-0.05
10	肇庆	-1.87	-2.28	0.41	21	揭阳	-11.58	-9.27	-2.31
11	阳江	-2.81	-3.13	0.32					

注：各地级市 2016～2018 年户籍人口的净迁移率、省内净迁移率、省外净迁移率计算 3 年数值的均值，并按净迁移率由高到低排序。

资料来源：根据 2017～2019 年《广东统计年鉴》。

关于广东地区外来人口的省外来源地分布情况，根据第六次全国人口普查和 2015 年全国 1% 人口抽样调查数据，从省外流入广东省的外来人口主要来源于湖南、广西、湖北、四川、江西、河南、贵州等。根据"六普"数据，广东省各地级市外来人口的省外来源地分布情况如表 3 – 2 所示。从省外流入珠三角地区的外来人口主要来源于湖南、广西、湖北、四川等。其中，广州、深圳、珠海、东莞、惠州的外来人口的最主要来源地都是湖南省，而佛山、中山、江门、肇庆的外来人口的最主要来源地都是广西。从省外流入粤西地区湛江、茂名、阳江、云浮的外来人口也最主要来源于临近的广西。从省外流入粤东和粤北地区的外来人口的主要来源地广泛分布于湖南、江西、四川等，其中，粤北地区的韶关、清远、河源的外来人口最主要来自临近的湖南，粤东地区的汕头、潮州、揭阳、汕尾的外来人口除来自湖南省外，来自四川省的也较多。

表 3-2　　　　　广东省各地级市外来人口的省外来源地分布

区域	现住地	五年前常住地（来源地）				区域	现住地	五年前常住地（来源地）			
		第一	第二	第三	第四			第一	第二	第三	第四
珠三角	广州	湖南	广西	湖北	四川	粤东	汕头	江西	四川	河南	福建
	深圳	湖南	湖北	广西	四川		潮州	湖南	四川	贵州	福建
	珠海	湖南	广西	河南	湖北		揭阳	江西	四川	湖南	湖北
	佛山	广西	湖南	四川	湖北		汕尾	四川	湖南	重庆	湖北
	东莞	湖南	广西	湖北	河南	粤西	湛江	广西	四川	湖南	湖北
	中山	广西	湖南	四川	湖北		茂名	广西	贵州	湖南	四川
	惠州	湖南	四川	湖北	广西		阳江	广西	湖南	云南	贵州
	江门	广西	湖南	四川	湖北		云浮	广西	四川	湖南	贵州
	肇庆	广西	湖南	四川	贵州	粤北	韶关	湖南	江西	四川	广西
							梅州	江西	湖南	湖北	广西
							清远	湖南	广西	四川	河南
							河源	湖南	四川	江西	广西

注：现住地在广东省各地级市、五年前常住地在省外的人口数除以对应的现住地常住人口数，计算得迁移变动率。将迁移变动率按从高到低排序，对应列出前四位的来源地省区。

资料来源：《广东省 2010 年人口普查资料》。

二、广东省各地级市公共服务供给与劳动力迁移的关系特征

图 3-1、图 3-2、图 3-3、图 3-4 依次反映广东省各地级市 2016～2018 年[①]在交通设施、基础教育、医疗卫生、环境保护四个方面的基本公共服务的供给状况。在这 4 个图中，横轴按各地级市 2016～2018 年的净迁移率均值从高到低排序，净迁移率最高的是深圳，最低的是揭阳，以便比较不同人口迁移状况的地级市的公共服务供给状况。

在交通设施方面，如图 3-1 所示，2015～2017 年公路通车里程出现较快增长的地级市是茂名和惠州，其增长率分别为 4.15%、3.19%，其次是肇

---

① 2018 年公路通车里程的统计口径发生变化，图 3-1 的年份调整为 2015～2017 年。

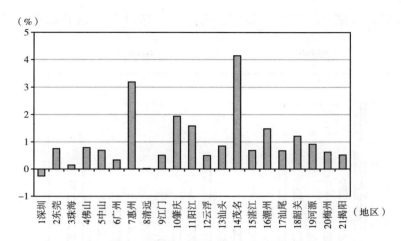

图 3 - 1　广东省各地级市公路通车里程增长率（2015～2017 年）

注：纵轴是各地级市 2015～2017 年的公路通车里程增长率均值，横轴按各地级市相应年间的净迁移率均值从高到低排序。

资料来源：2015～2018 年《广东统计年鉴》。

庆和阳江，其增长率分别为 1.94%、1.59%。而主要人口迁入地城市深圳、东莞、珠海、佛山、中山、广州的公路建设在近几年已基本处于饱和状态，其公路通车里程增长率较低，不足 1%，这六个城市近年来主要依靠建设地铁、城轨、高铁等轨道交通基础设施拓展交通网络。

在基础教育方面，如图 3 - 2 所示，2016～2018 年普通中学师生比最高的是深圳，其比值为 0.152，这反映深圳作为人口迁入率最高的广东地级市，专任中学教师配备相对其他城市要充足，有着较为优质的基础教育资源。普通中学师生比其次高的是广州、阳江和河源，其比值分别约为 0.13，这三个地级市的基础教育资源供给水平也较高。而佛山尽管是主要人口迁入城市，但其普通中学师生比较低，仅为 0.106，其基础教育的师资配备有待增加。

在医疗卫生方面，如图 3 - 3 所示，从每万常住人口拥有医师人数这个指标看，人口净迁入的珠三角地区地级市的医疗卫生资源供给水平普遍比人口净流出的地级市要高。2016～2018 年广东省每万常住人口拥有医师人数最多的三个地级市依次为珠海、广州和深圳，其每万人拥有医师人数依次为 36.2 人、34.7 人、26.8 人，这三个地级市的医疗卫生资源供给水平较高。其次，珠三角地区惠州、中山、佛山的医疗卫生资源配备也较多，其每万人拥有医师人数在 25 人左右。而广东人口净迁出的大部分地级市的医疗卫生资源供给水平较低，如湛江、潮州、汕尾、揭阳等，其每万人拥有医师人数不足20人。

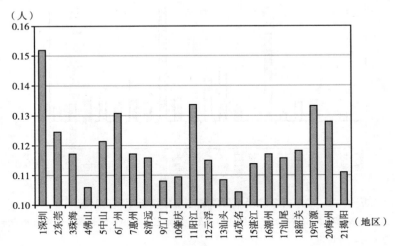

图 3 - 2　广东省各地级市普通中学师生比（2016～2018 年）

注：纵轴是各地级市 2016～2018 年的普通中学师生比均值，横轴按各地级市净迁移率从高到低排序。

资料来源：2017～2019 年《广东统计年鉴》。

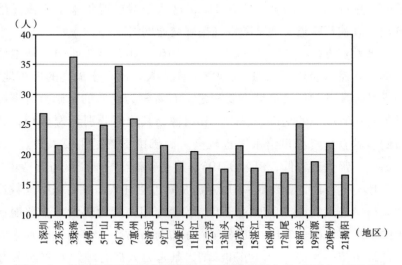

图 3 - 3　广东省各地级市每万常住人口拥有医师人数（2016～2018 年）

注：纵轴是各地级市 2016～2018 年的每万常住人口拥有医师人数均值，横轴按各地级市净迁移率从高到低排序。

资料来源：2017～2019 年《广东统计年鉴》。

　　在环境保护方面，如图3－4所示，环境空气质量指数越高反映该地区的空气污染程度越大、环境空气质量越差。2016～2018年广东人口净迁入的地级市的环境空气质量普遍比人口净迁出的地级市要差。而在人口净迁入的地区，各市的环境空气质量也存在分化：惠州、深圳、珠海的环境空气质量较好，其环境空气质量指数依次为3.38、3.41、3.54；而广州、佛山的环境空气质量较差，其环境空气质量指数均为4.55。在人口净迁出的地区，汕尾、湛江这两个临海城市的环境空气质量最好，其环境空气质量指数分别为2.88、3.06。

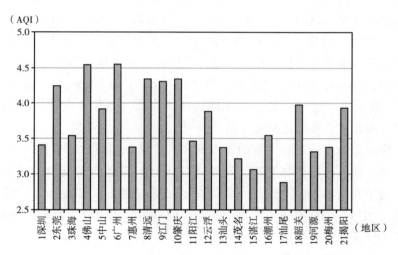

图3－4　广东省各地级市环境空气质量指数（2016～2018年）

　　注：纵轴是各地级市2016～2018年的环境空气质量（污染）指数均值，横轴按各地级市净迁移率从高到低排序。

　　资料来源：广东省生态环境厅、广东省环境监测中心公布的《广东省城市空气和水环境质量及排名情况》《广东省环境空气质量状况》。

第四节　公共服务影响广东地区劳动力流向的实证分析

　　基于文献研究和对广东地区劳动力迁移现状的分析，本节提出研究命题和建立实证模型，探讨广东各地级市公共服务供给对劳动力净迁移（净迁入）的影响效应，并划分劳动力省内净迁移与省外净迁移做进一步分析。

一、研究命题

根据蒂布模型的机制，辖区公共服务供给水平相对于税收水平的高低会影响劳动力迁移，辖区公共服务供给水平相对于税收水平越高，则迁入该辖区的劳动力越多。在中国内地实行统一税制、税收结构以流转税为主体的情形下，可以理解各地方税收水平基本相当。据此，可得命题1：辖区的净迁移率与辖区的公共服务供给水平呈正相关关系。

对蒂布模型机制的直接检验涉及劳动力迁移，而影响劳动力迁移的因素涉及多个方面。在劳动力迁移的文献中，工资收入水平、获得工作的机会、地区经济发展水平等常被看作是劳动力迁移的主要动力（Todaro，1969；Borjas，1994；Lucas，2004；严善平，2007；He and Gober，2003）。据此，可得命题2：辖区的净迁移率与个人在辖区的工资收入水平、获得工作的机会、辖区的经济发展水平呈正相关关系。

住房是影响人们迁移决策的重要的私人产品。在预算约束下，以住房为代表的辖区私人产品价格越高，则个人迁入辖区定居所需支付的成本越高，其获得的净效用越小，人们迁入该辖区的意愿便越低。高波等（2012）、周颖刚等（2019）的研究也表明城市房地产价格与劳动力迁入具有显著的负相关关系。据此，可得命题3：辖区的净迁移率与以住房为代表的私人产品的价格水平呈负相关关系。

二、数据来源与变量说明

本节使用广东省21个地级市2004～2011年的宏观统计数据，建立基于面板数据的固定效应模型和格兰杰因果关系模型，实证分析交通设施、基础教育、医疗卫生、环境保护这四类公共服务对劳动力净迁移率、省内净迁移率、省外净迁移率的影响效应，并控制工资水平、失业水平、经济水平、外向型经济水平、房价等因素。本节的数据来源于《广东统计年鉴》《中国城市统计年鉴》和广东省环境信息GIS综合发布平台。

本节采用净迁移率衡量劳动力迁移，并细分为省内净迁移率和省外净迁移率。变量定义如下：

净迁移率：在一定时期（通常为一年）内，人口迁入迁出相抵后（即迁入人口减迁出人口）与迁入地同期平均人口之比。平均人口按年末户籍人口与年初户籍人口的平均值计算（‰）。

省内净迁移率：在一定时期（通常为一年）内，从省内其他地区迁入人口和迁往省内其他地区人口之差与迁入地同期平均人口之比（‰）。

省外净迁移率：在一定时期（通常为一年）内，从省外迁入人口和迁往省外（含出国）人口之差与迁入地同期平均人口之比（‰）。

现有文献主要从各类财政支出和各类公共服务有效供给量两个角度衡量公共服务水平。本节侧重讨论地方公共服务的有效供给状况，选取交通设施、基础教育、医疗卫生、环境保护这四类基本公共服务的实物量指标反映地方公共服务供给水平。变量定义如下：

交通设施：本地区公路通车里程增长率（%）。

基础教育：普通中学师生比，即普通中学专任教师数与在校学生数之比。

医疗卫生：每万常住人口拥有医师人数。

环境保护：空气污染指数，根据广东省环境信息 GIS 综合发布平台上公布的各地级市每日空气污染指数计算平均数，得到各地级市的年平均的空气污染指数。该指数的数值越大，表示空气污染程度越高。

本节实证模型的控制变量包括三类：一是衡量工资收入和获得工作机会的变量，包括工资水平、失业水平；二是衡量地区经济发展水平的变量，包括地区生产总值增长率、净出口额；三是衡量私人产品价格水平的变量，以房价为代表。变量定义如下：

工资水平：城镇单位从业人员实际工资，按城镇单位从业人员平均劳务报酬除以以 2000 年为基期计算的居民消费价格指数计算（元）。

失业水平：年末城镇地区登记失业率（%）。

经济水平：人均 GDP 增长率（%）。

外向型经济：净出口额（亿美元）。

房价：住宅每平方米实际价格，按住宅每平方米名义价格除以以 2000 年为基期计算的居民消费价格指数计算，其中住宅每平方米名义价格等于住宅实际销售额除以实际销售面积（元）。

三、实证结果分析

表 3-3 是基于面板数据的地区固定效应模型估计结果。模型 1~模型 5

以净迁移率为因变量，模型1将四类公共服务变量都纳入其中，模型2～模型5分别将交通设施、基础教育、医疗卫生、环境保护纳入其中。模型6、模型7分别以省内净迁移率和省外净迁移率为因变量，将四类公共服务变量都纳入其中作为自变量。表3－4反映劳动力净迁移与各类公共服务供给之间关系的格兰杰因果检验结果。

关于公共服务供给与劳动力净迁移的关系，表3－3中模型1～模型5的结果显示，公路基础设施供给水平与劳动力净迁移具有显著的正相关关系；表3－4反映的格兰杰因果检验表明，在5%的显著性水平上，公路基础设施是劳动力净迁移的格兰杰原因。基础教育的估计系数显著性为正值，这反映当地的中等教育专任教师相对于学生人数配备得越充足，劳动力迁入该地区的比率越高，地区基础教育供给水平与劳动力净迁移具有显著的正相关关系。交通设施、基础教育这两类公共服务的供给体现蒂布模型的"用脚投票"机制，印证本节的研究命题1。而另外两类公共服务医疗卫生和环境保护对劳动力净迁移的影响在统计上不显著。在滞后一期或两期的格兰杰因果检验中，医疗卫生服务水平不是劳动力净迁移的格兰杰原因，而是劳动力净迁移的结果，即反映劳动力的迁入会增加对地区医疗卫生服务的需求，继而地方政府相应调整医疗卫生资源的供给水平。

表3－3   实证模型的估计结果

变量	模型1	模型2	模型3	模型4	模型5	模型6	模型7
	净迁移	净迁移	净迁移	净迁移	净迁移	省内净迁移	省外净迁移
交通设施	4.643*** (1.277)	4.539*** (1.278)				4.259*** (0.918)	0.384 (0.598)
基础教育	156.56* (85.61)		168.69* (87.90)			84.94 (61.57)	71.62* (40.10)
医疗卫生	-0.199 (0.276)			-0.187 (0.288)		-0.122 (0.199)	-0.077 (0.129)
环境保护	0.032 (0.056)				0.029 (0.058)	-0.025 (0.040)	0.057** (0.026)
工资水平	0.0003* (0.0002)	0.0003*** (0.0001)	0.0002 (0.0001)	0.0003** (0.0001)	0.0003** (0.0001)	0.0001 (0.0001)	0.0001* (0.0000)
失业水平	-4.101** (1.899)	-3.692* (1.896)	-3.788* (1.957)	-3.689* (1.987)	-3.591* (1.979)	-1.770 (1.366)	-2.331*** (0.890)

续表

变量	模型 1	模型 2	模型 3	模型 4	模型 5	模型 6	模型 7
	净迁移	净迁移	净迁移	净迁移	净迁移	省内净迁移	省外净迁移
经济水平	−0.031 (0.051)	−0.018 (0.051)	−0.015 (0.052)	−0.007 (0.053)	−0.011 (0.053)	−0.008 (0.037)	−0.024 (0.024)
外向型经济	0.020** (0.001)	0.017* (0.009)	0.020** (0.009)	0.014 (0.010)	0.015 (0.009)	0.015** (0.007)	0.006 (0.005)
房价	−0.003*** (0.001)	−0.003*** (0.001)	−0.003*** (0.001)	−0.003*** (0.001)	−0.003*** (0.001)	−0.002*** (0.0004)	−0.001*** (0.0002)
常数项	14.08* (8.094)	18.67*** (6.275)	14.78** (6.941)	21.53*** (7.139)	17.76** (7.527)	7.858 (5.821)	6.223 (3.791)
观测值	168	168	168	168	168	168	168
调整 R^2	0.936	0.936	0.932	0.930	0.930	0.815	0.963

注：（1）***、**、*分别表示在1%、5%、10%的水平上显著，括号内为标准误，控制地区固定效应。

（2）模型1～模型6的 Hausman 检验结果均支持使用固定效应模型，而不是随机效应模型。构建"地区固定效应"模型 A 和"地区和时间固定效应"模型 B 之间的 F 统计量表明模型 B 的时间效应不显著，而选择模型 A 更为恰当。

表 3 - 4　　　　　　　　　　格兰杰因果检验的结果

滞后阶数	证明结论	交通设施	基础教育	医疗卫生	环境保护
一阶滞后	公共服务→迁移	4.701**	0.003	0.056	0.214
	迁移→公共服务	0.801	0.063	12.70***	0.618
二阶滞后	公共服务→迁移	3.323**	0.380	1.535	0.237
	迁移→公共服务	1.189	0.098	6.318***	0.741

注：本表报告的是检验的 F 统计值；***、**、*分别表示在1%、5%、10%的水平上显著；如果统计显著可证明第二列的结论成立，"公共服务→迁移"表示公共服务供给是劳动力净迁移的格兰杰原因，"迁移→公共服务"表示劳动力净迁移是公共服务供给的格兰杰原因。

关于其他控制变量与劳动力净迁移的关系，表 3 - 3 中模型 1～模型 5 的结果显示，迁入地的实际工资越高和失业率越低，则劳动力净迁移率越高，这说明更高的工资收入水平和更多的就业机会是吸引劳动力迁入的重要因素，这印证命题 2 中"辖区的净迁移率与个人在辖区的工资收入水平、获得工作的机会呈正相关关系"。而人均 GDP 增长率对劳动力净迁移的影响不显著。地区净出口额与劳动力净迁移率呈现显著的正相关关系，这表明外向型经济程度越高的地区，劳动力迁入比率越高。地区房价水平与人口净迁移率呈现显著的负相关关系，这印证命题 3，表明当地房价越高对劳动力迁入起抑制作用。

劳动力净迁移按区域范围可分为省内净迁移和省外净迁移。表 3-3 的模型 6、模型 7 分别反映广东省内各地级市之间的劳动力净迁移以及广东省与其他省份之间的劳动力净迁移的影响因素估计结果。其结果显示公路基础设施对省内劳动力净迁移具有显著的正向影响，广东省某地级市的公路通车里程增长率越高，则从省内其他地级市迁入该市的劳动力比率也越高，可见，发展地区基础设施所带来的交通便利性能够吸引省内劳动力迁入。基础教育的师资配比对省外净迁移具有显著的正向影响，但对省内净迁移的影响不显著。此外，工资水平、就业机会对于省外净迁移的影响显著，而对于省内净迁移的影响并不显著，这说明工资水平和就业机会对吸引省外劳动力流入广东省具有影响。地区房价无论对省内净迁移还是省外净迁移都具有显著的负向效应。

第五节　结　　论

本章基于蒂布模型等理论机制，以人口流入大省广东为例，分析广东省各地级市基本公共服务供给与劳动力迁移的关系特征，并建立基于面板数据的固定效应模型，实证分析地级市的交通设施、基础教育、医疗卫生、环境保护这四类基本公共服务供给对劳动力迁移的影响效应。主要得到如下结论：

第一，地区公路基础设施对劳动力净迁移具有显著的正向影响，特别是对省内地级市之间的劳动力净迁移具有显著的促进效应。近年来，广东省等地的高铁、城轨等轨道交通的建设大大拓展了人们通行半径范围，这对于吸引省外劳动力流入和省内地级市之间的劳动力流动都有显著作用。

第二，地区基础教育供给水平对劳动力净迁移具有显著的正向影响，地区优质的基础教育资源特别是对吸引省外劳动力迁入具有显著作用，这在一定程度上体现蒂布模型机制。在广东的地级市中，深圳和广州有着相对优质的中小学基础教育资源，其专任中学教师配备相对其他城市要充足，在可以取得当地户籍的情况下，迁入广东的新市民一般会优先选择深圳、广州等基础教育服务水平较好的城市。

第三，地区医疗卫生供给水平对劳动力净迁移的影响并不显著。其可能的原因是：劳动力的大量流入会增加对流入地的医疗卫生服务的需求，在短期会带来一定的拥挤效应，使得当地医疗卫生服务水平下降，地方政府便利用户籍政策对劳动力迁入落户进行限制，净迁移率下降；在长期，地方政府为缓解医疗卫生资源的供需矛盾，相应增加医疗卫生资源供给，又对劳动力迁入起到一定的促进作用。

第四，环境空气质量水平对劳动力净迁移的影响并不显著。其可能的原因是：一方面，在当前的人均收入水平下，人们选择居住地更多考虑的是工资收入、社会福利等经济性因素，而环境空气质量并非首要考虑的因素；另一方面，尽管人们主观上倾向于生活在空气环境较好的城市，但受客观因素制约而不能如愿迁移。

总体来看，地方公共服务水平对劳动力净迁入具有正向效应。目前优质的公共服务资源高度集中在大城市，而中小城市公共服务发展相对滞后，城市间公共服务的差距已成为劳动力向大城市集聚的一个影响因素。由本章的研究得到的政策启示是：一方面促进城市间公共服务均等化，改善中小城市公共服务供给水平，有助于缓解人口向大城市过度集聚所引发的拥挤、公共资源紧张等问题，促进大中小城市和小城镇协调发展；另一方面需提升大城市的公共服务供给能力，使公共服务增加规模与城市新增常住人口规模相一致，满足包括外来人口在内的全体城市居民对便捷通行、优质教育、医疗服务以及良好城市环境的需要。

下篇

落脚城市

第四章 城市外来人口的就业与收入

第一节 新二元结构和社会资本视角下的劳动力市场

一、新二元结构中的外来人口就业与收入研究

现有的关于外来人口就业与收入的研究主要是基于二元经济结构理论，针对城市新二元结构中的劳动力市场问题而展开；探讨城市外来人口与本地居民在工资收入、行业准入、就职部门、职业流动、劳动权益保护等方面的待遇差距；并对直接歧视、户籍障碍、人力资本等造成待遇差距的可能原因进行剖析。

针对发展中国家农业部门向工业部门转移的剩余劳动力的特殊现象，刘易斯（Lewis，1954）曾提出关于传统农业的剩余劳动力理论，并由拉尼斯和费景汉（Ranis and Fei，1961）进一步发展为二元经济结构理论，论证了"城乡二元结构"问题。在中国，城乡二元结构表现为城乡之间的收入差距、福利保障和公共服务等方面存在较大差距。随着大量的农村剩余劳动力流向城市，在城市中出现了外来农民工与城市户籍居民之间的"新二元结构"。这种城市新二元结构表现为外来农民工不能与城市户籍居民享有同等的就业机会、工资报酬、劳动权益保护、社会福利保障和公共服务等，两者存在经济和社会地位上的明显差别。而以完全竞争机制为核心的刘易斯二元经济模型无法涵盖中国城市劳动力市场中存在户籍身份等限制的特殊制度背景。在刘易斯的二元经济模型中，城市内部的产业工人没有身份差异，其工资水平完全由劳动力市场上的供求关系决定。而中国进城劳动力的农民身份转化滞后于其就业转移，使得原有的城乡二元结构进一步向城市延伸，形成新二元结构问题。随着流向城市的劳动力的结构变迁，进城劳动力已不限于从农村

流向城市的农民工，即"乡城移民"，也包括从其他城市流向新城市的外地人，即"城城移民"。当今城市新二元结构问题也演变为包括持农业户口的农民工和持外地非农户口的外地居民在内的城市外来人口与城市本地户籍居民之间的待遇和地位差距问题。

现有的实证研究广泛探讨中国新二元结构中的城市外来人口与本地居民在城市劳动力市场中的待遇差别问题。在工资差距方面，现有文献普遍发现外来人口的工资水平显著比城市本地居民要低（王海宁和陈媛媛，2010）。在行业准入方面，拥有本地城镇户籍的劳动者比农村移民更容易进入高收入行业（陈钊等，2009）。在就职部门方面，城市本地居民更多地在正规部门就业，而外来人口更多地在非正规部门就业（孙立平，2003）。正规部门一般工资水平较高、工作稳定、就业环境较好。而在非正规部门就业称为非正规就业，非正规就业一般是指没有与雇主签订劳动合同，但已形成实际劳动关系的就业形式，其特点是组织水平低、生产规模小、工作不稳定，处于边缘化的就业地位。外来人口非正规就业的形式主要是受雇于非正规的中小企业、个体工商户或自雇做小生意。外来人口从事非正规就业的收入水平一般较低。也有研究发现新生代农业转移人口具有较高的自我雇用率，且自雇就业收入高于受雇就业（张启春和冀红梅，2018）。在职业流动方面，本地居民可以较容易通过调换工作单位提高工资收入，而外来劳动力的职业流动对增收的作用十分微弱（严善平，2006）。外来劳动力在城镇化过程中通过平等的机会向上流动受到限制将进一步带来外来劳动力城镇就业的低端化。在劳动权益保护方面，城市外来人口的实际工作时间远远超过本地居民，而没有签订劳动合同、劳动权益没有得到有效落实是造成外来人口工作时间过长的原因之一（杨菊华，2011）。

关于外来人口的工资收入低于城市本地居民的原因分析，一类文献将其归因为劳动力市场中的同工不同酬的直接歧视（孟凡强和向晓梅，2019）；另一类文献将其归因为以户籍为基础的职业隔离（吴晓刚和张卓妮，2014）；也有一类文献将其归因为人力资本等可行能力的欠缺（李培林和李炜，2010）。现有文献比较户籍等歧视性因素与人力资本等自身禀赋因素对外来人口与本地居民工资收入差距的影响程度。王美艳（2005）研究发现外来劳动力与城市本地劳动力工资差异的43%是由歧视因素造成的，而人力资本差异因素解释了其工资差异的57%。邓曲恒（2007）实证得出流动人口与城镇居民的工资收入差距的60%归结为歧视，且在低工资收入和中等工资收入群体中歧视成为收入差距的主要原因。

二、就业与收入研究中的社会资本视角

对外来人口与本地居民在劳动力市场上待遇差距的原因分析，除通常研究的户籍、人力资本等因素外，社会资本也是一个重要因素。在非完全竞争的劳动力市场中，在中国特定的"人情社会"文化环境下，外来劳动者进入城市这个新的环境中，除了自身素质和技能外，其已有的和新建立的社会网络对于其获得工作和工资收入有着微妙的作用。

社会资本是指个体在行动中获取、拥有和使用的嵌入在社会网络中的资源（Lin，2001）。社会资本是继物质资本、人力资本之后作为经济增长要素来考量的一种新的资本形式（Meier and Stiglitz，2001）。现有研究发现社会资本对提高劳动者收入有显著的作用。例如，奈特与岳（Knight and Yueh，2008）基于中国城镇居民数据，以社会网络规模来衡量社会资本，实证发现社会资本能显著提高劳动者收入。有学者进一步指出在物质资本和人力资本都十分匮乏的贫困人口中，社会资本对提升个人获得资源的能力和机会，继而增加个人收入发挥着重要的作用（Grootaert，1999）。

社会资本在中国城市劳动力市场中，对于异地就业劳动力的作用不可忽略，这与转型中的中国城市劳动力市场的特征以及外来人口的禀赋构成有一定关系。转型中的中国城市劳动力市场具有两个鲜明的特征：其一，中国的劳动力市场是一个非完全竞争的市场，存在"信息不对称"等市场缺陷；其二，中国的劳动力市场又是一个二元结构的市场，存在部门分割等问题，劳动者从低收入部门向高收入部门就业面临进入门槛。在劳动力市场改革的过程中，以人力资本为主要表现的价格机制固然在决定人们工资收入的过程中起着重要作用，但与此同时，由于劳动力市场的非完全竞争性和部门分割的特征仍然存在，一些以社会资本等为表现的非价格机制对于决定劳动者的工资收入也产生不可忽视的影响。在非完全竞争、分割的劳动力市场中，信息不充分导致的过高交易成本，使外来人口等新的市场参与者面临入市障碍，其利用市场的机会受到限制。相对于以竞争性市场为作用前提的人力资本，社会资本在非竞争性市场中所发挥的克服市场缺陷、促进信息流动的作用尤为突出。加之城市外来人口尤其是农民工，总体的受教育程度相对城市本地居民要低，其人力资本相对欠缺，并且面对新进入的信息不完全的城市劳动

力市场，社会资本就成为弥补外来人口的人力资本不足、克服市场信息不完全的重要要素。社会资本特别是作为其中主要构成的社会网络更是成为克服部门进入门槛的一块"敲门砖"和提升个人工资收入的一个"砝码"。因此，在城市劳动力市场中社会资本对外来劳动力的经济回报有着重要影响效应。

现有的关于社会资本对劳动者工资收入影响的研究主要探讨从不同角度衡量的社会资本以及细分不同类型的社会资本对劳动者工资收入的影响效应，并分析社会资本与其他形式资本对工资收入影响的互动关系。从使用社会资本的维度，张顺和郭小弦（2011）采用是否使用社会关系求职衡量社会资本，实证发现使用社会关系求职者比未使用社会关系求职者所获得的入职工资收入更高。从拥有社会资本的维度，张学志和才国伟（2012）采用由"职业网"的网络广度、网顶、网差构成的综合指标衡量社会资本，实证发现农民工的社会资本对其工资收入具有显著的正向效应。从投资社会资本的维度，章元和陆铭（2009）采用赠送给亲友的礼金价值等衡量社会资本，发现社会网络不能直接提高农民工在城市劳动力市场上的工资水平，而只能通过影响农民工的工作类型间接地影响其工资水平。

区分"强关系"和"弱关系"的社会网络，部分研究支持社会网络的"弱关系"相对于"强关系"更有利于提高劳动者的收入的结论（Granovetter，1973）；也有部分研究更多地强调"强关系"对劳动者求职的作用。例如，章元等（2012）实证发现利用亲友关系找到的工作能够得到更高的农民工工资，而利用邻居、同学、同事或同村人找到的工作对农民工工资的影响不显著。区分原始社会资本和新型社会资本、整合型社会资本和跨越型社会资本，现有部分研究认为原始社会资本、整合型社会资本对农民工工资没有显著影响，而新型社会资本、跨越型社会资本对农民工工资具有正向影响（叶静怡和周晔馨，2010）；也有部分研究认为整合型和跨越型社会资本对农民工工资都具有正向影响（王春超和周先波，2013）。

现有研究从理论和实证层面探讨社会资本与其他形式资本对工资收入影响的互动效应，发现在其他形式资本处于不同水平下，社会资本对收入的作用方向和效应强度是不同的。尚塔拉特和巴雷特（Chantarat and Barrett，2012）建立社会网络动态最优模型，把社会资本内生化，证明对于传统生产要素处于较低水平的群体，社会资本不能起到减贫作用；而对于传统生产要素处于中等水平的群体，社会资本能起到显著的减贫作用。博克斯曼等（Boxman et al.，1991）研究发现随着人力资本的提升，企业高级经理人的社会资本回报是递减的。

现有的关于社会资本对劳动者职业获得的影响的研究主要从理论层面探讨其影响机制，以及从实证层面分析其影响效应和比较不同属性的社会资本对劳动者职业获得的作用差异。在劳动力市场中，社会资本能够传递关于就业岗位等方面的信息，促进劳动力与就业岗位的配置，继而对劳动者获得工作的机会、职业地位和职业流动产生影响。在理论层面，卡兰等（Karlan et al., 2009）建立理论模型证明社会网络能够起到信用担保的作用，在工作搜寻中，求职者与推荐人的关系网络能够减少关于求职者能力和素质的信息不对称程度，这有利于雇主招聘到合适的员工，有利于求职者获得合适的工作。缪斯（Munshi, 2011）建立理论模型说明社区社会资本所带来的非正式制度机制能够促使家庭实现从低技能职业向高技能职业的跨越，有利于代际间的职业流动。

在实证层面，大多研究支持社会资本对劳动者职业获得具有正向影响效应的结论。例如，张和李（Zhang and Li, 2003）实证发现社会网络有利于提高农民在非农工作中的就业概率。进一步区分"强关系"和"弱关系"的社会网络，格兰诺维特（Granovetter, 1973）、萨巴蒂尼（Sabatini, 2008）等基于西方成熟经济体的研究，更多地强调"弱关系"对职业获得的积极作用；而边（Bian, 1997）、边燕杰和张文宏（2001）等基于中国的研究，更多地强调"强关系"对职业获得的积极作用，并发现社会网络的作用以人情资源效应为主，以信息资源效应为辅。区分原始社会资本和新型社会资本，韩叙和夏显力（2019）发现原始社会资本对城乡流动人口初次非正规就业效果明显，而新型社会资本通过影响乡城流动人口获得更高层次的非正规就业进而影响其家庭迁移。

第二节　工资收入的理论模型

本节在尚塔拉特和巴雷特（Chantarat and Barrett, 2012）的社会网络动态最优模型基础上，建立社会资本、人力资本对收入决定的理论模型，刻画社会资本、人力资本对劳动者工资收入影响的互动关系。

假设经济体中有 n 个个体，$N = (1, 2, \cdots, n)$；每个个体生活两期，$t = 0$，1。个体 i 初始禀赋拥有两种资产：人力资本 A_{i0} 和社会资本 S_{i0}；其中，S_{i0} 代表从初始社会网络（如父母的社会网络）中可获得的资本；经济体的初始禀赋分布为 $\lambda(A_0, S_0)$。个体偏好同质，通过生产技术集获得收入，通过消费获得效用。

一、生产技术集

经济体中存在低收入和高收入两个部门，低收入部门从事低技术生产 Y_t^L，高收入部门从事高技术生产 Y_t^H，其生产函数分别为：

$$Y_t^L = f_L(A_t) \tag{4-1}$$

$$Y_t^H = f_H(A_t - F(S_t)) \tag{4-2}$$

其中，$F(S_t) \geqslant 0, -1 < F'(S_t) < 0, F(\infty) = 0$

从事低技术生产 Y_t^L 无须进入成本，它产生低收入；从事高技术生产 Y_t^H 至少需达到进入成本 $F(S_t) \geqslant 0$，它产生高收入。人力资本水平越高越能够抵消高技术生产的进入成本；拥有越多社会资本越能够减少进入成本。

净资本 $NA_t^L \equiv A_t \geqslant 0$，$NA_t^H \equiv A_t - F(S_t) \geqslant 0$。生产函数 $f_L(NA_t^L)$ 和 $f_H(NA_t^H)$ 满足"稻田条件"（Inada conditions）。高技术生产的净资本边际产出高于低技术生产的净资本边际产出：

$$\left. \frac{\partial f_H(NA_t^H)}{\partial NA_t^H} \right|_{NA_t = \xi} \geqslant \left. \frac{\partial f_L(NA_t^L)}{\partial NA_t^L} \right|_{NA_t = \xi} \geqslant 0 \quad \forall \xi \tag{4-3}$$

个体 i 在时期 t 的总生产函数表示为：

$$Y_{it} = \max[Y_{it}^L, Y_{it}^H] = \max[f_L(A_{it}), f_H(A_{it} - F(S_{it}))] \tag{4-4}$$

图 4-1 表示两种技术的总生产函数边界。$\underline{A}(S_{it})$ 表示实现从低技术向高技术生产转换所需的人力资本临界值，$\underline{A}(S_{it})$ 满足 $f_L(\underline{A}(S_{it})) = f_H(\underline{A}(S_{it}) - F(S_{it}))$。当社会资本从 S_{it} 增加至 S_{it}'，高技术生产函数将向左移动，由于 $F(\cdot)$ 是 S_{it} 的减函数，则有 $A'(S_{it}) < 0$，即降低了从事高技术生产所需的人力资本临界值要求。

定义人力资本处于 $A_{i0} \geqslant \underline{A}(S_{i0})$ 水平的为高禀赋个体，处于 $A_{i0} < \underline{A}(S_{i0})$ 水平的为低禀赋个体。在第一期，高禀赋个体可从事高技术生产，低禀赋个体只能从事低技术生产。社会资本 S_{it} 对不同人力资本水平的个体在第二期能否从事高技术生产具有不同效应。对于高禀赋（$A_{i0} \geqslant \underline{A}(S_{i0})$）的个体来说，无

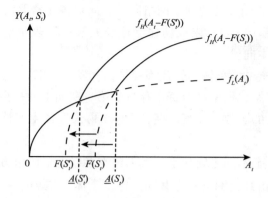

图 4 – 1　生产技术集

论其社会资本多寡，都能在第二期从事高技术生产；但社会资本的增加能够减少进入成本 $F(S_{it})$，因而能够提高其人力资本生产率，通过比较人力资本和社会资本的相对成本进行投资决策。当社会资本相对人力资本的成本较低时，他选择投资社会资本（类型 I）；否则不投资社会资本（类型 II）。对于低禀赋（$A_{i0} < \underline{A}(S_{i0})$）但人力资本水平不至于离临界值 $\underline{A}(S_{it})$ 太远的个体来说，投资社会资本能够降低其将来可能从事高技术生产所需的人力资本临界值要求，缩小其现有资本与人力资本临界值的距离，增加预期收益。对于人力资本水平低至远离临界值 $\underline{A}(S_{it})$ 的个体来说，即使他投资社会资本，也不能达到从事高技术生产所需的人力资本临界值要求，他会自我选择不投资社会资本。

二、个体效用最大化

个体 i 从两期消费中获得效用，效用函数表示如下：

$$U_i = u(C_{i0}) + \rho u(C_{i1}) \tag{4 – 5}$$

其中，ρ 是折现率。

生存约束要求个体两期消费都必须达到生存所需的消费水平 $\underline{C} > 0$，即：

$$u(C_{it}) = -\infty \quad \forall t \quad 若 \quad C_i < \underline{C} \tag{4 – 6}$$

在第一期，个体 i 用初始禀赋（A_{i0}，S_{i0}）进行生产，并对生产获得的收入 Y_{i0} 在消费 C_{i0}、人力资本投资 I_{i0} 和社会资本投资 $X'_{i0}E_i$ 之间进行分配。其中，X_{i0} 表示在第一期投资的社会网络向量，向量各元素取值为 1 或 0，1 表示成功建立社会关系，0 表示未成功建立社会关系；E_i 表示建立或维系这些社会网络所需的成本向量。

在第一期投资的两种资本转化为存量，并发生折旧，A_{i0} 和 S_{i0} 的折现率分别为 δ_A 和 δ_S。在第二期的社会资本存量是第一期期末的社会资本存量和社会网络投资收益 B_i 的函数。在第二期，个体 i 再次选择生产技术进行生产并消费完所有收入。

A_i 与 S_i 的一个不同之处在于，人力资本可以由个体单方决定，而社会资本是相互的，需由社会网络双方共同决定。个体 i 有效的社会网络 X_{i0}^u 是社会网络关系方偏好选择 X_{-i0} 的函数，定义 $X_{i0}^u = X_{i0}(X_{-i0})$。

个体 i 通过投资社会资本实现效用最大化的行为表示如下：

$$V_i^*(X_{i0}^u) = \max_{\{C_{i0}(X_{i0}^u), I_{i0}(X_{i0}^u), C_{i1}(X_{i0}^u)\}} u(C_{i0}) + \rho u(C_{i1}) \tag{4-7}$$

$$\text{s. t. } C_{i0} \leqslant Y_{i0}(A_{i0}, S_{i0}) - I_{i0} - X_{i0}^u E_i$$

$$A_{i1} = (1 - \delta_A) A_{i0} + I_{i0}$$

$$S_{i1} = (1 - \delta_S) S_{i0} + X_{i0}^u B_i$$

$$S_{i1}, A_{i1} \geqslant 0$$

$$C_{i0}, C_{i1} \geqslant \underline{C}$$

三、均衡

设效用函数的形式为：

$$u(C_{it}) = \frac{C_{it}^{1-\theta}}{1-\theta}, 0 \leqslant \theta < 1 \tag{4-8}$$

其中，θ 表示跨期替代弹性。

设生产函数采用 C – D 生产函数形式，表示为：

$$Y(A_{it}, S_{it}) = \max[k_1 A_{it}^{\alpha_1}, k_2 (A_{it} - F(S_{it}))^{\alpha_2}], 0 < \alpha_1, \alpha_2 < 1, \alpha_2 > \alpha_1, k_1, k_2 > 0 \tag{4-9}$$

最低资本门槛 $\underline{A}(S_{it})$ 根据 $k_1 [\underline{A}(S_{i0})]^{\alpha_1} = k_2 [\underline{A}(S_{i0}) - F(S_{i0})]^{\alpha_2}$ 求解得到。

根据式（4-7）求解，得：

$$(C_{i0H}^*(X_{i0}))^{-\theta} = \rho (C_{i1H}^*(X_{i0}))^{-\theta}\alpha_2 k_2 [A_{i1H}^*(X_{i0}) - F((1-\delta_S)S_{i0} + X_{i0}'B_i)]^{\alpha_2-1}$$

$$(4-10)$$

在第二期实现高水平效用 $U_{iH}^*(X_{i0})$ 的均衡人力资本水平为:

$$A_{i1H}^*(X_{i0}) = \left((\rho\alpha_2 k_2) \cdot \left(\frac{C_{i0H}^*(X_{i0})}{C_{i1H}^*(X_{i0})}\right)^{\theta}\right)^{\frac{1}{1-\alpha_2}} + F((1-\delta_S)S_{i0} + X_{i0}'B_i)$$

$$(4-11)$$

实现高水平效用 $U_{iH}^*(X_{i0})$ 的均衡消费水平为:

$$C_{i0H}^*(X_{i0}) = Y(A_{i0}, S_{i0}) - X_{i0}'E_i - \left[\left((\rho\alpha_2 k_2) \cdot \left(\frac{C_{i0H}^*(X_{i0})}{C_{i1H}^*(X_{i0})}\right)^{\theta}\right)^{\frac{1}{1-\alpha_2}}\right.$$

$$\left. + F((1-\delta_S)S_{i0} + X_{i0}'B_i) - (1-\delta_A)A_{i0}\right]$$

$$(4-12)$$

个体 i 要实现高水平效用 $U_{iH}^*(X_{i0})$ 均衡,当且仅当 $C_{i0H}^*(X_{i0}) \geqslant \underline{C}$;否则只能实现低水平效用 $U_{iL}^*(X_{i0})$ 均衡,低水平效用的均衡消费水平为:

$$C_{i0L}^*(X_{i0}) = Y(A_{i0}, S_{i0}) - X_{i0}'E_i - \left[\left((\rho\alpha_1 k_1) \cdot \left(\frac{C_{i0L}^*(X_{i0})}{C_{i1L}^*(X_{i0})}\right)^{\theta}\right)^{\frac{1}{1-\alpha_1}} - (1-\delta_A)A_{i0}\right]$$

$$(4-13)$$

对于高禀赋($A_{i0} \geqslant \underline{A}(S_{i0})$)的个体来说,他无论在第一期是否进行投资,都能在两个时期从事高技术生产,达到高水平均衡。对于低禀赋($A_{i0} < \underline{A}(S_{i0})$)的个体来说,他如果能够通过投资社会资本或人力资本使得式(4-14)成立,那么能够在第二期从事高技术生产,达到高水平均衡;否则,只能实现低水平均衡。

$$C_{i0H}^*(X_{i0}) \geqslant \underline{C} \Leftrightarrow$$

$$k_1 A_{i0}^{\alpha_1} - X_{i0}'E_i - \left[\left((\rho\alpha_2 k_2) \cdot \left(\frac{C_{i0H}^*(X_{i0})}{C_{i1H}^*(X_{i0})}\right)^{\theta}\right)^{\frac{1}{1-\alpha_2}} + F((1-\delta_S)S_{i0} + X_{i0}'B_i)\right.$$

$$\left. - (1-\delta_A)A_{i0}\right] \geqslant \underline{C}$$

$$(4-14)$$

式(4-14)表明存在一个通过投资人力资本而无须投资社会资本也能在第二期从事高技术生产的初始资本阈值 $A_0^*(S_{i0}|X_{i0}=0)$。$A_0^*(S_{i0}|X_{i0}=0)$ 通过式(4-15)求解得到。

$$C_{i0H}^*(X_{i0}=0) = \underline{C} \Leftrightarrow$$

$$k_1 A_{i0}^{\alpha_1} - \left[\left((\rho\alpha_2 k_2) \cdot \left(\frac{C_{i0H}^*(X_{i0}=0)}{C_{i1H}^*(X_{i0}=0)} \right)^\theta \right)^{\frac{1}{1-\alpha_2}} + F\big((1-\delta_S)S_{i0} \big) - (1-\delta_A)A_{i0} \right] = \underline{C}$$

$$(4-15)$$

对于人力资本 A_{i0} 处于 $A_0^*(S_{i0}|X_{i0}=0) \leqslant A_{i0} < \underline{A}(S_{i0})$ 水平的低禀赋个体，他通过在第一期投资人力资本而无论是否投资社会资本都能在第二期从事高技术生产，继而获得高收入。具体划分为如下两种情形：

一是不投资社会资本而获得高收入（类型Ⅲ）。选择这种行为的个体的激励在于他投资人力资本的相对成本比投资社会资本更低，因而他选择投资人力资本而不投资社会资本，表示为：

$$X_{i0}^* = 0, U_i^* = U_{iH}^*(X_{i0}^* = 0) \tag{4-16}$$

二是投资社会资本后获得高收入（类型Ⅳ）。选择这种行为的个体的激励在于他投资社会资本的相对成本比投资人力资本更低，因而他选择投资社会资本部分地"替代"投资人力资本，表示为：

$$X_{i0}^* \neq 0, U_i^* = U_{iH}^*(X_{i0}^*) \tag{4-17}$$

对于人力资本 A_{i0} 处于 $A_{i0} < A_0^*(S_{i0}|X_{i0}=0)$ 水平的低禀赋个体，他必须依靠投资社会网络，使之与人力资本"互补"，才有可能在第二期从事高技术生产而获得高收入。具体划分为如下三种情形：

一是投资社会资本后获得高收入（类型Ⅴ）。这类个体为了获得高收入而投资社会资本，他也成功与他人建立起社会网络，继而实现高水平均衡，表示为：

$$X_{i0}^* \neq 0, U_i^* = U_{iH}^*(X_{i0}^*) \tag{4-18}$$

二是尝试投资社会资本但不成功而只能获得低收入（类型Ⅵ）。这类个体拥有至少一个社会网络 $\tilde{X}_{i0} \in \Omega_{i0}$，能够使得 $C_{i0}^*(\tilde{X}_{i0}) > \underline{C}$，他为了获得高收入，尝试做出投资社会资本的行为，但未能与他人建立起社会关系（$X_{i0}^* = 0$），因而保持在低收入水平，表示为：

$$X_{i0}^* = 0, U_i^* = U_{iL}^*(X_{i0}^* = 0), 且 \exists \tilde{X}_{i0} \in \Omega_{i0} \ 使得 \ C_{i0}^*(\tilde{X}_{i0}) > \underline{C} \tag{4-19}$$

三是自我选择不投资社会资本而长期处于低收入水平（类型Ⅶ）。这类个体由于人力资本远低于从事高技术生产所要求的水平，即使他投资社会资本也不能弥补人力资本的不足，因而他选择不投资社会资本，而长期处于低收入水平，表示为：

$$X_{i0}^{*}=0,U_{i}^{*}=U_{iL}^{*}(X_{i0}^{*}=0),且 \forall \hat{X}_{i0}\in \Omega_{i0} \ \ 有 \ C_{i0}^{*}(\hat{X}_{i0})<\underline{C} \qquad (4-20)$$

根据式（4-14），低禀赋个体 i 能否在第二期获得高收入取决于初始禀赋（A_{i0}，S_{i0}）、两种资本的折现率（δ_A，δ_S）、生产技术参数（k_1，k_2，α_1，α_2，$F(S_{it})$）、跨期偏好（ρ，θ）和社会网络的成本收益（E_i，B_i）。进行比较静态分析可得，拥有越多的初始禀赋（A_{i0}，S_{i0}），越有利于获得高收入。较低的资本折现率（δ_A，δ_S）能够降低从事高技术生产所需投资的人力资本和社会资本水平，因而能提高获得高收入的概率。提高低技术的生产率（k_1，α_1）能够增加个体 i 第一期的收入，提供更多可用于投资的资源，因而提高其在第二期进入高收入部门的可能性。提高高技术的生产率（k_2，α_2）能够增加投资激励，其效应大小受时间偏好 ρ 和跨期替代弹性 θ 的影响而变化。折现率 ρ 越高，则需要更多的投资才能实现高水平均衡，因而降低获得高收入的概率。跨期替代弹性 θ 越大，则得到的均衡投资回报率越高，即需要较少的投资可达到高水平均衡，因而提高获得高收入的概率。社会资本对减少高技术生产的进入成本的效应 $|F'(S_{it})|$ 越强，则越能够降低高技术生产所需的资本要求，因而提高从事高技术生产的可能性。对于作出投资社会资本行为（$X_{i0}\neq0$）的个体来说，建立和维系社会网络的成本 E_i 越小，社会网络投资收益 B_i 越大，则获得高收入的概率越高。

四、推论

根据上述理论模型，本节从社会资本和人力资本两个维度进行分析，归纳得出以下 7 种收入增长类型，以反映在人力资本处于不同水平下，社会资本对收入的不同影响效应。如图 4-2 所示，横轴表示个体 i 的初始人力资本水平。对于高禀赋个体（$A_{i0}\geqslant\underline{A}(S_{i0})$），他无论是否投资社会资本都能在两期获得高收入，根据投资人力资本和社会资本的相对成本划分为类型 Ⅰ、类型 Ⅱ。对于低禀赋个体，当 $A_0^{*}(S_{i0}\mid X_{i0}=0)\leqslant A_{i0}<\underline{A}(S_{i0})$ 时，他无论是否投资社会资本都能在第二期获得高收入，根据依靠投资人力资本还是社会资本划分为类型 Ⅲ、类型 Ⅳ；当 $A_{i0}<A_0^{*}(S_{i0}\mid X_{i0}=0)$ 时，他必须投资社会资本才

有可能在第二期获得高收入，根据能否成功投资社会资本划分为类型Ⅴ、类型Ⅵ、类型Ⅶ。当 $A_{i0} \geq A_0^*(S_{i0}|X_{i0}=0)$ 时，社会资本与人力资本之间是替代关系；当 $A_{i0} < A_0^*(S_{i0}|X_{i0}=0)$ 时，社会资本与人力资本之间是互补关系。

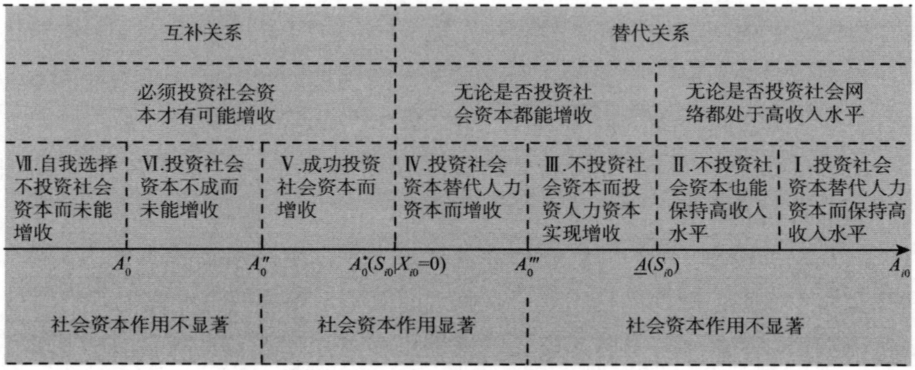

图 4 – 2　收入增长类型

根据 7 种类型所反映的社会资本和人力资本对收入的作用关系，得到以下推论。第一，当人力资本处于中等水平（$A_0'' \leq A_{i0} \leq A_0'''$）时，社会资本对收入增长具有显著的作用。这是由于社会资本能以较低成本替代较高成本的人力资本（类型Ⅳ）或通过弥补人力资本的相对不足（类型Ⅴ），因而能促使在第二期从事高技术生产时达到高收入水平。第二，当人力资本处于高水平（$A_{i0} > A_0'''$）时，社会资本对收入增长的影响不显著。这是由于此时的 A_{i0} 已达到高技术生产所要求的人力资本临界值（类型Ⅰ、类型Ⅱ），或者由于人力资本投资足够充裕使其能在第二期从事高技术生产，而无须依靠投资社会资本（类型Ⅲ）。第三，当人力资本处于低水平（$A_{i0} < A_0''$）时，社会资本对收入增长的影响也不显著。这是由于人力资本过少的个体无法成功建立社会网络（类型Ⅵ）或自我选择不去建立社会网络（类型Ⅶ），因而无法实现收入增长。

五、研究命题

根据上述社会资本、人力资本对收入决定的理论模型，提出如下的研究命题，以反映社会资本、人力资本对劳动者收入的影响效应。

命题 1：社会资本对收入的边际回报随着人力资本的提升而减弱。

命题2：随着人力资本水平从低到高变化，社会资本对增加收入的影响效应呈现从不显著到显著促进，再到不显著的变化趋势。对于低人力资本水平的个体，社会资本对增加收入的影响不显著；对于中等人力资本水平的个体，社会资本对增加收入具有显著的促进效应；对于高人力资本水平的个体，社会资本对增加收入的影响不显著。

命题3：社会资本提高个人收入的作用效应是通过促使中等人力资本水平个体从低收入部门向高收入部门就业的作用途径而实现的。

第三节　外来人口就业与工资的现状特征

为考察城市外来人口的就业与工资状况，本节使用2014年、2016年中国劳动力动态调查（CLDS）中的城市地区劳动力个体数据，划分本地人口和外来人口，比较分析其就业和工资状况的差异。中国劳动力动态调查由中山大学社会科学调查中心主持实施，是面向我国29个省（自治区、直辖市）家庭户中的劳动力开展的大型追踪调查。

本节所界定的城市人口是指城市地区的常住人口，包括本地人口和外来人口。本地人口指常住于城市地区并持有本县区内的非农户口或居民户口的人口。外来人口指常住于城市地区而持有农业户口或本县区以外户口的人口。按照户籍性质和户籍地区划分，外来人口包括城市地区的农业户口者和外地户口者，这其中也包含同时持有农业户口和外地户口者。在2014年、2016年CLDS城市地区劳动力样本中，剔除2014年和2016年重复观察的2014年样本，得到本节使用的样本。城市人口有效样本数为8575个，其中2014年、2016年样本数分别为3752个、4823个；本地人口、外来人口的有效样本数分别为4918个、3657个；外来人口中农业户口者、外地户口者的有效样本数分别为3057个、1885个。

一、外来人口的行业、职业和单位类型分布

城市外来人口的行业分布情况如表4-1所示。在16个行业中，制造业、批发/零售贸易/餐饮业、社会服务业这三个行业吸纳的城市就业人数最多、比例最大，在城市就业人口中，有14.0%从事制造业，17.0%从事批发/零

售贸易/餐饮业，12.7%从事社会服务业。相对于本地人口，外来人口从事农/林/牧/渔业、制造业、批发/零售贸易/餐饮业的比例显著较高。本地人口中只有2.4%从事农/林/牧/渔业，而外来人口中有14.3%从事农/林/牧/渔业，从事农/林/牧/渔业的主要是外来人口中的农业户口者，城市地区农业户口者中有16.8%从事农/林/牧/渔业。制造业是吸纳外来人口就业的主要行业之一。外来人口中有18.9%从事制造业，远高于本地人口从事制造业的比例10.3%，外来人口中无论是农业户口者还是外地户口者，从事制造业的比例都较高，分别为20.3%、23.4%。外来人口中从事批发/零售贸易/餐饮业的比例也较高，为21.1%，高于本地人口从事该行业的比例14.0%；外来人口中无论是农业户口者还是外地户口者，从事批发/零售贸易/餐饮业的比例都较高，分别为21.4%、24.2%。

表4-1 外来人口的行业分布

行业	城市人口	本地人口	外来人口	农业户口者	外地户口者
农、林、牧、渔业（%）	7.4	2.4	14.3	16.8	2.4
采掘业（%）	1.1	1.5	0.5	0.4	0.5
制造业（%）	14.0	10.3	18.9	20.3	23.4
电力、煤气及水的生产和供给业（%）	3.0	4.0	1.6	1.5	1.4
建筑业（%）	5.3	4.3	6.7	6.9	6.3
地质勘查、水利管理业（%）	0.5	0.8	0.1	0.1	0.2
交通运输、仓储及邮电通信业（%）	7.6	9.3	5.4	5.3	6.0
批发和零售贸易、餐饮业（%）	17.0	14.0	21.1	21.4	24.2
金融保险业（%）	3.8	4.8	2.3	1.4	3.5
房地产业（%）	1.4	1.6	1.1	0.9	1.0
社会服务业（%）	12.7	14.6	10.3	10.4	11.1
卫生、体育和社会福利业（%）	4.7	5.7	3.3	2.9	3.2
教育、文化艺术和广播电影电视业（%）	7.0	9.6	3.5	2.4	4.4
科学研究和综合技术服务业（%）	1.1	1.2	0.9	0.5	1.2
国家、党政机关和社会团体等公共管理（%）	6.2	9.3	2.0	1.2	2.2
其他行业（%）	7.2	6.6	8.0	7.6	9.0
受访人数（人）	8140	4671	3469	2895	1807

资料来源：据中国劳动力动态调查数据（CLDS）计算。

　　然而，相对于本地人口，外来人口从事国家/党政机关/社会团体等公共管理、教育/文化艺术/广播电影电视业、社会服务业、电力/煤气及水的生产和供给业的比例显著较低。本地人口从事这四个行业的比例依次为 9.3%、9.6%、14.6%、4.0%，而外来人口从事这四个行业的比例依次为 2.0%、3.5%、10.3%、1.6%。本地人口从业比例较高的这些行业，准入门槛较高或带有一定的垄断性质，或是无须繁重体力劳动，工作环境较好，而外来人口进入这些行业较为困难。

　　可见，外来人口主要从事制造业、批发/零售贸易/餐饮业等准入门槛较低、工资水平不高的行业；而本地人口较多地进入高准入门槛、高收入的行业。2017 年城镇私营单位和非私营单位制造业就业人员年平均工资分别为44991 元、64452 元，批发/零售业的年平均工资分别为 42359 元、71201 元，住宿/餐饮业的年平均工资分别为 36886 元、45751 元，① 这三个行业非私营单位就业人员年平均工资均比国家/党政机关/社会团体等公共管理、教育/文化艺术/广播电影电视业、社会服务业、电力/煤气及水的生产和供给业的非私营单位就业人员年平均工资要低。

　　城市外来人口的职业分布情况如表 4-2 所示。城市就业人口的主要职业类型是社会生产和生活服务人员，占 48.2%；其次是生产制造人员，占18.5%；专业技术人员，占 14.0%。相对于本地人口，外来人口较多地从事生产制造、农林牧副渔业生产及辅助人员职业。外来人口中有 22.0% 是生产制造人员，而本地人口中有 15.7% 是生产制造人员。外来人口中有 16.6% 是农林牧副渔业生产及辅助人员，主要是外来人口中的农业户口者从事该职业，而本地人口中只有 1.9% 是农林牧副渔业生产及辅助人员。

表 4-2　　　　　　　　　　　　外来人口的职业分布

职业	城市人口	本地人口	外来人口	农业户口者	外地户口者
党政、国家机关、群众团体和社会组织人员（%）	1.9	2.3	1.5	1.2	1.6
专业技术人员（%）	14.0	18.8	7.9	5.5	10.7
办事人员（%）	8.8	12.9	3.4	2.3	4.5
社会生产和生活服务人员（%）	48.2	48.1	48.2	47.9	56.0

① 《2018 中国统计年鉴》。

续表

职业	城市人口	本地人口	外来人口	农业户口者	外地户口者
生产制造人员（%）	18.5	15.7	22.0	23.8	23.9
农林牧副渔业生产及辅助人员（%）	8.3	1.9	16.6	18.9	3.1
其他从业人员（%）	0.3	0.3	0.4	0.4	0.2
受访人数（人）	4700	2652	2048	1775	961

资料来源：根据中国劳动力动态调查数据（CLDS）计算。

本地人口从事党政/国家机关/群众团体/社会组织人员、专业技术人员、办事人员职业的比例远高于外来人口。本地人口有 2.3% 是党政/国家机关/群众团体/社会组织人员，而外来人口有 1.5% 从事该职业。本地人口中专业技术人员占 18.8%，而外来人口中专业技术人员仅占 7.9%，外来人口中的外地户口者是专业技术人员的比例比农业户口者要高，前者为 10.7%。本地人口中办事人员的比例为 12.9%，而外来人口中办事人员仅占 3.4%。本地人口和外来人口从事社会生产和生活服务人员职业的比例相当，各约为 48%，而外来人口中的外地户口者从事社会生产和生活服务人员职业的比例较高，为 56.0%。可见，相对于本地人口，外来人口主要从事生产制造职业，即通常所说的"蓝领"工作；而本地人口更多地从事对教育水平、技能水平要求较高的"白领"工作；外来人口和本地人口都有较大比例从事社会生产和生活服务职业，两类人群的从业比例无较大的差异。

城市外来人口的工作单位类型分布如表 4-3 所示。城市就业人口的工作单位主要是民营/私营企业，占 29.1%；其次是国有/集体事业单位、国营/集体企业、个体工商户、自由工作者，依次占 14.9%、12.1%、14.8%、10.4%。与本地人口相比，外来人口在民营/私营企业工作或是个体工商户、自由工作者的比例较高。本地人口中有 25.8% 在民营/私营企业工作，而在外来人口中该比例为 33.6%，外来人口中的外地户口者在民营/私营企业工作的比例更高，达 42.6%。外来人口开办个体工商户的比例为 19.9%，高于本地人口，本地人口该比例为 10.9%。外来人口是自由工作者，从事自由职业、零散工、摊贩、无派遣单位的保姆、自营运司机、手工工匠等的比例也比本地人口要高，外来人口中有 13.8% 是自由工作者，而本地人口中该比例为 7.9%。

表4-3　　　　　　　　　　　　外来人口的工作单位类型

单位类型	城市人口	本地人口	外来人口	农业户口者	外地户口者
党政机关、人民团体、军队（%）	4.7	7.0	1.6	0.9	1.8
国有、集体事业单位（%）	14.9	21.8	5.7	3.9	6.5
国营、集体企业（%）	12.1	17.0	5.5	4.0	7.2
民营、私营企业（%）	29.1	25.8	33.6	33.1	42.6
外资、合资企业（%）	4.1	3.6	4.8	4.2	8.2
民办非企业等社会组织（%）	3.8	4.8	2.3	2.4	1.1
个体工商户（%）	14.8	10.9	19.9	21.4	18.9
务农（%）	6.1	1.2	12.8	15.1	1.8
自由工作者（%）	10.4	7.9	13.8	15.0	11.9
受访人数（人）	8571	4915	3656	3057	1884

资料来源：根据中国劳动力动态调查数据（CLDS）计算。

本地人口比外来人口有更大比例在党政机关/人民团体/军队、国有/集体事业单位、国营/集体企业工作。本地人口在党政机关/人民团体/军队工作的比例为7.0%，而外来人口为1.6%；本地人口在国有/集体事业单位工作的比例为21.8%，而外来人口为5.7%；本地人口在国营/集体企业工作的比例为17.0%，而外来人口为5.5%。可见，外来人口更多地在非正规部门就业，而本地人口更多地在正规部门就业。个体工商户、小型的民营、私营企业、自由工作者形式等非正规部门往往是一些低收入、无系统组织结构、小规模的单位，外来人口在这些非正规部门就业往往面临就业稳定性较差、短期临时就业的问题。

二、外来人口的工资水平和工作状况

城市外来人口的工资水平和工作时长如图4-3、图4-4所示。2014年、2016年CLDS劳动力样本数据显示，城市就业人口的年平均工资为37892元，月平均工资为3696元。划分本地人口和外来人口来看，本地人口的年平均工资为41798元，月平均工资为4135元；外来人口的年平均工资为32621元，月平均工资为3104元；外来人口的平均工资水平远低于本地人口，外来人口的年平均工资比本地人口约低9000元，外来人口的月平均工资比本地人口约低1000元。外来人口的平均工资水平偏低，主要是其中的农业户口者工资水平较低引起的，城市地区农业户口者的年平均工资仅为 27157 元，月平均工资为 2611 元。而外来人口中的外地户口者的工资水平并不低，外地户口者的年平均工资为 42901 元，还略高于本地人口的年平均工资，同时由于外地户口者的工作时长较长，其月平均工资为 4012 元，与本地人口的月平均工资大体相当。

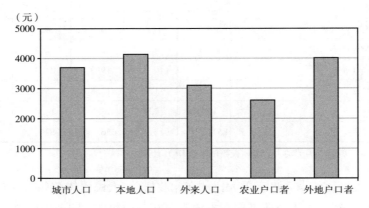

图 4-3　外来人口的月平均工资

资料来源：根据中国劳动力动态调查数据（CLDS）计算。

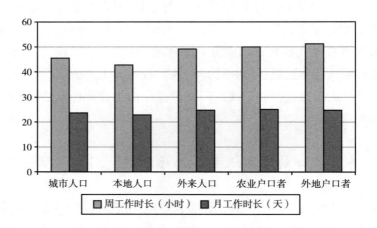

图 4-4　外来人口的平均工作时长

资料来源：根据中国劳动力动态调查数据（CLDS）计算。

从工作时长来看，城市就业人口平均每周工作 45.5 小时，平均每月工作 23.7 天。与本地人口相比，外来人口的工作时长明显要长。本地人口平均每周工作 42.7 小时，平均每月工作 22.9 天；而外来人口平均每周工作 49.2 小时，平均每月工作 24.8 天，即外来人口平均每周比本地人口多工作约 8 小时，每月多工作约 2 天。外来人口中的农业户口者和外地户口者的工作时长都较长，其平均每周工作时长分别为 50.0 小时、51.2 小时，平均每月工作时长分别为 25.1 天、24.8 天。

从工资计算方式看，如表 4-4 所示，在城市就业人口中有 75.2% 采用月薪制，有 12.6% 采用计件、计时或按天计算工资，有 9.9% 采用底薪加提成或加绩效工资的方式，有 1.4% 采用年薪制。与本地人口相比，外来人口采用计件、计时或按天计算工资的比例明显较高；本地人口中仅有 7.1% 采用计件、计时或按天计算工资，而外来人口中有 22.7% 采用这种工资计算方式；外来人口中无论是农业户口者还是外地户口者，采用计件、计时或按天计算工资的比例都较高。相对地，外来人口采用月薪制的比例比本地人口要低；本地人口中有 81.9% 采用月薪制，而外来人口中采用月薪制的比例仅为 62.7%。可见，与本地人口相比，外来人口的工资计算方式相对缺乏稳定性，外来人口在非正规部门就业、做零散工的，往往是计件、计时或按天计算工资。

表 4-4   **外来人口的工资计算方式**

工资计算方式	城市人口	本地人口	外来人口	农业户口者	外地户口者
计件/计时/按天计算（%）	12.6	7.1	22.7	26.8	21.3
月薪制（%）	75.2	81.9	62.7	59.3	62.7
底薪加提成或加绩效工资（%）	9.9	9.2	11.2	10.5	13.2
年薪制（%）	1.4	1.0	2.0	1.8	2.0
其他（%）	0.9	0.8	1.4	1.6	0.8
受访人数（人）	5907	3843	2064	1622	1291

资料来源：根据中国劳动力动态调查数据（CLDS）计算。

外来人口的主要工作状况如表 4-5 所示。城市就业人口中有 64.6% 签订书面劳动合同；本地人口签订书面劳动合同的比例为 66.0%；外来人口签订书面劳动合同的比例略低于本地人口，外来人口该比例为 61.3%；而外来人口中的外地户口者签订书面劳动合同的比例并不低，为 69.2%，还比本地人口高。从单位对员工包吃和包住情况看，外来人口工作单位包吃、包住的比例比本地人口要高。本地人口中单位包吃的比例为 21.1%，包住的比例为 7.0%；而外来人口中单位包吃的比例为 36.4%，包住的比例为 23.4%；无论是农业户口者还是外地户口者，单位包吃、包住的比例都较高。不像大部分本地人口可以在自有住房吃住，不少的外来人口，特别一些进城农民工，往往只能选择住在单位集体宿舍，在单位吃住。从从事体力劳动和脑力劳动的人员比例看，外来人口比本地人口有更高的比例从事体力劳动，外来人口中有 18.6% 在工作过程中经常为繁重体力劳动，而本地人口该比例为 10.3%。外来人口从事脑力劳动的比例比本地人口要低，外来人口中有 39.2% 在工作过程中经常需快速反应思考或从事脑力劳动，而本地人口该比例为 46.3%。

表4-5　　　　　　　　　　外来人口的工作状况　　　　　　　　单位:%

工作状况	城市人口	本地人口	外来人口	农业户口者	外地户口者
签订书面劳动合同	64.6	66.0	61.3	57.1	69.2
单位包吃	26.5	21.1	36.4	38.5	36.8
单位包住	12.7	7.0	23.4	25.7	28.7
工作过程中经常需繁重体力劳动	13.2	10.3	18.6	21.0	15.9
工作过程中经常需快速反应思考或从事脑力劳动	43.8	46.3	39.2	33.7	43.6

资料来源：根据中国劳动力动态调查数据（CLDS）计算。

综上所述，在行业、职业和单位类型分布方面，与本地人口相比，城市外来人口主要从事制造业、批发、零售贸易和餐饮业等准入门槛较低、工资水平不高的行业；外来人口较多从事生产制造、社会生产和生活服务职业；其主要在民营、私营企业工作或作为个体工商户、自由工作者等在非正规部门就业。在工资水平方面，外来人口的平均工资水平比本地人口要低，而外来人口中的外地户口者的平均工资水平与本地人口相当；外来人口的平均工作时长比本地人口要长；外来人口采用计件、计时或按天计算工资的比例比本地人口要高。在工作状况方面，外来人口签订书面劳动合同的比例略低于本地人口；外来人口在单位包吃、包住的比例比本地人口要高；外来人口比本地人口有更高的比例从事体力劳动。

第四节　外来人口工资差异与行业选择的实证分析

为考察城市外来人口与本地人口在工资水平和行业选择差异上的影响因

素，本节建立受限因变量 Tobit 模型、多元线性回归模型、多类别 Logit 模型等进行实证分析。使用 2014 年、2016 年中国劳动力动态调查（CLDS）中过去一年有工作的 16～65 岁城市地区劳动力样本，并剔除 2014 年和 2016 年重复观察的 2014 年样本，形成混合截面数据，得到有效样本数为 8405 个，其中，本地人口样本数为 4830 个，外来人口样本数为 3575 个。

一、变量说明和描述统计

考察工资水平的影响因素实证模型的因变量是月工资；考察行业选择的影响因素的实证模型的因变量是就职行业。其分别对应的自变量包括户口类型、教育程度、工作经验、性别、婚姻状况、健康状况、政治资本、工作单位类型、时间变量等。变量说明和描述统计如表 4-6 所示。

表 4-6　　　　　　　　　　变量说明和描述统计

变量	变量说明	总样本					外来人口样本
		均值	标准差	最小值	最大值	观测值	均值
月工资	年工资性收入/工作月数（元）	3696	6449	0	166667	8364	3104
就职行业	农业＝1，制造业＝2，其他第二产业＝3，批发/零售/餐饮业＝4，其他第三产业＝5	3.934	1.349	1	5	7975	3.490
农业户口	农业户口＝1，非农户口或居民户口＝0	0.355	0.479	0	1	8405	0.834
外地户口	户口在本县区以外＝1，户口在本县区＝0	0.221	0.415	0	1	8405	0.521
教育程度	受教育年限	11.695	3.656	0	22	8399	10.199
工作经验	工作经验年限	22.348	12.345	0	52	8399	21.697
性别	男性＝1，女性＝0	0.546	0.498	0	1	8405	0.538
婚姻状况	已婚＝1，否＝0	0.805	0.396	0	1	8402	0.791
健康状况	从"非常不健康"到"非常健康"依次取值1～5	3.901	0.829	1	5	8399	3.919
政治资本	中共党员＝1，否＝0	0.151	0.358	0	1	8405	0.075

续表

变量	变量说明	总样本					外来人口样本
		均值	标准差	最小值	最大值	观测值	均值
单位类型1	党政机关/社会组织=1，否=0	0.084	0.278	0	1	8405	0.038
单位类型2	国有/集体企业事业单位=1，否=0	0.273	0.445	0	1	8405	0.114
单位类型3	民营私营/外资合资企业=1，否=0	0.334	0.472	0	1	8405	0.389
单位类型4	个体工商户=1，否=0	0.146	0.354	0	1	8405	0.199
单位类型5	自由工作者=1，否=0	0.104	0.305	0	1	8405	0.139
单位类型6	务农=1，否=0	0.058	0.233	0	1	8405	0.121
时间变量	2016年样本=1，2014年样本=0	0.564	0.496	0	1	8405	0.575

在城市劳动力样本中，月工资的均值是 3696 元，最小值是 0 元，最大值是 166667 元。将城市地区持有农业户口或本县区以外户口的人界定为外来人口，外来人口的月工资均值比城市劳动力的月工资均值要低，为 3104 元。在城市劳动力的就职行业类型中，农业占 7.1%，制造业占 14.2%，其他第二产业占 9.4%，批发/零售/餐饮业占 16.9%，其他第三产业占 52.4%。按户口性质类型划分，城市劳动力中的农业户口者占 35.5%，非农户口或居民户口者占 64.5%。按户口地址类型划分，城市劳动力持本县区以外户口者占 22.1%，户口在本县区的占 77.9%。在外来人口样本中，农业户口者占 83.4%，外地户口者占 52.1%，即有 35.5% 的外来人口持有外地农业户口。

城市劳动力的平均教育年限是 11.7 年，即接近初中教育程度，其中外来人口的平均教育年限略低，为 10.2 年。城市劳动力的平均工作经验年限是 22.3 年；外来人口的平均工作经验年限略低，为 21.7 年。城市劳动力中男性占 54.6%，女性占 45.4%；外来人口样本的性别比例与城市劳动力样本相当。城市劳动力中已婚者占 80.5%；外来人口中已婚者比例略低，为 79.1%。城市劳动力的平均健康状况处于"健康"水平；外来人口的平均健康状况与城市劳动力相当。城市劳动力的中共党员占 15.1%；外来人口的中共党员比例较低，为 7.5%。在城市劳动力的工作单位类型中，党政机关/社会组织占 8.4%，国有/集体企业事业单位占 27.3%，民营私营/外资合资企业占 33.4%，个体工商户占 14.6%，自由工作者占 10.4%，务农占 5.8%。时间变量用于控制样本的时间趋势，其中 2016 年的样本占 56.4%、2014 年的样本占 43.6%。

二、工资水平实证模型及结果分析

(一) 工资水平的实证模型

本节的工资水平实证模型是在经典的明瑟方程 (Mincer，1974) 基础上进行扩展，在考察教育程度、工作经验和工作经验平方对工资对数影响的基础上，引入户口类型以及性别、婚姻状况、健康状况、政治资本、工作单位类型、时间变量等控制变量，旨在检验工资的影响因素以及外来人口与本地人口的工资差异。实证模型为：

$$\ln(wage_i) = \alpha_0 + \alpha_1 edu_i + \alpha_2 exp_i + \alpha_3 exp_i^2 + \alpha_4 hkfarm_i + \alpha_5 hkout_i$$
$$+ \gamma' x_i + year_i + \varepsilon_i \tag{4-21}$$

其中，*wage* 表示工资，*edu* 表示教育程度，*exp*、exp^2 表示工作经验、工作经验平方；*hkfarm*、*hkout* 分别表示是否农业户口、外地户口；*x* 表示包括性别、婚姻状况、健康状况、政治资本、工作单位类型在内的其他个体特征变量向量，并以单位类型 4 (*firm4*) 为参照，不用将 *firm4* 纳入模型；*year* 表示时间变量。α_{0-5} 和 γ 表示未知参数和参数向量；ε 表示随机扰动项；下标 *i* 表示个体。

对式 (4-21) 的实证模型进行估计，现有文献一般采用最小二乘法 (OLS)。然而，当因变量的取值受限制 (截断或删截) 或存在选择性时，若直接采用 OLS 估计一般会导致估计参数有偏且不一致。OLS 估计只有在如下两种特殊情形下得到的估计参数是无偏的：第一，选择方程和结果方程的扰动项不相关，即选择过程和结果过程相互独立；第二，逆米尔斯比率 (inverse Mills ratio) 与结果方程中的解释变量不相关。如果不是这两种情形，面对因变量取值受限制的情形，采用受限因变量模型 (Tobit) 可在一定程度上控制估计参数有偏且不一致的问题。采用极大似然法 (ML) 或 Heckman 两步法对 Tobit 模型进行估计可得到渐近无偏和渐近正态分布的估计参数，但 Tobit 模型估计的参数方差比 OLS 估计的参数方差稍大。同是估计 Tobit 模型，采用极大似然法与采用 Heckman 两步法相比，前者得到的估计参数方差较小①。

在本节的样本中，月工资为 0 的观察值占总样本的 27.9%，形成"左截断"（left - censored）的数据结构。月工资为 0 的原因除了月平均工资确实低至 0 外，还有可能是有些受访者鉴于工资过低而不愿报告，或者由于实习试用、休假、临时性工作等特殊情况而没有工资收入来源，或者以借贷为生而处于"收不抵支"状态，而后三类因素与工资的"结果方程"中的扰动项可能是相关的，如果采用 OLS 估计会导致估计参数有偏且不一致。对此，本节采用 Tobit 模型运用极大似然法对工资水平实证模型进行估计，所建立的"左截断"数据形式的 Tobit 模型如下。

选择方程的构建：

$$y_i = \alpha' w_i + e_i \qquad (4-22)$$

$$z_i = 1 \quad 若 \quad y_i > 0 \qquad (4-23)$$

$$z_i = 0 \quad 若 \quad y_i = 0 \qquad (4-24)$$

$$\Pr(z_i = 1 \mid w_i) = \int_{-\infty}^{\alpha' w_i} \phi(t)\,\mathrm{d}t = \Phi(\alpha' w_i) \qquad (4-25)$$

式（4-22）中，y 表示报告的工资收入；w 表示可能影响报告的工资收入的自变量向量；α 是未知参数向量；扰动项 e 服从均值为 0、方差为 σ_e^2 的正态分布。z 是报告的工资收入 y 是否为 0 的虚拟变量。式（4-23）表示当报告的工资收入 y 大于 0 时，z 取值为 1；式（4-24）表示当报告的工资收入 y 等于 0 时，z 取值为 0。式（4-25）表示选择方程的 Probit 形式的条件概率，其中，$\phi(t)$ 是标准正态分布的概率密度函数；$\Phi(.)$ 是定义在整个实数域上的累积分布函数。下标 i 表示个体。

结果方程的构建：

$$y_i^* = \beta' v_i + u_i \qquad (4-26)$$

$$y_i = y_i^* \quad 若 \quad z_i = 1 \qquad (4-27)$$

$$y_i \neq y_i^* \quad 若 \quad z_i = 0 \qquad (4-28)$$

式（4-26）中，y^* 是对应于 y 的潜变量，表示受访者真实的工资收入水平；v 是可能影响受访者真实的工资收入水平的自变量向量；β 是未知参数

① Nelson F D. Efficiency of the Two - step Estimator for Models with Endogenous Sample Selection [J]. Journal of Econometrics, 1984, 24 (1-2): 181-196.

向量；扰动项 u 服从均值为 0、方差为 σ_u^2 的正态分布。式（4－27）表示当报告的工资收入大于 $0(z_i=1)$ 时，报告的工资收入 y 可反映真实的工资收入水平 y^*；式（4－28）表示当报告的工资收入等于 $0(z_i=0)$ 时，报告的工资收入 y 不一定反映真实的工资收入水平 y^*。

此外，按照经验法则，当截断数据观测值占总样本比重不超过 10% 时，OLS 估计的偏误不是太严重。而本节的样本中截断数据观测值占总样本的 27.9%，OLS 估计结果会存在较大偏误，拟采用 Tobit 模型进行估计，并将 OLS 模型的估计结果作为参照。

（二）实证结果分析

基于本节样本数据，分别运用 OLS 模型和 Tobit 模型，得出估计结果如表 4－7 所示。在户籍因素的影响方面，无论是 OLS 模型还是 Tobit 模型，"农业户口"变量系数都在 1% 的显著性水平上为负值，这说明控制个体特征等其他因素后，城市地区农业户口者的工资水平显著比非农户口或居民户口者要低，根据 Tobit 模型得出的边际效应，城市地区农业户口者的工资水平比非农户口或居民户口者要低 33.7%。而"外地户口"变量系数显著为正值，这说明控制个体特征等其他因素后，外地户口者的工资水平比本地户口者要高，根据 Tobit 模型得出的边际效应，外地户口者的工资水平比本地户口者要高 20.0%。可见，通常认为的城市外来人口工资水平较低，并非所有类型的外来人口的工资水平都较低，而是其中农业户口者的工资水平较低，而其中外地户口者的工资水平比本地居民还高。外地户口者工资水平较高有可能是因为外地户口者比本地户口者更加刻苦耐劳、日均工作时间较长、工作强度较大，挣得工资较多；也有可能是因为存在自选择效应，进城的外地户口者往往是能力较强的群体，考虑迁入地工资比其迁出地高才选择迁入。因此，从外地户口者和本地户口者的比较分析看，并不存在工资歧视问题。

表 4－7　　　　　　　　　工资水平实证模型的估计结果

变量	OLS 模型		Tobit 模型		
	系数	标准误	系数	标准误	边际效应
农业户口	-0.5597***	(0.184)	-0.6647***	(0.226)	-0.3373
外地户口	0.3614*	(0.185)	0.3936*	(0.227)	0.1997
教育程度	0.1058***	(0.028)	0.1170***	(0.035)	0.0594
工作经验	0.0546**	(0.024)	0.0640**	(0.029)	0.0324

续表

变量	OLS 模型		Tobit 模型		
	系数	标准误	系数	标准误	边际效应
工作经验平方	−0.0012***	(0.0005)	−0.0015**	(0.0006)	−0.0007
性别	0.3650***	(0.139)	0.4150**	(0.171)	0.2106
婚姻状况	−0.1578	(0.208)	−0.2410	(0.254)	−0.1223
健康状况	0.1389	(0.085)	0.1754*	(0.105)	0.0890
政治资本	0.2678	(0.215)	0.2798	(0.261)	0.1420
单位类型1	8.0678***	(0.316)	9.7018***	(0.388)	4.9233
单位类型2	8.1229***	(0.240)	9.7468***	(0.297)	4.9462
单位类型3	7.8089***	(0.219)	9.3987***	(0.273)	4.7695
单位类型5	2.1183***	(0.281)	2.6837***	(0.350)	1.3619
单位类型6	−5.2449***	(0.354)	−8.0925***	(0.485)	−4.1067
时间变量	0.4017***	(0.139)	0.4923***	(0.171)	0.2498
常数项	−3.4651***	(0.626)	−5.5430***	(0.772)	—
观测值	8349		8349		
调整 R^2 或虚拟 R^2	0.3328		0.0640		

注：***、**、*分别表示1%、5%、10%显著性水平。

在其他个体特征因素的影响方面，受教育程度对劳动者工资水平有正向影响，根据 Tobit 模型的边际效应，教育年限每提高一年，工资水平提高5.9%。"工作经验"和"工作经验平方"的估计结果显示，工作经验与工资水平呈倒"U"形曲线关系，随着工作经验年限的增加，工资水平先提高，达到23年工作经验后，再增加工作年限，工资水平下降。"性别"的估计结果显著为正值，这说明在其他条件既定情况下，男性的工资水平显著比女性高21.6%。婚姻状况对工资水平的影响不显著。Tobit 模型的估计结果表明在10%的显著性水平上健康状况越好者的工资水平越高。"是否中共党员"的政治资本对工资的影响不显著。工作单位类型的估计结果显示，以个体工商户为参照，除务农的工资水平比个体工商户要低外，党政机关/社会组织、国有/集体企业事业单位、民营私营/外资合资企业、自由工作者的工资水平都显著比个体工商户要高。其中，国有/集体企业事业单位的工资水平最高，其次依次为党政机关/社会组织、民营私营/外资合资企业、自由工作者。另外，时间变量的估计结果显示2016年样本的整体工资水平比2014年样本要高。

三、行业选择实证模型及结果分析

（一）行业选择的实证模型

为考察行业选择的影响因素以及外来人口与本地人口行业选择的差异，本部分建立多类别 Logit 模型，以"就职行业"为因变量，户口类型、教育程度、工作经验、性别、婚姻状况、健康状况、政治资本、时间变量为自变量，实证模型表示如下：

当因变量是类别变量，且类别超过两个时，宜运用多类别 Logit 模型进行分析。"就职行业"（industry）划分为农业、制造业、除制造业外的其他第二产业、批发/零售/餐饮业、除批发/零售/餐饮业外的其他第三产业共五种类型（$m=5$），分别赋值 $1\sim5$。个体 i 对第 j 种类型的选择概率为：

$$p_{ij} = Pr(industry_i = j \mid x) = \frac{exp(V_{ij})}{exp(V_{i1}) + exp(V_{i2}) + \cdots + exp(V_{im})} \quad (4-29)$$

$$V_{ij} = \beta_j' x_i \quad (4-30)$$

其中，x 是可能影响受访者行业选择的自变量向量，β 是未知参数向量。

对任意一个样本点 $industry_i$，都可以定义 m 个二元变量：

$$industry_{ij} = \begin{cases} 1, & \text{如果 } industry_i = j \\ 0, & \text{如果 } industry_i \neq j \end{cases} \quad j = 1, 2, \cdots, m \quad (4-31)$$

于是，样本点 $industry_i$ 的密度函数可定义为：

$$f(industry_i) = \prod_{j=1}^{m} p_{ij}^{industry_{ij}} \quad i = 1, 2, \cdots, N \quad (4-32)$$

相应地，全部样本的似然函数为：

$$L_N = \prod_{i=1}^{N} \prod_{j=1}^{m} p_{ij}^{industry_{ij}} \quad (4-33)$$

对式（4-33）两边取对数，得到全样本的对数似然函数为：

$$\ln L_N = \sum_{i=1}^{N} \sum_{j=1}^{m} industry_{ij} \cdot \ln p_{ij} \quad (4-34)$$

由此，运用极大似然估计法可得出概率 p_{ij} 中的参数 β_j'，即得出各自变量

对个体 i 选择第 j 个就职行业类型的概率 p_{ij} 的影响。

（二）实证结果分析

基于本节样本数据，以批发/零售/餐饮业（industry = 4）为参照组，运用多类别 Logit 模型，用极大似然估计法，得出估计系数和标准误如表 4 - 8 所示，进一步转化得出各变量的边际效应如表 4 - 9 所示。表 4 - 8 的系数结果显示，相对于批发/零售/餐饮业，城市地区的农业户口者从事农业和制造业的概率较高，而从事其他第三产业的概率较低。外地户口者从事农业、制造业、其他第三产业的概率都显著低于批发/零售/餐饮业。相对于批发/零售/餐饮业，教育程度越高者从事农业的概率越低，而其从事其他第二产业、其他第三产业的概率越高。工作经验年限越长者从事农业、其他第二产业、其他第三产业的概率显著高于从事批发/零售/餐饮业的概率。男性、中共党员从事批发/零售/餐饮业的概率显著低于其他四类行业。未婚者、健康状况越好者从事批发/零售/餐饮业的概率显著高于从事农业、制造业的概率。

表 4 - 8 　　　　　　就职行业的多类别 Logit 模型估计结果
（以批发/零售/餐饮业 industry = 4 为参照组）

变量	农业 industry = 1	制造业 industry = 2	其他第二产业 industry = 3	其他第三产业 industry = 5
农业户口	1. 9134 *** （0. 135）	0. 2750 *** （0. 100）	- 0. 0647 （0. 117）	- 0. 3527 *** （0. 082）
外地户口	- 2. 3767 *** （0. 181）	0. 1092 （0. 096）	- 0. 5082 *** （0. 122）	- 0. 3722 *** （0. 082）
教育程度	- 0. 1258 *** （0. 021）	0. 0028 （0. 016）	0. 0568 *** （0. 019）	0. 1526 *** （0. 013）
工作经验	0. 0281 *** （0. 006）	- 0. 0052 （0. 005）	0. 0115 ** （0. 005）	0. 0133 *** （0. 004）
性别	0. 6500 *** （0. 113）	0. 5210 *** （0. 083）	1. 5357 *** （0. 107）	0. 2652 *** （0. 066）
婚姻状况	0. 4642 ** （0. 189）	0. 2070 * （0. 114）	0. 0491 （0. 131）	0. 0199 （0. 090）
健康状况	- 0. 1895 *** （0. 0656）	- 0. 1164 ** （0. 050）	0. 0244 （0. 058）	- 0. 0269 （0. 041）

续表

变量	农业 industry = 1	制造业 industry = 2	其他第二产业 industry = 3	其他第三产业 industry = 5
政治资本	1. 2813 *** (0. 226)	0. 4297 ** (0. 177)	0. 5650 *** (0. 176)	1. 1173 *** (0. 136)
时间变量	0. 4125 *** (0. 118)	− 0. 1099 (0. 082)	− 0. 1080 (0. 094)	− 0. 0229 (0. 066)
常数项	− 1. 5539 *** (0. 448)	− 0. 2071 (0. 339)	− 2. 4164 *** (0. 399)	− 0. 9189 *** (0. 279)
观测值	7960			
似然值	2460. 4			

注：***、**、* 分别表示1%、5%、10%的显著性水平；不带括号的数值是估计系数，带括号的数值是标准误。

表 4 – 9　　　　　　　　　　**多类别 Logit 模型各变量的边际效应**

变量	农业	制造业	其他第二产业	批发/零售/餐饮业	其他第三产业
农业户口	0. 1039 ***	0. 0352 ***	− 0. 0048	− 0. 0019	− 0. 1323 ***
外地户口	− 0. 1119 ***	0. 0686 ***	− 0. 0103	0. 0625 ***	− 0. 0089
教育程度	− 0. 0103 ***	− 0. 0089 ***	− 0. 0018	− 0. 0115 ***	0. 0324 ***
工作经验	0. 0011 ***	− 0. 0019 ***	0. 0002	− 0. 0014 ***	0. 0020 ***
性别	0. 0120 **	0. 0157 **	0. 1028 ***	− 0. 0662 ***	− 0. 0643 ***
婚姻状况	0. 0209 **	0. 0172	− 0. 0028	− 0. 0137	− 0. 0217
健康状况	− 0. 0081 ***	− 0. 0102 **	0. 0061	0. 0073	0. 0048
政治资本	0. 0328 ***	− 0. 0426 ***	− 0. 0207 **	− 0. 1243 ***	0. 1549 ***
时间变量	0. 0236 ***	− 0. 0142 *	− 0. 0090	0. 0015	− 0. 0019

注：***、**、* 分别表示1%、5%、10%的显著性水平。

　　表4 – 9各变量的边际效应显示，在户籍因素的影响方面，城市外来人口中的农业户口者更多地从事农业、制造业，而较少从事其他第三产业，农业户口者从事农业、制造业的概率分别比非农业户口者高10.4%、3.5%，而农业户口者从事其他第三产业的概率比非农业户口者低13.2%。城市外来人口中的外地户口者更多地从事制造业、批发/零售/餐饮业，较少从事农业，外地户口者从事制造业、批发/零售/餐饮业的概率分别比本地户口者高6.9%、6.3%。

　　在其他因素既定的情况下，其他第三产业倾向于吸纳教育程度较高、工作经验年限较长者，而制造业、批发/零售/餐饮业倾向于吸纳教育程度较低、工作经验年限较短的年轻劳动力，从事农业的大多是教育程度较低、工作经验较长的劳动力。男性从事农业、制造业、其他第二产业的概率比女性高，而女性大多从事批发/零售/餐饮业及其他第三产业工作。另外，已婚者、健康状况较差者从事农业的概率较高。中共党员从事其他第三产业、农业的概率比非党员要高，而从事制造业、其他第二产业、批发/零售/餐饮业的概率比非党员要低。

第五节　社会资本对外来人口工资与就业影响的实证分析

为进一步考察社会资本及其与人力资本的互动关系对城市外来人口工资和就业的影响，本节基于第二节所论证的社会资本、人力资本对收入决定的理论模型，使用中国家庭追踪调查（CFPS）数据进行实证分析。首先，运用多元线性回归模型、交互项回归模型，实证检验在不同人力资本水平下社会资本对城市外来人口工资的影响效应；其次，运用倾向得分匹配模型（PSM）控制社会资本的使用可能存在的自选择偏差问题；最后，运用多类别 Logit 模型，检验社会资本通过促进城市外来人口从低收入部门向高收入部门就业而实现工资提升的作用途径。

一、数据来源与变量说明

本节使用的数据来自中国家庭追踪调查（CFPS）。该调查由北京大学中国社会科学调查中心主持实施，调查的抽样对象涵盖除内蒙古、海南、青海、宁夏、西藏、新疆外的 25 个省（直辖市、自治区）的个体、家庭和社区。本节使用的是 2010 年 CFPS 城市地区成人劳动力数据，样本涵盖中国城市地区年龄在 16～65 岁之间、过去一年有工作且未离退休、从事非务农工作的劳动力个体，总样本数为 5057 个。本节所界定的城市外来人口指常住于城市地区而持有农业户口者或从外地迁入本地居住者。而由于 CFPS 中仅披露现居住地和 12 岁时居住地的省区，本节将 CFPS 中城市地区持有农业户口或 12 岁后从外省区迁入本地居住的成人劳动力个体作为城市外来人口样本，外来人口样本数为 2219 个。在城市劳动力样本中，农业户口者占 37.4%，外地迁入者占 13.2%。

在本节中，社会资本对工资影响的实证模型的因变量是月工资对数；作用途径检验的实证模型的因变量是工作单位类型；实证模型的自变量包括社会资本、人力资本、工作经验、性别、婚姻状况、健康状况、政治资本、交际能力等。变量说明和描述统计如表 4 – 10 所示。

表 4 – 10 变量说明和描述统计

变量	变量说明	总样本（5057）		外来人口样本（2219）	
		均值	标准差	均值	标准差
月工资	年工资性收入/工作月数（元）	2638	3167	2520	3295
工作单位类型	党政事业单位 =1，国有/集体企业事业单位 =2，股份/联营/私营企业 =3，港澳台/外商投资企业 =4，个体工商户 =5，民间非营利组织/其他 =6	3.262	1.439	3.782	1.411
农业户口	农业户口 =1，非农户口 =0	0.374	0.484	0.852	0.355
外地迁入	现居住省区与 12 岁时居住省区不一致 =1，否 =0	0.132	0.339	0.301	0.459
社会资本	找工作得到帮助 =1，否 =0	0.103	0.304	0.110	0.312
教育年限	受教育年限	10.336	4.118	8.711	4.281
教育级次 1	文盲/半文盲 =1，否 =0	0.054	0.228	0.097	0.295
教育级次 2	小学 =1，否 =0	0.104	0.309	0.171	0.376
教育级次 3	初中 =1，否 =0	0.329	0.470	0.418	0.493
教育级次 4	高中 =1，否 =0	0.239	0.427	0.177	0.382
教育级次 5	大学及以上（大专/本科/硕士/博士）=1，否 =0	0.274	0.446	0.137	0.344
工作经验	工作经验年限	21.484	11.662	22.191	12.112
性别	男性 =1，女性 =0	0.587	0.492	0.577	0.494
婚姻状况	已婚 =1，否 =0	0.824	0.381	0.830	0.376
健康状况	从"非常不健康"到"健康"依次取值 1~5	4.470	0.706	4.516	0.696
政治资本	中共党员 =1，否 =0	0.132	0.339	0.069	0.254
交际能力	自评人缘关系状况从"非常差"至"非常好"依次取值 1~5	4.093	0.784	4.053	0.790

劳动者的工资水平用"月工资"变量衡量，月工资是按劳动者过去一年的工资性收入除以工作月数计算，工资性收入包括月定额工资、浮动工资、奖金、补贴及其他劳动收入。在城市劳动力总样本中，月工资均值是 2638元；在城市外来人口样本中，月工资均值是 2520 元。"工作单位类型"为类别变量。在城市劳动力样本中，在党政事业单位工作的占 7.5%，在国有/集体企业事业单位的占 26.8%，在股份/联营/私营企业的占 33.4%，在港澳台/外商投资企业的占 5.8%，个体工商户占 17.4%，在民间非营利组织/其他工作单位的占 9.1%；在外来人口样本中，前述各类工作单位类型占比依次为3.9%、12.8%、37.5%、6.4%、25.9%、13.5%。

根据上文对社会资本的定义，本节从社会资本的使用的维度衡量社会资本。借鉴刘斌和李磊（2012）等采用"是否由关系人介绍工作"来衡量社会资本的使用，构建"找工作是否得到帮助"变量，该变量取值为 1 表示"曾因自己找工作找人帮忙并且得到了帮助"；取值为 0 表示"未曾因自己找工作找人帮忙或者找人但没得到帮助"。找工作得到帮助反映个人在求职过程中使用了社会资本并获得效果，个人的社会资本水平较高。在城市劳动力总样本、外来人口样本中，分别有 10.3%、11.0% 的劳动者找工作得到帮助。劳动者的人力资本水平用教育年限和教育级次来衡量。在城市劳动力样本中，平均受教育年限是 10.3 年，教育级次是文盲/半文盲、小学、初中、高中、大学及以上依次占 5.4%、10.4%、32.9%、23.9%、27.4%。在外来人口样本中，平均受教育年限是 8.7 年，教育级次是文盲/半文盲、小学、初中、高中、大学及以上依次占 9.7%、17.1%、41.8%、17.7%、13.7%。

在城市劳动力总样本、外来人口样本中，平均工作经验年限分别是 21.5年、22.2 年；男性分别占 58.7%、57.7%；已婚者分别占 82.4%、83.0%；平均健康状况处于"一般"到"健康"的水平；党员分别占 13.2%、6.9%。考虑到现有文献因遗漏个人能力因素而对实证结果可能造成估计偏误，作为改进，本节将交际能力也纳入作为控制变量。交际能力用自评人缘关系状况来衡量，样本平均得分是 4，即处于"好"的交际能力水平。

二、社会资本对工资影响的基准实证模型分析

（一）实证模型

在经典的明瑟方程（Mincer，1974）的基础上，以月工资（*wage*）对数

作为因变量，以教育程度（*edu*）、工作经验（*exp*）、工作经验平方（*exp*²）作为自变量，并引入社会资本（*sc*）这个关键自变量以及其他个体特征因素的控制变量（*x*），以考察社会资本对工资的影响效应。实证模型表示如式（4-35）所示。其中，*x* 表示包括性别、婚姻状况、健康状况、政治资本、交际能力等在内的个体特征变量向量，在基于城市劳动力总样本的实证研究中，*x* 还包括农业户口、外地迁入变量；α_{0-4} 和 γ 是未知参数和参数向量；ε 是随机扰动项；下标 *i* 表示个体。

$$\ln(wage_i) = \alpha_0 + \alpha_1 sc_i + \alpha_2 edu_i + \alpha_3 exp_i + \alpha_4 exp_i^2 + \gamma' \mathbf{x_i} + \boldsymbol{\varepsilon_i} \quad (4-35)$$

在式（4-35）的基础上，再引入社会资本与教育程度的交互项，以考察在不同人力资本水平下社会资本对工资的影响效应，即检验在不同教育程度下社会资本回报的变化趋势和差异程度。交互项回归模型表示如式（4-36）、式（4-37）所示。式（4.36）引入社会资本与教育年限的交互项，旨在考察在不同教育程度下社会资本回报的变化趋势，并对式（4-36）进行"对中"处理。所谓"对中"处理，即把交互项的构成变量社会资本和教育年限分别减去自身均值后再纳入模型中。"对中"交互模型的交互项估计系数与"没对中"交互模型是一致的，但是两者对主变量系数的解释却有所不同：在"对中"交互模型中，社会资本的系数解释为当教育年限取均值时社会资本对工资对数的影响；在"没对中"交互模型中，社会资本的系数解释为当教育年限取 0 时社会资本对工资对数的影响。因现实中更多地关注教育年限取均值时的社会资本回报，所以采用"对中"交互模型更易于解释现实。式（4-36）中 *edu* 表示"对中"处理后的教育年限。式（4-37）引入社会资本与各级教育级次的交互项，并以教育级次 3（*edu*₃，初中）为参照，旨在考察在不同教育程度下社会资本回报的差异程度。式（4-37）中 *edu*ₖ 表示各教育级次虚拟变量，*k* =1，2，…，5。

$$\ln(wage_i) = \beta_0 + \beta_1 sc_i + \beta_2 edu_i + \beta_3(sc_i \cdot edu_i) + \beta_4 exp_i + \beta_5 exp_i^2 + \beta' x_i + \varepsilon_i$$
$$(4-36)$$

$$\ln(wage_i) = \gamma_0 + \gamma_1 sc_i + \sum_{k=1,2,4,5} \theta_k edu_{ki} + \sum_{k=1,2,4,5} \phi_k(sc_i \cdot edu_{ki})$$
$$+ \gamma_2 exp_i + \gamma_3 exp_i^2 + \gamma' x_i + \varepsilon_i \quad (4-37)$$

（二）实证结果分析

分别基于城市劳动力总样本和外来人口样本，对式（4-35）、式

（4-36）、式（4-37）式进行实证检验，得到估计结果如表4-11所示。模型1、模型2、模型3是基于城市劳动力总样本进行估计，模型4、模型5、模型6是基于外来人口样本进行估计；模型1、模型4是对式（4-35）进行估计，模型2、模型5是对式（4-36）进行估计，模型3、模型6是对式（4-37）进行估计。

表4-11　　　　　　　社会资本对工资影响的实证模型估计结果

变量	总样本			外来人口样本		
	模型1	模型2	模型3	模型4	模型5	模型6
农业户口	-0.7091*** (0.158)	-0.7217*** (0.158)	-0.6868*** (0.160)			
外地迁入	0.0931 (0.202)	0.0840 (0.202)	0.0963 (0.202)			
社会资本	0.8499*** (0.229)	0.8242*** (0.229)	0.8818** (0.395)	1.5863*** (0.399)	1.5638*** (0.399)	1.2748** (0.625)
教育年限	0.1282*** (0.023)	0.1488*** (0.024)		0.0570 (0.037)	0.0709* (0.038)	
社会资本×教育年限		-0.2040*** (0.056)			-0.1364 (0.095)	
教育级次1			-1.0433*** (0.351)			0.1990 (0.506)
教育级次2			-0.7527*** (0.266)			-0.1804 (0.391)
教育级次4			0.2038 (0.198)			-0.0073 (0.362)
教育级次5			1.1540*** (0.226)			1.4131*** (0.450)
社会资本×教育级次1			1.1765 (1.137)			1.0578 (1.546)
社会资本×教育级次2			1.6983** (0.726)			1.1473 (1.031)
社会资本×教育级次4			-0.0299 (0.610)			0.5677 (1.230)

续表

变量	总样本			外来人口样本		
	模型1	模型2	模型3	模型4	模型5	模型6
社会资本 × 教育级次5			-1.1558 * (0.597)			-0.9571 (1.209)
工作经验	0.0620 ** (0.025)	0.0707 *** (0.025)	0.0585 ** (0.026)	0.0978 ** (0.044)	0.1048 ** (0.044)	0.0784 * (0.045)
工作经验平方	-0.0011 ** (0.000)	-0.0013 *** (0.000)	-0.0011 ** (0.001)	-0.0015 * (0.001)	-0.0017 ** (0.001)	-0.0011 (0.001)
性别	0.0729 (0.141)	0.0658 (0.140)	0.0973 (0.141)	0.0709 (0.252)	0.0603 (0.252)	0.1476 (0.253)
婚姻状况	-0.3499 (0.219)	-0.3509 (0.218)	-0.3788 * (0.219)	-0.5302 (0.410)	-0.5408 (0.410)	-0.5807 (0.409)
健康状况	0.0358 (0.098)	0.0246 (0.098)	0.0286 (0.098)	0.1921 (0.180)	0.1879 (0.180)	0.2038 (0.180)
政治资本	0.6728 *** (0.214)	0.6416 *** (0.213)	0.5570 ** (0.217)	0.8039 (0.505)	0.7788 (0.505)	0.5027 (0.514)
交际能力	0.1491 * (0.087)	0.1431 (0.087)	0.1413 (0.087)	0.1865 (0.155)	0.1821 (0.155)	0.1934 (0.156)
常数项	5.2764 *** (0.683)	6.7670 *** (0.612)	6.3944 *** (0.639)	5.0537 *** (1.158)	5.6710 *** (1.089)	5.1483 *** (1.119)
观测值	4801	4801	4801	2096	2096	2096
调整 R^2	0.196	0.208	0.210	0.118	0.121	0.128

注：*** 、** 、* 分别表示1%、5%、10%的显著性水平；括号内为标准误。

表4-11各模型中社会资本的系数都显著为正值，这说明无论对于城市劳动者还是其中的外来人口来说，社会资本对提高其工资水平具有促进效应；在其他因素既定的条件下，找工作得到帮助的劳动者比找工作没有得到帮助的劳动者的工资水平要高；并且从社会资本系数的大小看，社会资本对提升外来人口工资的影响程度比城市劳动者还要大。在模型1、模型2中，教育年限的系数显著为正值，这说明人力资本对提高城市劳动者工资水平具有显著作用。而在模型4中，教育年限的系数不显著，在模型5中，教育年限的系数在10%的显著性水平上为正值，这说明人力资本对提高外来人口工资水平有轻微影响。

在模型 2 中，社会资本、教育年限的系数显著为正值，两者的交互项系数显著为负值；这说明社会资本、人力资本能够提高城市劳动者工资水平；而随着教育年限的提升，社会资本对其工资的提升效应将减弱，找工作得到帮助的劳动者与找工作没有得到帮助的劳动者之间的工资差距将缩小。这印证了命题 1，社会资本对工资收入的边际回报随着人力资本的提升而减弱。而在模型 5 中，社会资本和教育年限的交互项系数不显著，对于外来人口来说，暂无足够证据说明其社会资本回报会随人力资本的提升而减弱。

模型 3 中教育级次的系数显示，在城市劳动者中，随着教育级次的提高，人力资本回报水平上升。模型 3 中社会资本与教育级次的交互项系数显示，在城市劳动者中，社会资本回报随着教育级次的提高而呈现先上升（在小学教育程度时达到峰值）然后下降的趋势；以教育级次 3 初中水平为参照，在其他条件既定的情况下，小学教育程度者的社会资本回报显著高于初中教育程度者，没受过教育、初中和高中教育程度者的社会资本回报没有显著差异，大学及以上教育程度者的社会资本回报显著低于初中教育程度者；这印证了命题 2。模型 6 中教育级次及其与社会资本交互项的系数和 t 检验结果显示，在外来人口中，大学及以上教育程度者的人力资本回报显著比其他教育程度者要高；在其他条件既定的情况下，外来人口中的大学及以上教育程度者的社会资本回报显著比小学教育程度者的社会资本回报要低。

此外，基于城市劳动力样本的估计结果也显示农业户口的工资水平显著比非农业户口者要低；而从外省迁入者的工资水平与本省居住者的工资水平没有显著差异。

三、社会资本对工资影响的倾向得分匹配模型分析

（一）倾向得分匹配模型

在实证研究中，社会资本的使用与工资收入的关系可能存在自选择偏差问题。理论上，直接比较是否使用社会资本对工资收入的影响效应，隐含假设要求是否使用社会资本找工作是随机事件；然而，现实中，是否使用社会资本找工作并非随机，而是自选择的结果，即个人基于自身特征作出的一种行为选择。劳动者是否使用社会资本找工作可能与劳动者的某些可观测或不可观测的个体特征相关，例如，男性和女性是否通过社会关系途径找工作可能存在行为选择上的差异；又如，能力越弱者可能越倾向于通过社会关系途

径找工作，能力越强者也有可能越善于建立社会关系并在找工作中得到他人帮助。而这些个体特征同时也会影响其工资收入水平，这使得使用社会资本找工作的劳动者与不使用社会资本找工作的劳动者在工资收入水平上可能存在系统性的差异，也会使得是否使用社会资本找工作的决定方程与工资决定方程的扰动项相关，并带来内生性问题。此时，如果采用一般的最小二乘法（OLS）估计将会导致估计结果有偏且不一致。为了在一定程度上控制使用社会资本方面的指标可能存在的自选择偏差问题，本部分采用罗森鲍姆和鲁宾（Rosenbaum and Rubin，1983）提出的倾向得分匹配法（PSM）对社会资本的使用与工资的关系做进一步的实证检验。

倾向得分匹配法通过再抽样或基于接受干预的概率把干预组和控制组进行数据匹配，构建"反事实"分析框架，形成一种近似的随机化实验，以便在估计干预组和控制组的差异时尽量地消除个体特征差异的影响，从而在一定程度上控制自选择偏差问题。现实中要考察某项干预措施的效果，需比较相同个体在受到干预和没有受到干预时的效果。例如，要考察使用社会资本找工作对劳动者工资的影响效应，需比较该劳动者使用社会资本找工作的工资水平和他没有使用社会资本找工作的工资水平。然而，既然个体已受到干预，那么没受到干预只是一种假设，即"反事实"，因此，没有受到干预的潜在结果是观测不到的，也就是说，如果该劳动者没有使用社会资本找工作，他将获得多高的工资水平，这是观测不到的。对此，"反事实"分析框架的处理方法是从控制组中找到与干预组具有相同特征的个体进行匹配，并假设具有相同特征的控制组个体的结果与干预组个体没有受到干预的潜在结果是一致的，然后比较匹配后的样本的结果差异。

为考察使用社会资本找工作对劳动者工资的影响效应，把社会资本"找工作得到帮助"（sc = 1）看作一种干预，构成干预组；把"找工作没有得到帮助"（sc = 0）看作没受到干预，构成控制组。在匹配过程中，仅通过一个特征无法达到理想的匹配效果，倾向得分匹配法则把多种特征浓缩成一个指标，即"倾向得分值"，从而实现多元匹配。倾向得分值的计算定义为在给定的由多个特征组成的协变量 z 情况下，采用 Logit 模型或 Probit 模型估计，得到个体处于干预组的概率 $p(z)$。

首先，将式（4-35）中除社会资本外的其他自变量作为影响"找工作是否得到帮助"（sc）的协变量 z，这包括教育年限、工作经验、性别、婚姻状况、健康状况、政治资本、交际能力、农业户口、外地迁入，这些协变量可能影响"找工作是否得到帮助"以及劳动者工资水平。采用二分类 Logit 模型，建立关于是否使用社会资本找工作的决定方程，并计算倾向得分值 $p(z)$，即"找工作得到帮助"的条件概率，其表示如式（4-38）所示，其中 ω 是参数向量。

$$p(z) = \Pr(sc = 1 \,|\, z) = \frac{exp(\omega'z)}{1 + exp(\omega'z)} \qquad (4-38)$$

接着，运用邻近匹配、半径匹配、核匹配等方法根据倾向得分值对样本进行匹配，并检验协变量在匹配前后的描述统计特征情况，以便衡量匹配效果。然后，计算干预组的平均干预效应（ATT），即经过倾向得分匹配后，"找工作得到帮助"者在找工作得到帮助情形下的工资水平与其在找工作没有得到帮助假设条件下的工资水平的差距，其表示如式（4-39）所示。其中，lnwage(1) 表示找工作得到帮助情形下的工资对数，lnwage(0) 表示找工作没有得到帮助情形下的工资对数。

$$A\hat{T}T = E_{p(z)\,|\,sc=1}\big\{E\big[\,\mathrm{lnwage}(1)\,\big|\,sc=1,p(z)\,\big] - E\big[\,\mathrm{lnwage}(0)\,\big|\,sc=1,p(z)\,\big]\big\}$$

$$(4-39)$$

（二）匹配结果分析

根据上述倾向得分匹配模型，分别基于城市劳动力总样本和外来人口样本，采用邻近匹配、半径匹配、核匹配等方法可估计得到干预组的平均干预效应。干预组的平均干预效应的估计值 $A\hat{T}T$ 是真实值 ATT 的无偏估计需满足两个条件：一是独立无关假设，这要求经过倾向得分匹配后协变量特征与是否受到干预不相关；二是共同支撑假设，这要求协变量所反映的特征相同的个体具有正的可能性纳入干预组和控制组，而不是必然属于干预组或控制组（Rosenbaum and Rubin，1983）。

为考察匹配后是否满足独立无关假设，拟对模型进行平衡性检验，以判断匹配后能否使得干预组与控制组的协变量特征尽可能地相似。表 4-12 报告了分别基于城市劳动力总样本和外来人口样本，对是否使用社会资本找工作的决定方程式（4-38）进行估计得到的系数和标准误，以及根据倾向得分值采用 1∶4 邻近匹配后的平衡性检验的结果。表 4-12 的估计系数显示教育年限和工作经验对城市劳动者及其中的外来人口是否使用社会资本找工作具有显著影响，性别、政治资本和交际能力也影响城市劳动者是否使用社会资本找工作的抉择。此时如果采用 OLS 模型会存在一定的偏误，而采用 PSM模型相对合适。从表 4－12 中对干预组和控制组协变量均值的差异程度进行 t检验得到的 P 值看出，无论对于总样本还是外来人口样本，匹配前大部分协变量对应的 P 值都较小，有些接近于 0，这反映了匹配前是否使用社会资本找工作两类群体在协变量所反映的个体特征方面存在较大差异；匹配后各协变量对应的 P 值都比匹配前提高，且远未达到 10% 的显著性水平，这表明匹配后两类群体在协变量所反映的个体特征方面没有显著差异，匹配效果较好。

表 4－12　　　1∶4 邻近匹配 PSM 模型的协变量估计结果与平衡性检验

协变量	总样本			外来人口样本		
	估计系数（标准误）	组间差异检验 P 值		估计系数（标准误）	组间差异检验 P 值	
		匹配前	匹配后		匹配前	匹配后
教育年限	－0.0748 *** （0.017）	0.547	0.779	－0.0754 *** （0.022）	0.653	0.841
工作经验	－0.0510 *** （0.006）	0.000 ***	0.803	－0.0418 *** （0.009）	0.000 ***	0.739
性别	0.2317 ** （0.101）	0.480	0.509	0.1618 （0.148）	0.445	0.822
婚姻状况	－0.1128 （0.131）	0.000 ***	0.429	－0.2953 （0.196）	0.000 ***	0.833
健康状况	－0.0079 （0.073）	0.168	0.635	0.1208 （0.115）	0.057 *	0.874
政治资本	－0.7284 *** （0.212）	0.000 ***	0.693	－0.2222 （0.369）	0.069 *	0.854
交际能力	－0.1302 ** （0.062）	0.005 ***	0.766	－0.0386 （0.091）	0.434	0.761
农业户口	－0.0904 （0.114）	0.076 *	0.468			
外地迁入	0.0314 （0.141）	0.315	1.000			
常数项	0.1875 （0.476）			－0.8591 （0.681）		

注：***、**、*分别表示 1%、5%、10% 的显著性水平；括号内为标准误。

　　为考察匹配后是否满足共同支撑假设，拟对匹配前后的倾向得分值分布情况进行考察。图4-5（a）、图4-5（b）分别是基于城市劳动力总样本采用1∶4邻近匹配之前和之后所得到的干预组和控制组的倾向得分值核密度图。图4-6（a）、图4-6（b）分别是基于外来人口样本采用1∶4邻近匹配之前和之后所得到的干预组和控制组的倾向得分值核密度图。图4-5（a）、图4-6（a）显示匹配前干预组和控制组的倾向得分值的分布存在较大差异；图4-5（b）、图4-6（b）显示匹配后干预组和控制组的倾向得分值的分布非常吻合，且具有较大的共同支撑域，这说明匹配效果较好。另外，采用半径匹配、核匹配方法进行平衡性检验和倾向得分值分布情况的考察，也显示出匹配效果良好。

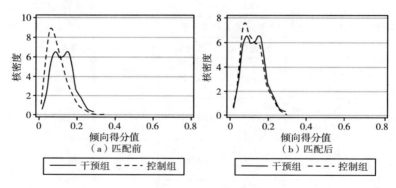

图4-5　总样本1∶4邻近匹配之前和之后的倾向得分值核密度图

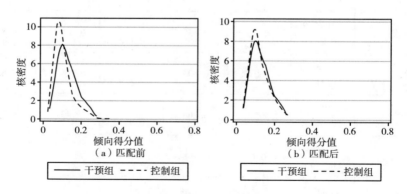

图4-6　外来人口样本1∶4邻近匹配之前和之后的倾向得分值核密度图

　　表4-13报告了运用倾向得分匹配模型，分别基于城市劳动力总样本和外来人口样本，采用1∶4邻近匹配、半径匹配、核匹配方法估计得到干预组

的平均干预效应 ATT 的结果。三种匹配方法得到的 ATT 结果都在 1% 的显著性水平上为正值，这说明无论对于城市劳动者还是其中的外来人口，匹配后"找工作得到帮助"者的工资水平都显著比"找工作没有得到帮助"者的工资水平要高，即"找工作得到帮助"对劳动者工资具有显著的正向效应。三种匹配方法得到的 ATT 结果也比较稳健，总样本的 ATT 在 0.67～0.86 范围，外来人口的 ATT 在 1.63～1.80 范围。可见，采用倾向得分匹配模型控制自选择偏差的影响后，实证结果仍稳健，印证使用社会资本对提高城市劳动者及其中的外来人口的工资水平具有显著作用。

表 4 – 13　　　　　　　　倾向得分匹配法估计的 ATT 结果

	邻近匹配（1∶4）	半径匹配	核匹配
总样本	0.6740 *** （0.206）	0.8480 *** （0.142）	0.8600 *** （0.164）
外来人口样本	1.6273 *** （0.299）	1.7961 *** （0.160）	1.6372 *** （0.217）

注：*** 表示 1% 的显著性水平；括号内为标准误。

四、社会资本对就职单位类型影响的实证分析

根据社会资本、人力资本对收入决定的理论模型的作用机制，社会资本能否促进低禀赋个体增加工资收入，取决于在不同人力资本水平下，社会资本能否促进低禀赋个体实现从低收入部门向高收入部门就业，继而获得高工资。本节社会资本对工资影响的实证模型结果已表明社会资本的使用对提高包括外来人口在内的城市劳动者工资具有促进效应，并且这种促进效应主要发生在大学以下教育程度者当中。接下来的问题是社会资本是否促进这些劳动者实现从低收入工作单位向高收入工作单位就业。针对这个问题，本部分基于外来人口样本，运用多类别 Logit 模型，实证分析社会资本的使用对城市外来人口就职单位类型的影响。

（一）实证模型

本实证模型以"工作单位类型"（firm）作为因变量，划分为党政事业单位、国有/集体企业事业单位、股份/联营/私营企业、港澳台/外商投资企业、

个体工商户、民间非营利组织/其他共六种类型，依次赋值 1~6。由于工作单位类型属于多于两类的类别变量，拟建立多类别 Logit 模型做实证分析。用"找工作是否得到帮助"来衡量社会资本的使用，找工作得到帮助（社会资本 =1），找工作没有得到帮助（社会资本 =0）；并纳入教育年限、工作经验、性别、婚姻状况、健康状况、政治资本、交际能力作为控制变量。在多类别 Logit 模型中，以个体工商户（工作单位类型 =5）为参照，第 j 类工作单位就业的概率表示为式（4 – 40）。其中，j =1，2，…，6，y 是自变量向量，φ 是参数向量，下标 i 表示个体。运用极大似然估计法可得出各估计参数，并转化得出边际效应。

$$\Pr(firm_i = j) = \frac{exp(\varphi'_j y_i)}{1 + \sum\limits_{k=1,2,3,4,6} exp(\varphi'_k y_i)} \qquad (4-40)$$

（二）实证结果分析

基于外来人口样本数据，运用多类别 Logit 模型，用极大似然估计法，得出估计系数和标准误如表 4 – 14 所示，进一步转化得出各变量对不同工作单位类型就业概率的边际效应如表 4 – 15 所示。表 4 – 14 中党政事业单位、国有/集体企业事业单位、股份/联营/私营企业、港澳台/外商投资企业对应的社会资本估计系数显著为正值，这说明相对于个体工商户，使用社会资本、找工作得到帮助对促进城市外来人口在党政事业单位、国有/集体企业事业单位、股份/联营/私营企业、港澳台/外商投资企业就职的概率高于其在个体工商户就职的概率。表 4 – 15 中社会资本对股份/联营/私营企业就职概率的边际效应显著为正值，而对个体工商户就职概率的边际效应显著为负值。这表明使用社会资本显著提高了外来人口在股份/联营/私营企业的就职概率而降低其在个体工商户中的就职概率，"找工作得到帮助"使得外来人口在股份/联营/私营企业就职概率提高 7.4%，使得其在个体工商户就职概率降低 12.1%。而根据 CFPS 城市地区样本数据，股份/联营/私营企业劳动者的平均月工资是 2659 元，个体工商户劳动者的平均月工资是 1981 元，股份/联营/私营企业的工资水平高于个体工商户。这在一定程度上说明使用社会资本有利于外来人口实现从低收入部门向高收入部门就业继而提高其工资收入水平，印证了命题 3。

表 4 – 14　　　　　　工作单位类型的多类别 Logit 模型估计结果

（以个体工商户 firm = 5 为参照组）

变量	党政事业单位	国有/集体企业 事业单位	股份/联营/ 私营企业	港澳台/外商 投资企业	民间非营利 组织/其他
社会资本	0.7489 * (0.439)	0.8507 *** (0.272)	0.7443 *** (0.209)	0.8699 *** (0.307)	0.4467 (0.278)
教育年限	0.1325 *** (0.041)	0.2373 *** (0.026)	0.0849 *** (0.018)	0.1667 *** (0.033)	0.0228 (0.022)
工作经验	0.0675 *** (0.014)	0.0457 *** (0.009)	0.0123 * (0.007)	− 0.0223 * (0.013)	0.0430 *** (0.009)
性别	− 0.1069 (0.275)	− 0.0773 (0.163)	− 0.2879 ** (0.118)	− 0.2889 (0.202)	0.3843 ** (0.164)
婚姻状况	− 1.1141 *** (0.389)	− 0.4074 (0.251)	− 0.3951 ** (0.183)	− 0.3708 (0.280)	− 0.4511 * (0.253)
健康状况	0.5577 ** (0.219)	0.0760 (0.115)	0.2730 *** (0.088)	− 0.0761 (0.145)	− 0.0739 (0.098)
政治资本	2.6592 *** (0.366)	0.5278 (0.327)	− 0.0232 (0.312)	0.3062 (0.437)	0.5062 (0.359)
交际能力	0.0270 (0.163)	− 0.2032 ** (0.101)	− 0.0123 (0.073)	− 0.0602 (0.131)	− 0.1669 * (0.093)
常数项	− 6.7983 *** (1.349)	− 3.1326 *** (0.747)	− 1.3497 ** (0.539)	− 1.5723 * (0.938)	− 0.7980 (0.637)
观测值	2050				
似然值	430.6				

注：*** 、** 、* 分别表示 1%、5%、10% 的显著性水平；不带括号的数值是估计系数，带括号的数值是标准误。

表 4 – 15　　　　　　多类别 Logit 模型各变量的边际效应

变量	党政事业单位	国有/集体企业 事业单位	股份/联营/ 私营企业	港澳台/外商 投资企业	个体工商户	民间非营利 组织/其他
社会资本	0.0053	0.0378	0.0744 **	0.0185	− 0.1209 ***	0.0152
教育年限	0.0015	0.0192 ***	0.0023	0.0049 ***	− 0.0207 ***	− 0.0072 ***
工作经验	0.0014 ***	0.0035 ***	− 0.0018	− 0.0022 ***	− 0.0044 ***	0.0034 ***
性别	− 0.0002	0.0027	− 0.0772 ***	− 0.0106	0.0257	0.0596 ***

续表

变量	党政事业单位	国有/集体企业事业单位	股份/联营/私营企业	港澳台/外商投资企业	个体工商户	民间非营利组织/其他
婚姻状况	− 0.0291	− 0.0088	− 0.0240	− 0.0019	0.0790 ***	− 0.0152
健康状况	0.0123 **	− 0.0056	0.0612 ***	− 0.0110	− 0.0319 **	− 0.0250 **
政治资本	0.2037 ***	0.0163	− 0.1416 ***	− 0.0049	− 0.0876 **	0.0141
交际能力	0.0023	− 0.0182 *	0.0167	− 0.0004	0.0141	− 0.0145

注：***、**、*分别表示1%、5%、10%的显著性水平。

使用社会资本之所以对在股份/联营/私营企业就业具有显著作用，其中一个原因在于中国劳动力市场存在信息不充分和部门分割的问题，劳动者从非正规部门进入正规部门就业面临信息、制度等障碍，学历信息不足以对劳动者做区分，而使用社会资本能够弥补信息方面的不足，成为克服进入门槛的"敲门砖"，在相当学历条件下，职位往往分配给有使用社会资本的求职者。另一个原因在于股份/联营/私营企业通过正规途径招聘通常面临较高的成本，有些小企业宁可选择非正规途径招聘，此时，社会资本提供的信息作用更为凸显。相对于城市本地居民来说，外来人口的人力资本相对匮乏，且外来人口刚进入城市劳动力市场，其所掌握的就业信息相对不充分，使用社会资本对于促进外来人口实现从低收入部门向高收入部门就业的作用较大。

表4-15中其他变量的估计结果显示：在其他条件一定的情况下，提升外来人口的教育水平能够提高其在国有/集体企业事业单位、港/澳/台/外商投资企业的就职概率，降低其在个体工商户、民间非营利组织/其他单位的就职概率。工作经验越长的外来人口在党政事业单位、国有/集体企业事业单位、民间非营利组织/其他单位的就职概率越高，而工作经验年限较短、较年轻的外来人口在港/澳/台/外商投资企业、个体工商户的就职概率较高。健康状况较好、身为党员的外来人口在党政事业单位就职概率较高；而健康状况较好、非党员者在股份/联营/私营企业就职概率较高；已婚、健康状况较差、非党员的外来人口较多地从事个体工商户工作。

第六节　结　　论

在中国新型城镇化进程中，逐步形成城市新二元结构，并演化为包括农民工和外地非农户口居民在内的城市外来人口与城市本地户籍居民之间的待遇和地位差距问题。在非完全竞争、存在二元结构的城市劳动力市场中，社会资本对于劳动者特别是异地就业劳动者的工资和职业获得的作用不可或缺。本章针对城市新二元结构，从社会资本的视角，建立工资收入的理论模型，刻画社会资本、人力资本对劳动者工资收入影响的互动关系；引入进城打工仔的典型案例；使用中国劳动力动态调查（CLDS）、中国家庭追踪调查（CFPS）数据，运用受限因变量 Tobit 模型、交互项回归模型、多类别 Logit 模型、倾向得分匹配（PSM）模型等，实证分析外来人口就业与工资的现状特征、其工资水平和行业选择的影响因素，以及社会资本对外来人口工资的影响效应和作用路径。主要得到如下结论：

在工资水平方面，城市外来人口的平均工资水平比本地人口要低，在控制个体特征等因素后，外来人口中的农业户口者的工资水平显著比非农户口或居民户口者要低，而外来人口中的外地户口者的工资水平并不比本地户口者低。外来人口中持外地非农户口者的工资水平较高，一方面是因为外地户口者相对于本地户口者的日均工作时间较长、工作强度较大；另一方面是因为可能存在自选择效应，进城的外地户口者往往是能力较强的群体。

在行业、职业、单位类型分布和工作状况方面，与本地人口相比，城市外来人口主要从事制造业、批发、零售贸易和餐饮业等准入门槛较低的行业；外来人口较多从事生产制造、社会生产和生活服务职业；外来人口主要在民营、私营企业工作或是个体工商户、自由工作者等非正规部门就业，其面临就业稳定性较差、短期临时就业的问题。与本地人口相比，外来人口的平均工作时间较长，采用计件、计时或按天计算工资的比例较高，外来人口签订书面劳动合同的比例略低，其在单位包吃、包住的比例较高，且较多从事体力劳动。

在社会资本对工资和就业的影响方面，无论对于城市劳动者还是其中的外来人口来说，社会资本对提高其工资水平具有促进效应；在其他因素既定的条件下，找工作得到帮助的劳动者比找工作没有得到帮助的劳动者的工资水平要高；社会资本对提升外来人口工资的影响程度比城市劳动者还要大。在当前正式制度与非正式制度并存的中国劳动力市场环境下，人力资本与社会资本对于提升城市劳动者特别是外来人口工资的作用具有互补性，渗透其中的竞争性与非竞争性市场力量共同对劳动者工资产生影响。对于城市劳动力来说，随着教育年限的提升，社会资本对其工资的提升效应将减弱，社会资本回报随着教育级次的提高而呈现先上升（在小学教育程度时达到峰值）后下降的趋势；对于外来人口来说，小学教育程度者的社会资本回报显著比大学及以上教育程度者的社会资本回报要高。关于其作用途径，使用社会资本显著提高外来人口在股份/联营/私营企业就职概率而降低其在个体工商户就职概率，有利于外来人口实现从低收入部门向高收入部门就业继而提高其工资收入水平。

根据本章实证研究的结论，要改善外来人口的就业状况和提升其工资收入水平，让其在城市工作也拥有获得感，可采用以下四个方面的对策。第一，消除户籍对城市外来人口在获得就业机会和工资收入等方面的制度障碍，特别是消除对城市农业户口者的就业歧视，放宽行业准入，使城市外来人口能与本地居民共享城市劳动力市场的发展机会和成果。第二，发挥社会资本、人力资本对外来人口就业和工资提升的作用，而对于不同社会资本和人力资本要素构成的外来人口群体来说，增加工资收入的政策重点又有所不同。一方面，需发挥社会资本的信息机制作用，特别是社会资本在克服部门进入障碍、促进劳动力市场融合方面的作用，这有利于外来人口特别是小学学历者实现从非正规部门向正规部门就业，提高其工资水平。另一方面，需重视人力资本的提升，完善竞争性市场环境，这有利于发挥外来人口特别是大学学历者的人力资本在职业获得和工资提升方面的主导作用。而对于没有受过正规教育的外来人口来说，首要措施是加强继续教育和职业培训，提升其人力资本水平，增强其就业能力，继而提升工资收入水平。第三，将个体工商户、自由工作者纳入政府创业扶持政策中，对广泛从事个体工商户、自由工作者的外来人口群体给予应有的工作场所保障，并加大创业扶持力度。第四，加强外来人口的劳动权益保障，避免外来人口平均工作时间过长、劳动强度过大的问题，并约束工作单位与劳动者签订书面劳动合同，给予外来人口养老、医疗、失业、工伤、生育等社会保险保障。

第五章　城市外来人口的住房现状

第一节　住房问题研究的现实背景与理论基础

让发展成果更多、更公平地惠及全体人民是全面建成小康社会的落脚点，让全体人民住有所居是共享发展成果的重要体现。国家新型城镇化战略的核心内涵是以人为本，要实现人的城镇化需要关注城市外来人口的包容性发展，其中住房问题又是关乎外来人口能否定居城市的关键环节。党的十九大报告也明确"房住不炒"的定位和提出"租购并举"的住房制度改革，继而全面提升包括流动人口在内的全体居民的住房福利。在中国，住房是居民基本福利需求和重要财产，是个人经济和社会地位的集中体现。在推进全面建成小康社会过程中，如何缩小贫富差距，特别是缩小居民住房财富差距，实现人人的安居梦，这是全社会高度关注的问题。对此，亟须基于中国城市家庭的住房状况，研究包括外来人口在内的全体城市居民之间住房状况差距的形成机制和影响因素，并在此基础上探寻改善措施。

当前，在人口和产业迅速集聚而居住空间供应有限的条件下，大城市房价不断上升，加剧了外来人口的住房负担。迫于大城市高房价、高落户门槛等限制，大城市外来人口所面临的住房问题相对于中小城市来说更为复杂和严峻。相对于一般大城市来说，北京、上海、广州、深圳，作为城区常住人口规模超过 1000 万的超大城市，其所面临的人居矛盾问题更为突出。为了让全体人民住有所居，党的十九大报告提出要加快建立多主体供给、多渠道保障、租购并举的住房制度。北京、上海、广州、深圳等大城市在调控房价的同时，也纷纷出台政策加快保障性住房建设和发展住房租赁市场。而要让住房政策"精准发力"，实施"一城一策"，需要了解各主要大城市不同住房模式群体的需求特征及其住房模式的影响因素。对此，本章在梳理住房问题研究的理论依据和中国城镇住房制度的演进特点的基础上，分析城市外来人口住房现状特征，实证探讨城市外来人口住房不平等的形成机制，并以北京、上海、广州、深圳等超大城市为例，分析超大城市外来人口住房模式的选择及其影响因素。

在学界上，一般可用"住房不平等"来描述由住房产权、住房空间、住房财富等所反映的个体居住状况水平及其在总体中分布不均或在不同群体之间存在差距的状况。住房不平等问题的研究涉及财产不平等（宁光杰等，2016）、住房阶层（刘祖云和毛小平，2012）、住房福利分配（Logan et al.，1999）、住房消费需求（Eichholtz and Lindentha，2014）、居住区位（刘涛和曹广忠，2015）、住房保障（吴宾和徐萌，2018）等多个研究范畴；涵盖国别之间（Filandri and Olagnero，2014）、城市之间（Yi and Huang，2014）、城市内部的区镇村级之间（刘涛和曹广忠，2015）、家庭和个体之间（董昕和张翼，2012）等多个研究层面。其中，移民住房不平等问题又是人口主要输入国和快速城镇化地区面临的现实问题。针对由住房权属、租购模式、住房质量、社区环境等所反映的住房状况，现有文献发现移民住房呈现产权边缘化、住房质量差、空间集聚封闭等特征（Schönwälder and Söhn，2009）；经济能力较差的农业户口、新生代、随迁人数少、流入村委会的流动人口更偏向于租住私房（刘厚莲，2016）。

住房不平等问题的研究首先需要建立不平等问题研究的理论基础并对居民住房状况及其不平等程度进行测度。以往关于不平等问题研究的理论基础主要涉及收入、财富、效用的不平等三个分支，而当前研究逐步引入机会不平等（Roemer，1998）、可行能力不平等（Amartya Sen，1999）等做新的理论综合。机会不平等源于"努力"和"环境"两类因素，"努力"因素反映个人自身教育水平、职业类型等个人能作出选择的因素，"环境"因素反映家庭背景、出生、性别、种族等个人不可控制的先天因素；对于"努力"因素，应该实行"回报原则"，社会不应干预，而对于"环境"因素，应该实行"补偿原则"，由社会给予弱势者补偿。关于住房状况及其不平等程度的度量，现有研究：一是从住房性质上讨论不同人群在住房类型、住房产权方面的差别；二是从住房空间、质量上测度住房面积、住房数量、住房价值、住房区位的水平；三是在前两者基础上建立综合指标，如住房等级（刘祖云和毛小平，2012）、宜居指数（Fernandes et al.，2017）、Hedonic 价格指数（郑思齐等，2011）等。

现有文献从不同视角探讨移民居住状况及其差距的影响因素和形成机制，个体特征和城市特征被认为是影响城市居民住房水平及其差距的两个主要方面因素。针对中国城镇化进程中的住房问题，在个体特征方面，除人口学特征外，现有文献重点讨论户籍因素的影响；在城市特征方面，由"人口城镇化""土地城镇化"衍生得出城市规模与人口流动因素、城市土地供给与房地产市场因素是影响城市住房问题的两个重要方面。

第一，在户籍与人口学特征因素方面，现有一部分关于中国城镇化进程中的住房问题研究聚焦于户籍因素对城市家庭住房不平等的影响。洛根等（Logan et al.，1999）从市场转型视角分析发现，户籍制度加剧中国城市外来人口和本地居民在住房产权方面的不平等。何兴强和费怀玉（2018）、范晓光和吕鹏（2018）也发现，是否获得本地户籍身份是影响外来人口能否在城市拥有住房的主要因素。除户籍因素外，现有文献从微观层面主要考察人力资本、收入水平、年龄、婚姻状况、职业状况、家庭规模等人口学特征因素对住房水平的影响。其中，人力资本、收入水平这两个"努力"因素作为个体对住房可支付能力的体现，研究普遍发现高人力资本（Eichholtz and Lindenthal，2014）、高收入水平（Davis and Ortalo – Magné，2011）对居民住房需求和住房水平有显著影响。人口年龄作为家庭生命周期的体现，研究发现随着人口年龄的增长，住房自有率呈现先上升后下降的趋势（Chiuri and Jappelli，2010）。在婚姻状况方面，现有研究表明已婚家庭比离婚或单亲家庭有着更高的住房自有率（Lauridsen and Skak，2007）。

第二，在城市规模与人口流动因素方面，城市人口规模变动对居民住房水平的作用机制一方面源于生产率效应，即城市规模对城市生产率和工资的影响；另一方面源于生活成本效应，即人口迁移对城市住房需求和房价的影响。在生产率效应方面，城市规模影响工资水平，由工资水平继而影响住房支付能力和住房水平。现有研究普遍发现城市规模对城市生产率有正向影响，大城市的劳动者比中小城市的劳动者能获得更高的工资，存在城市规模的"工资溢价"（D'Costa and Overman，2014）。之所以产生工资溢价，一是由于在更大规模的城市中，能够实现要素集聚，通过匹配、共享和学习机制，提高要素的生产率，形成"集聚效应"；二是由于大城市的竞争更为激烈，效率较低的劳动者被淘汰或者自我选择进入规模较小的城市，形成"选择效应"和"分类效应"。鉴于大城市的生产率和工资优势，在房价给定的情况下，大城市的劳动者有更强的支付能力，继而获得更高的住房水平。在生活成本效应方面，外来人口流入导致城市总人口增加，城市人口规模扩大继而推高人口流入地城市的住房需求和房价，甚至对邻近城市的住房需求也产生影响，这会提高城市生活成本，降低住房水平。穆萨等（Mussa et al.，2017）实证发现移民的流入会推高流入地城市以及邻近城市的房价和租金。也有文献认为，人口迁移对城市住房需求的影响取决于人口流动的结构特征，高收入水平（陆铭等，2014）、高教育水平（周怀康等，2019）的移民对住房需求和房价的助推作用更大。城市人口规模的扩大和流动人口的增加对居民住房水平的影响效应方向取决于生产率效应和生活成本效应谁占主导。

第三，在城市土地供给与房地产市场因素方面，城市居民住房水平会受到所在城市房价的影响，从房地产市场的供给侧分析，土地供给又是影响城市房价的重要因素。土地供给受限，则新增住房供给量下降进而房价上涨（Ihlanfeldt，2007）。自 20 世纪 80 年代以来中国主要实施"从中央到地方""先地区后用途"的城市建设用地指标分配制度，即每年的新增建设用地指标由中央分配到省，再由省分配给地方，而土地的用途又由各地作出规划决定（余吉祥和沈坤荣，2019）。在新增建设用地指标的配置上，韩立彬和陆铭（2018）发现，2003 年以后人口流入的城市土地资源配给相对收紧，而人口流出的城市土地资源配给相对放松，导致土地供给收紧的城市房价平均比土地供给放松的城市要高。而在土地用途的规划上，范剑勇等（2015）和张莉等（2017）发现地方政府存在扩张工业用地供给，相对缩减住宅用地供给的行为，这一用地分配模式通过改变住宅市场的供需关系继而影响房价。除对土地供给调控外，政府还通过房地产限购政策调控城市住房需求，进而影响房价。陈淑云等（2019）和朱恺容等（2019）发现房地产限购政策能抑制新建住宅房价上涨，但未能控制二手房房价上涨。由此推测政府的城市规模偏向型和工业用地偏向型的土地配给模式会直接影响城市土地供应的空间配置，再通过影响住房供给作用于房地产市场，影响房价和住房水平；而房地产限购政策则通过限制住房交易数量和住房需求，影响住房水平。

第二节　中国城镇住房制度演进特点

中国城镇地区居民住房状况的变化与城镇住房制度的演进息息相关。改革开放以来，中国城镇住房制度经历由公有产权向私有产权住房、由住房实物分配向货币分配等结构性改革，实施房地产市场调控、住房保障体系建设等住房政策，不断推进全民住有所居。中国城镇住房制度的演进主要具有以下四个方面的特点，在住房制度演进的不同阶段，城镇地区居民之间的住房不平等状况也具有不同的表现形式。

第一，城镇住房产权制度由公有产权向私有产权转变，住房供给调节机制由计划机制向市场机制演进。

在新中国成立后，城镇住房的供给主要由政府出资承建新建住房，然后由单位分配给职工，形成公有制住房供给制度和福利分房制度，该制度延续至改革开放之后直至 20 世纪 90 年代之初。然而，该住房供给制度带来了城镇住房供给不足、国家财政负担过重等问题。在改革开放初，中央曾提出从原来的单一公房转向自建房、商品房多元类型转变的住房供给理念。在邓小平改革理念指引下，1980 年 6 月，中共中央、国务院在批转《全国基本建设工作会议汇报提纲》中提出准许私人建房、私人买房，准许私人拥有自己的住房，推行住房商品化政策。1991 年 6 月国务院出台的《国务院关于继续积极稳妥地进行城镇住房制度改革的通知》规定"凡按市场购买的公房，购房后拥有全部产权"。在 90 年代，中国全面实施城镇住房制度改革，改变了原来的公有制住房供给制度和福利分房制度，把计划经济时期的存量公房和改革时期新建的增量公房都转化为商品房，城镇住房产权制度由公有产权向私有产权转变，形成以私有制为主要形式的基本住房制度，城镇住房供给调节机制也由计划机制向市场机制演进。

在 90 年代住房自有化改革过程中，涉及存量和新增公房产权的再配置，该时期城镇家庭住房不平等主要源于住房产权获得机制的差别，政府机关、事业单位、国有企业等体制内单位职工在获得公有住房转为私有住房方面占据更有利的地位。该时期城镇家庭住房不平等主要表现为体制内与体制外城镇单位职工之间、不同级别职工之间的住房不平等。

第二，城镇住房分配制度由实物分配转变为货币分配，城镇住房金融制度逐步建立。

在城镇公房向商品房产权转换的同时，也伴随着城镇住房分配方式从实物分配向货币分配转变的改革。1988 年国务院《关于在全国城镇分期分批推行住房制度改革的实施方案》中明确将现行的住房实物分配逐步转变为货币分配，由住户通过商品交换取得住房的所有权或使用权。1994 年国务院《关于深化城镇住房制度改革的决定》指出把住房实物福利分配的方式改变为以按劳分配为主的货币工资分配方式；并提出建立住房公积金制度，发展住房金融和住房保险，建立政策性和商业性并存的住房信贷体系，建立规范化的房地产交易市场和发展社会化的房屋维修、管理市场。自此，逐步建立规范化的城镇住房金融制度。与城镇住房制度改革相配套的改革还有城镇住房用地制度由划拨转变为出让。改革开放后，中国城镇住房用地延续计划经济时期的划拨制度，而在1990年转变为出让制度。1990年《中华人民共和国城镇国有土地使用权出让和转让暂行条例》规定城镇国有土地使用权实行出让、转让制度。中国城镇土地制度市场化改革极大地推动了城镇住房市场化进程。

住房补贴、住房公积金等住房货币分配制度刺激了城镇体制内单位职工的住房需求、提升了其住房支付能力，住房公积金贷款的利率水平低于商业贷款的利率水平，而体制外单位长期以来未纳入住房公积金政策的覆盖范围内，特别是20世纪90年代国有企业改革、体制内与体制外单位之间的分化使得住房补贴、住房公积金等住房货币分配政策对城镇居民之间的住房不平等影响加剧，体制内单位职工购买商品房的住房获得能力和自有住房水平普遍比体制外单位职工要高。该时期的住房货币分配制度在很大程度上是90年代住房获得机制的再分配权力的延续，这集中体现在由体制内与体制外城镇单位职工之间的住房支付能力差距所导致的住房不平等。

第三，随着房地产市场调控的实施和"房住不炒"定位的确立，住房主要属性从投资性向消费性回归。

经过改革开放后多年的房地产市场培育，到21世纪初，城镇房地产市场日趋成熟。2003年8月，《国务院关于促进房地产市场持续健康发展的通知》将房地产行业确定为"国民经济支柱产业"；各地方政府出于"土地财政"的考虑，纷纷支持发展房地产业，房地产市场一派繁荣。城镇住房自有化过程改变了人们的财富观念和家庭财富的存在形式，住房产权明确了剩余索取权、房屋增值和财富归属问题，这使得住房除满足生存消费外，还可作为财富积累，变现、抵押、存储、升值，住房除原有的消费品属性外，其投资品属性突显。在21世纪初房地产市场繁荣的同时，城市房价高涨，住房投资、"炒房"等现象屡有发生，住房作为投资品的属性愈发显著。在高房价的推动下，住房投资性需求大大挤压安居需求，使得城市青年、外来人口、低收入人群等面临购房难的问题，住房供给严重偏离民生需求的根本目标。不同于90年代住房自有化过程中源于住房产权获得机制所导致的体制内与体制外城镇单位职工之间的住房不平等，21世纪初的住房不平等主要源于城市住房价格上涨给原来的房产所有者带来巨大的财富增长，是一种依托住房产权的财富增值机制所导致的有房者与无房者之间的不平等，面对城市房价飙升，一方面有房者的住房财富不断升值，而另一方面无房者购房愈发困难。

　　为控制房价过快上涨和满足人们居住需求，自 2003 年起，政府持续出台多轮房地产市场调控政策，包括：2003 年 6 月《中国人民银行关于进一步加强房地产信贷业务管理的通知》要求收紧商业银行对房地产开发贷款、土地储备贷款、个人住房贷款等方面的银根，2005 年的"国八条"、2006 年的"国六条"、2009 年的"国四条"、2010 年的"国十一条"和"新国十条"等，从提高房贷首付比例、提高房贷利率、限制购买商品房数量、规范用地供应、上浮住房交易契税等方面调控房地产市场。在这些调控措施的作用下，2010～2015 年全国房价基本稳定，住房投机行为也得到控制，而住房库存量不断增加；2015 年底政府出台"去库存"政策后房价又再次上升；2016 年 9 月后政府再度调控房价。2017 年，习近平总书记提出的"房子是用来住的，不是用来炒的"的定位被写入党的十九大报告。

　　"房住不炒"的定位强调房地产市场的根本要回归居住功能，即首要是满足居民住房的消费性需求，而非投资性需求，这需要建立一个多元化、多层次、广覆盖的消费性住房的供给体系来满足居民住房消费需求。而住房的投资性是由住房的消费性派生而来，住房的投资功能是从属于居住功能的。"房住不炒"的定位也强化居住权的天赋性和首要性，保障人人享有居住权，让住房从投资功能向居住功能回归，这是房地产市场发展的"初心"与"归宿"。

　　第四，随着多主体供给住房体系和保障性住房的建设，"住有所居"的覆盖人群范围不断扩展。

　　在城镇住房商品化改革的同时，多主体供给住房体系和保障性住房的建设也在广泛开展。政府先后出台多项政策，推动扩大中小套型普通商品住房、限价商品住房、经济适用住房、廉租住房、公共租赁住房的建设规模，推进保障性安居工程建设。1994 年，国务院《关于深化城镇住房制度改革的决定》提出建立以中低收入家庭为对象、具有社会保障性质的经济适用住房供应体系和以高收入家庭为对象的商品房供应体系。1995 年，政府启动安居工程建设，安居工程住房按成本价优先出售给无房户、危房户和住房困难户。自 1998 年国务院《关于进一步深化城镇住房制度改革加快住房建设的通知》提出建立和完善以经济适用住房为主的多层次城镇住房供应体系后，安居工程逐步演化为经济适用房建设。2003 年国务院《关于促进房地产市场持续健康发展的通知》、2007 年国务院《关于解决低收入家庭住房困难的若干意见》等文件强调加强经济适用房建设，建立城镇住房廉租制度，扩大廉租住房的保障范围。2008 年，国务院《关于促进房地产市场健康发展的若干意见》提出要解决城市低收入住房困难家庭住房及棚户区改造问题。2010 年国务院《关于坚决遏制部分城市房价过快上涨的通知》提出发展公共租赁住房。

在新时代，各地开展包括共有产权房试点、"租购并举"等在内的多项住房制度改革，旨在缓解城镇住房市场供给与需求的结构性矛盾，促进全体人民住有所居。2014 年底，在北京、上海、深圳、成都、淮安、黄石这六个城市开展共有产权性质政策性商品房试点。2016 年，国务院《关于加快培育和发展住房租赁市场的若干意见》首次提出实行"购租并举"，以建立购租并举的城镇住房制度为主要方向，健全以市场配置为主、政府提供基本保障的住房租赁体系。2017 年又在土地政策上做改革探索，允许在集体土地上建造租赁房，在北京、上海等 13 个城市试点实施集体建设用地建设租赁住房。2017 年 7 月起，在广州、深圳、南京、杭州、厦门、武汉、成都、沈阳、合肥、郑州、佛山、肇庆这 12 个城市开展住房租赁试点。其中，广州作为全国第一个出台住房租赁新政的试点城市，在 2017 年 7 月印发的《广州市加快发展住房租赁市场工作方案》中规定"赋予符合条件的承租人子女享有就近入学等公共服务权益，保障租购同权"，自此，"租购同权"成为住房政策的一项新举措，并加快建立多主体供给、多渠道保障、租购并举的城镇住房制度。

"租购并举"的提出旨在弥补城市住房供给的结构性短板。据中国劳动力动态调查（CLDS）2014 年、2016 年数据，中国城镇地区居民住房自有率约为 70%，而约有 20% 的城镇居民通过租赁解决住房问题。中国城市住房市场长期存在"重购轻租"的倾向，其原因是中国租房相对购房的可替代性较差，其表现除了租房的居住稳定性差、租房无法享有购房可能带来的资产增值收益和财产抵押权利等经济属性差别外，还在于购房者和租房者在享受公共服务方面存在明显的差别性待遇。这使得大量住房需求不得不挤到购房的路径上。为缓解购房需求以及保障租房群体也可平等享有城市基本公共服务，于是提出租购并举的政策。该政策设立的初衷本来是有利于以外来人口、中低收入者等为主体的城市住房租赁市场需求对象的，使其租房也可让子女享有就近入学等公共服务，以便缩小本地人口与外来人口之间的住房不平等。然而，在租购同权政策的刺激下，优质稀缺的公共服务成为租赁市场的新增值点，部分试点城市面临房价未降、租金先涨的局面。房租上涨无疑给包括外来人口在内的很多城镇租赁家庭带来更大的日常支出负担，甚至面临从买不起房到租不起房的现实难题。对此，还需深化多主体供给、多渠道保障、租购并举的城镇住房制度改革，实现广覆盖的人人"住有所居"。

第三节　城市外来人口住房现状特征

一、城市人口规模扩张与住房状况的关系特征

本部分拟分析城市人口规模扩张与地区房价、住房土地供给、住房自有率、住房面积等方面的关系特征。

在新型城镇化过程中，随着城市常住人口规模的扩张，人口主要流入地区面临高房价的压力。从图 5 - 1 反映的 2018 年中国各省份平均房价情况看出，北京、上海、天津、浙江、广东、福建、江苏等主要人口流入地的房价普遍较高，2018 年北京、上海、天津这三个直辖市的平均房价分别为 33820 元/平方米、26911 元/平方米、16047 元/平方米，浙江、广东、福建、江苏这四个主要人口流入省份的平均房价依次为 14433 元/平方米、13073 元/平方米、10584 元/平方米、10526 元/平方米，海南省受益于 2018 年新设立自贸区等政策的影响，其平均房价也飙升至 14525 元/平方米，这些省份的平均房价都比全国房价均值 8726 元/平方米要高。而人口主要流出地的房价普遍较低，其中新疆、湖南、甘肃、河南、贵州、内蒙古、宁夏这七个中西部省区的平均房价都在 6000 元/平方米以下。

图 5 - 2 进一步得出中国各地级市的常住人口规模与其房价工资比的关系特征。从散点图和拟合线趋势看出，城市常住人口规模越大，该地区的房价工资比越高。随着外来人口的流入，城市常住人口规模增加，这从需求端扩大了人口流入地城市的住房需求，使得很多大城市的房价相对工资水平上涨得更快。例如，2010 ~ 2013 年，深圳的常住人口为 1050.4 万人，房价工资比为 0.372，即深圳一年平均工资的 37.2% 才够买一平方米住房面积；长沙、温州的常住人口分别为 712.5 万人、915.8 万人，其房价工资比也较高，分别为 0.379、0.355；北京、广州、杭州、宁波、金华、绍兴、厦门、福州、珠海等大城市的房价工资比在 0.20 ~ 0.27 之间；上海房价工资比为 0.188；

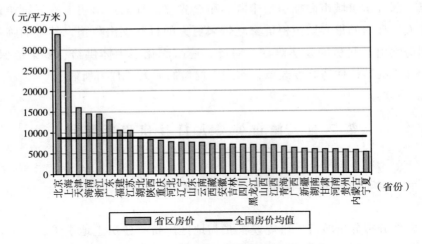

图 5 - 1   2018 年各省区商品房平均销售价格

资料来源：《中国房地产统计年鉴 2019》。

而海南省三亚市受政策性等因素影响，尽管其常住人口仅为 71.1 万人，但其房价工资比高达 0.366。

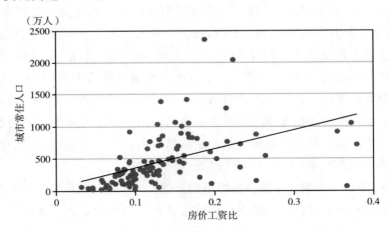

图 5 - 2   中国地级市常住人口规模与房价工资比

资料来源：根据 2011 ~ 2014 年《中国区域经济统计年鉴》得到中国地级市 2010 ~ 2013 年常住人口年均值、房价工资比年均值。房价工资比 = 城市平均房价/城市在岗职工年平均工资。

大城市房价高涨的背后与城市土地供应跟不上城市常住人口规模扩张速度有关。从图 5 - 3 反映的中国常住人口扩张规模前 30 位地级市的新增常住人口份额与土地出让面积份额比较看出：地级市的新增常住人口占全国比例与其土地出让面积占全国比例并非同步变化；在这 30 个常住人口扩张规模较大的地级市中，大部分城市的新增常住人口占全国比例远高于土地出让面积占全国比例；人口份额与土地份额相差越大的城市，其房价往往较高。2013年天津、北京、上海这三个房价较高的直辖市的新增常住人口占全国比例分别为 13.56%、10.41%、7.89%，而其当年土地出让面积占全国比例分别仅为 1.17%、0.51%、0.36%。广州与深圳的经济发展水平、新增常住人口占全国比例相当，而深圳土地出让面积占全国比例比广州要低，深圳为0.14%，广州为 0.38%，广州的房价也没有深圳那么高，2013 年广州平均房价为 15329 元/平方米，深圳平均房价为 24402 元/平方米。福州与厦门的经济发展水平、新增常住人口占全国比例也相当，而厦门土地出让面积占全国比例比福州要低，厦门为 0.10%，福州为 0.66%，福州的房价也没有厦门那么高，2013 年福州平均房价为 11236 元/平方米，厦门为 13625 元/平方米。而以新增常住人口占全国比例为参照，青岛、唐山这两个土地出让面积占全国比例相对较高的城市，其比例分别为 1.24%、1.34%，平均房价分别为8435 元/平方米、5303 元/平方米，其房价比同期大部分相当人口规模的城市要低。

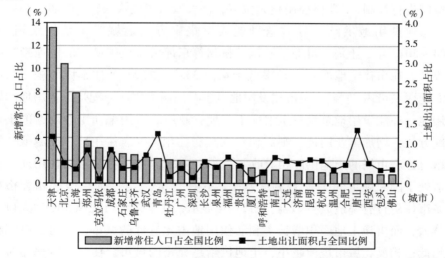

图 5-3 中国常住人口扩张规模前 30 位地级市的新增常住人口份额与土地出让面积份额

资料来源：根据 2013 年、2014 年《中国区域经济统计年鉴》得到 2013 年地级市新增常住人口占全国新增常住人口比例；根据 2014 年《中国国土资源统计年鉴》得到 2013 年地级市出让土地面积占全国新增土地出让面积比例。

在城市人口规模扩大过程中和在特定的城镇用地指标配给制度下，城市住房自有率与城市规模、土地供给之间也呈现一些显著的关系特征。用常住人口规模、流动人口占比反映城市规模，用出让土地面积增长率、居住用地占比反映土地供给水平，用圆圈大小代表城市住房自有率水平，得到图5 - 4。根据2011~2014年《中国区域经济统计年鉴》得到各地级市2010~2013年常住人口年均值和流动人口占比年均值，按"（常住人口－户籍人口）／常住人口"计算流动人口占比；根据2005~2014年《中国国土资源统计年鉴》《中国城市建设统计年鉴》得到2004~2013年各地级市出让土地面积增长率年均值和居住用地面积占建设用地比例年均值；住房自有率根据CLDS2014年、2016年城镇地区家庭样本数据，按拥有自有住房家庭户数除以该城市受访家庭户数计算。

从图5-4的拟合线看出，出让土地面积增长率、居住用地占比分别与常住人口规模之间（a）（b）、与流动人口占比之间（c）（d）都呈现负相关关系。在常住人口规模越大的城市以及在流动人口占比越高的城市，出让土地面积增长率和居住用地占比则越低，城市土地供应相对收紧。2003年以来，在控制大城市规模的政策方向下，从中央到地方以土地指标为手段对城市发展空间进行控制，"严格控制超大城市、特大城市用地规模""增加中小城市和县城建设用地供给"导致这种逆人口集聚方向的城市土地供给格局。2004~2013年，上海、北京、嘉庆、杭州等东部沿海地区城市的用地指标明显收紧，在出让土地面积增长率低于均值32.7%的51个样本城市中，东部沿海地区城市占31个。城市建设用地最主要的两类用途分配是工业用地和居住用地，在建设用地总量一定情况下，地方政府若采用偏向工业用途的土地分配方式，增加工业用地，则需相对缩减居住用地。居住用地占比越低，则城市对住房市场的土地供应相对收紧。2004~2013年，各城市居住用地占比均值处于国家规定的32%规划线水平。这种"人"与"地"空间错配格局对城市住房自有率造成了影响。图5-4显示，在常住人口规模和流动人口占比越大，而出让土地面积增长率和居住用地占比越低的城市，住房自有率相对越低；相反，城市规模越小，土地供给越充裕的城市，住房自有率相对越高。可见，在人口大量流入的大城市，土地资源供给相对收紧，其居民住房自有率趋低。

在住房面积方面，各省份的人均居住面积及其住房不平等程度存在一定差距。使用CLDS2014年、2016年城镇地区家庭样本数据，以省份为单位，

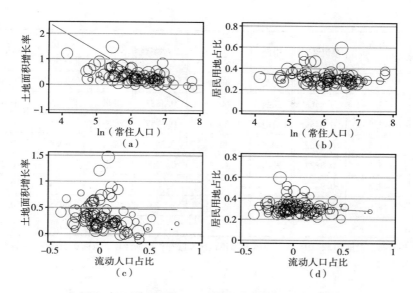

图 5-4　城市规模、土地供给与城市住房自有率

注：圆圈大小代表城市住房自有率，"——"是城市规模与土地供给关系的拟合线。

资料来源：《中国区域经济统计年鉴》《中国国土资源统计年鉴》《中国城市建设统计年鉴》、CLDS2014 年和 2016 年城镇地区家庭样本数据。

计算人均居住面积均值和基尼系数如表 5-1 所示，图 5-5 进一步按人均居住面积基尼系数从低到高对各省份排序。本节采用一种简化的基尼系数计算方法，如式（5-1）所示。以各省份为区间。将其所在家庭人均居住面积从低到高排序，W_i 表示从第 1 组累计到第 i 组的家庭人均居住总面积占全部家庭人均居住总面积的百分比，n 表示各省份受访家庭数。人均居住面积基尼系数反映住房面积不平等程度，其取值在 0～1 之间，该系数为 0 表示绝对平均、为 1 表示绝对不平均，该系数越大表示住房面积不平等程度越大。

$$G = 1 - \frac{1}{n}\left(2\sum_{i=1}^{n-1} W_i + 1\right) \qquad (5-1)$$

表 5-1　　　　　　　中国各省份城镇人均居住面积均值与基尼系数

东部	均值（平方米/人）	基尼系数	中部	均值（平方米/人）	基尼系数	西部	均值（平方米/人）	基尼系数
北京	39.9	0.3593	山西	29.8	0.3047	内蒙古	37.4	0.3259
天津	30.1	0.3058	吉林	34.7	0.3140	广西	53.0	0.4663
河北	38.4	0.3589	黑龙江	28.0	0.3398	重庆	42.0	0.2927

续表

东部	均值 （平方米/人）	基尼系数	中部	均值 （平方米/人）	基尼系数	西部	均值 （平方米/人）	基尼系数
辽宁	35.0	0.2928	安徽	48.4	0.3610	四川	33.5	0.3308
上海	33.2	0.3368	江西	60.1	0.3681	贵州	35.6	0.4272
江苏	47.3	0.3459	河南	50.4	0.3187	云南	43.7	0.3721
浙江	41.5	0.3662	湖北	44.1	0.3546	陕西	40.4	0.3071
福建	34.7	0.3837	湖南	42.6	0.3806	甘肃	33.5	0.2485
山东	44.5	0.3432				青海	43.4	0.3195
广东	28.0	0.4341				宁夏	39.5	0.3537
						新疆	35.1	0.2963

资料来源：根据 CLDS2014 年、2016 年城镇地区家庭样本数据计算。海南、西藏没包括在调查样本中。

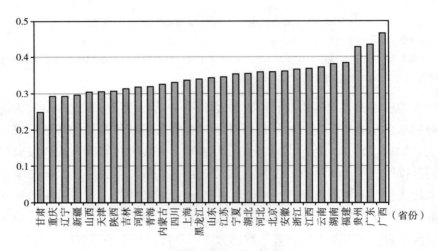

图 5-5 中国各省区城镇人均居住面积基尼系数

资料来源：根据 CLDS2014 年、2016 年城镇地区家庭样本数据计算。

从表 5-1 中人均居住面积均值看，东部省份的城镇人均居住面积均值普遍小于中部、西部省份，东部省份城镇人均居住面积均值为 37.3 平方米，而中部省份、西部省份平均为 42.3 平方米、39.7 平方米。从表 5-1 和图 5-5 的人均居住面积基尼系数看，东部省份的人均居住面积基尼系数为 0.3527，中部省份、西部省份平均为 0.3427、0.3400，东部省份整体的住房面积不平等程度比中部、西部省份略高。住房面积不平等程度较高的省份既有广东、福建、浙江、北京等东部主要人口流入地区，也有广西、贵州、湖南、云南、江西、安徽等中西部主要人口流出地区；而住房面积不平等程度较低的省份有甘肃、重庆、辽宁、新疆、山西、天津、陕西、吉林、河南、青海等。

综合来看，在人口大量流入、常住人口规模较大的地区，城市房价普遍较高；而较多大城市的土地供给跟不上常住人口规模扩张速度，在常住人口规模扩张而土地供给相对收紧的地区，居民住房自有率普遍较低；东部省份的城镇人均居住面积均值普遍小于中部、西部省份，东部省份整体的住房面积不平等程度比中部、西部省份略高。

二、城市外来人口与本地人口的住房状况差距

本部分使用 CLDS2014 年、2016 年覆盖中国各省份 84 个地级市的城镇地区家庭样本数据，将城市地区持有农业户口或本县区以外户口的人界定为外来人口，否则界定为本地人口。户主是外来人口界定为外来人口家庭，样本数为 2965 户；户主是本地人口界定为本地人口家庭，样本数为 6269 户。两类合计总有效样本数为 9234 户，拟分析城市外来人口与本地人口在住房产权、住房类型、居住小区类型、住房设施等住房状况的差距。

在住房产权方面，如图 5－6 所示，在城镇总人口中有 70.4% 的居民拥有完全自有产权住房，有 19.5% 的居民是租住的。其中，在本地人口中，现住地拥有完全自有产权住房的居民占 80.0%，只有 9.4% 是租住的；而在外来人口中，现住地拥有完全自有产权住房的居民仅占 50.0%，该比例比本地人口要低，外来人口中有 41.1% 的居民是租住的。可见，城市外来人口较高比例住在租赁房，其住房自有率明显比本地人口要低。在其他住房产权类型中，外来人口的现住房是单位免费提供的占比高于本地人口，外来人口中有 3.7% 住在单位免费提供的住房，通常是单位宿舍，而本地人口中仅有 1.5% 住在单位免费提供的住房。而本地人口的现住房是个人与单位共有产权房的占比高于外地人口，本地人口中有 3.3% 拥有共有产权房，而外来人口拥有共有产权房的占比仅为 0.3%。

在住房类型方面，如图 5－7 所示，城镇总人口购买住房类型中，商品房占比最高，为 39.8%；其次是经济适用房，占 31.4%。另外，已售公房占 14.3%、与单位共有产权房占 12.7%、限价房占 1.8%。在购买商品房的城镇人口中，本地人口占 80.0%，外来人口占 20.0%；在购买经济适用房的城

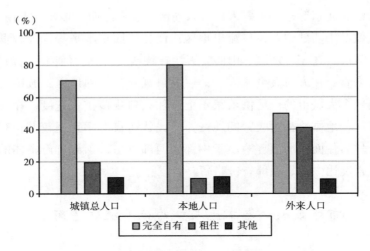

图 5 - 6 外来人口与本地人口的住房产权类型

资料来源：据 CLDS2014 年、2016 年城镇地区家庭样本数据计算。

镇人口中，本地人口占 83.6%，外来人口占 16.4%；在购买已售公房的城镇人口中，本地人口占 88.6%，外来人口占 11.4%；在购买与单位共有产权房的城镇人口中，本地人口占 93.4%，外来人口占 6.6%；在购买限价房的城镇人口中，本地人口占 79.3%，外来人口占 20.7%。可见，尽管政策主张让经济适用房等保障性住房平等覆盖包括外来人口在内的城市居民，但上述数据反映相对于购买商品房、限价房的比例，外来人口购买经济适用房比例偏低。另外，受 1994 年后"房改房"等政策的影响，本地人口购买已售公房、与单位共有产权房的比例较高。图 5 - 8 进一步反映了按购入方式划分的住房类型。在已购买完全自有产权住房的城镇总人口中，购买一手房的占 77.4%，购买二手房的占 22.6%。划分本地人口和外来人口的购房方式看，本地人口购买一手房的比例为 79.7%，购买二手房的比例为 20.3%；外来人口购买一手房的比例为 64.7%，购买二手房的比例为 35.3%，即相对于本地人口，已购房的外来人口购买二手房的比例较高。

在居住小区类型方面，如表 5 - 2 所示，城镇总人口最主要的居住小区类型是普通商品房小区，占 33.3%；其次是未改造老城区，占 23.0%；再次是机关/事业单位住宅区、村改居住宅区、工矿企业单位住宅区，分别占 12.8%、12.1%、8.0%。相对于本地人口，外来人口居住在普通商品房小区、机关/事业单位住宅区、工矿企业单位住宅区的比例较低，本地人口居住在这三种类型小区的比例依次为 36.3%、15.8%、9.6%，而外来人口居住

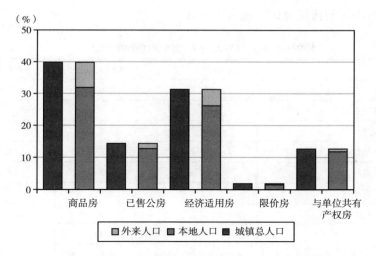

图 5 – 7 外来人口与本地人口按住房性质划分的购房类型

资料来源：根据 CLDS2014 年、2016 年城镇地区家庭样本数据计算。

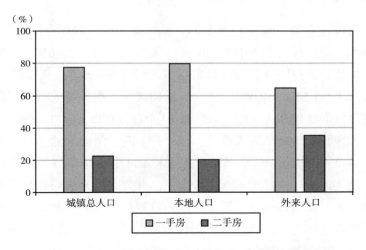

图 5 – 8 外来人口与本地人口按购入方式划分的购房类型

资料来源：根据 CLDS2014 年、2016 年城镇地区家庭样本数据计算。

在这三种类型小区的比例依次为 27.0%、6.5%、4.7%。外来人口较高比例居住在未改造老城区、村改居住宅区，其比例分别为 24.6%、22.9%，均高于本地人口居住在这两类小区的比例。另外，外来人口较高比例居住在棚屋区等住房条件较差的小区，外来人口居住在棚屋区的比例为 1.6%，而本地人口居住在棚屋区的比例为 0.8%。外来人口居住在高档商品房/别墅区、保障性住房小区的比例也比本地人口要低。

表5 - 2   外来人口与本地人口的居住小区类型   单位:%

	城镇总人口	本地人口	外来人口
高档商品房/别墅区	1.4	1.6	1.0
普通商品房小区	33.3	36.3	27.0
机关/事业单位住宅区	12.8	15.8	6.5
工矿企业单位住宅区	8.0	9.6	4.7
未改造老城区	23.0	22.3	24.6
保障性住房小区	2.5	2.9	1.7
村改居住宅区	12.2	7.2	22.9
移民社区	1.1	1.1	1.1
棚户区	1.0	0.8	1.6
其他	4.6	2.6	8.9

资料来源：根据 CLDS2014 年、2016 年城镇地区家庭样本数据计算。

在住房设施方面，如表5 - 3 所示，城镇总人口中现住房接近100%有通电和自来水，而在外来人口中现住房有自来水的比例为95.6%，比本地人口略低。在城镇总人口中现住房有自家室内厨房、室内厕所、室内浴室、阳台的比例依次为90.5%、89.9%、79.4%、68.2%，在外来人口中现住房有这四类居住设施的比例都比本地人口约低 10 个百分点以上。在城镇总人口中现住房有互联网端口、管道天然气、煤气管道、供暖设备的比例依次为62.3%、45.5%、20.8%、46.5%，在外来人口中现住房有这四类供应设施的比例也比本地人口约低 3 ~ 26 个百分点。此外，外来人口现住房有花园的比例与本地人口相当；由于一部分外地人口现住房在农村地区，其拥有自家独立院落围墙比例为 11.6%，该比例比本地人口要高。

表5 - 3   外来人口与本地人口的住房设施   单位:%

	城镇总人口	本地人口	外来人口
电	99.1	99.1	99.2
自来水	98.0	99.2	95.6
自家室内厨房	90.5	93.8	83.6
自家室内厕所	89.9	92.6	84.1
自家室内浴室	79.4	82.0	73.7

续表

	城镇总人口	本地人口	外来人口
阳台	68.2	74.6	54.3
互联网端口	62.3	66.0	54.5
管道天然气	45.5	53.8	27.7
煤气管道	20.8	21.9	18.3
供暖设备	46.5	54.0	30.7
花园	5.7	5.7	5.8
自家独立院落围墙	7.0	4.9	11.6

资料来源：根据 CLDS2014 年、2016 年城镇地区家庭样本数据计算。

综合来看，与本地人口相比，城市外来人口较大比例住在租赁房，住房自有率较低；在现住地已购房的外来人口较大比例购买商品房，而非经济适用房等保障性住房，且较大比例购买二手房而非一手房；外来人口较大比例居住在未改造老城区、村改居住宅区，其现住房配备各类基本住房设施的比例普遍比本地人口要低。

第四节　城市外来人口住房不平等的影响因素实证分析

本节使用中国劳动力动态调查（CLDS）2014 年、2016 年数据和历年城市统计数据，复合微观家庭和宏观城市两个层面，运用广义有序 Logit 模型实证分析户籍、家庭禀赋特征和城市特征三类因素对中国城市家庭住房不平等的影响，并运用夏普利值分解区分"努力""环境"等因素对住房不平等的贡献，运用 Oaxaca-Blinder 分解探析城市不同户籍居民之间的住房不平等根源在于户籍歧视还是禀赋特征。

一、数据来源与变量说明

（一）数据来源

本节使用微观家庭和宏观城市两个层面的复合数据，构建家庭特征和城市特征两个层面的变量，实证分析城市家庭住房不平等的影响因素。微观家庭层面数据来自"中国劳动力动态调查"（CLDS）。本节使用的是 2014 年、

2016 年 CLDS 中城镇地区家庭样本所构成的混合截面数据，剔除调查年住房状况被重复观测且没有变化的样本，并保留最新年份的住房状况数据，得有效样本数为 9220 户。其中，2014 年、2016 年样本数分别为 5705 户、3515户，城镇地区受访家庭覆盖全国各省份共 84 个地级市。综合考虑时间先后逻辑关系、家庭住房状况变动时间以及数据可获得性，宏观城市层面数据主要使用 2004～2013 年城市特征数据，并计算各年均值纳入实证模型中，除个别变量例外①。城市层面数据来自对应年份的《中国区域经济统计年鉴》《中国国土资源统计年鉴》《中国城市建设统计年鉴》《中国城市统计年鉴》。

（二）变量说明

本节实证模型的因变量是由住房等级和住房面积所反映的家庭住房水平，自变量包括家庭特征和城市特征两个层面变量。变量说明和描述统计如表5－4 所示。

表 5－4　　　　　　　　　　　变量说明和描述统计（均值）

类别	变量	变量说明	全样本 （9220）	住房等级1 （2083）	住房等级2 （597）	住房等级3 （6011）	住房等级4 （529）
因变量	住房等级	租赁借住 = 1，租赁借住且外地有房 = 2，单套自有住房 = 3，多套自有住房 = 4	2.54	1	2	3	4
	住房面积#	家庭人均居住面积 = 现住房建筑面积/同住人数（平方米）	38.78	31.06	26.88	41.51	41.21
家庭特征变量	外地户口	户主户口地址在本县区以外 = 1，在本县区以内 = 0	0.167	0.339	0.656	0.065	0.123
	农业户口	户主是农业户口 = 1，非农户口/居民户口 = 0	0.257	0.377	0.646	0.187	0.144
	户主教育程度	受教育年限	10.43	10.17	10.09	10.41	12.01

---

① "初始人口密度"使用 1990 年数据；"常住人口""流动人口占比"使用 2010～2013 年数据均值，现较系统地公布地级市常住人口数据始于 2010 年。

类别	变量	变量说明	全样本 (9220)	住房等级1 (2083)	住房等级2 (597)	住房等级3 (6011)	住房等级4 (529)
家庭特征变量	家庭人均收入#	家庭年收入/同住人数（元）	31703	26995	38772	30791	52631
	户主年龄	调查年 – 出生年	52.44	48.61	43.35	54.68	51.55
	户主性别	女性 = 1，男性 = 0	0.248	0.262	0.181	0.249	0.246
	户主婚姻状况	已婚 = 1，否 = 0	0.833	0.766	0.819	0.853	0.890
	同住人数	家庭同住人数（人）	2.93	2.72	2.74	2.98	3.39
	住房类型	自有住房 = 1，否 = 0	0.709	0	0	1	1
城市特征变量	城市规模#	城市常住人口数量（万人）	770.5	842.7	859.5	728.5	862.7
	流动人口占比	（常住人口 – 户籍人口）/常住人口	0.128	0.176	0.280	0.094	0.152
	土地面积增长率	城市建设用地出让面积年增长率	0.312	0.265	0.242	0.337	0.288
	房价工资比	城市平均房价/城市在岗职工平均工资	0.146	0.156	0.184	0.138	0.152
	限购	是房地产限购城市 = 1，否 = 0	0.572	0.647	0.764	0.522	0.622
	人均GDP#	城市人均 GDP（元）	42724	46567	57642	39632	45891
	初始人口密度#	1990 年市辖区人口密度（人/平方公里）	1953	1957	2246	1897	2228
时间变量	时间变量	2016 年样本 = 1，2014 年样本 = 0	0.381	0.373	0.474	0.358	0.571

注：#表示该变量以对数形式纳入实证模型中。

1. 住房等级与住房面积

现有文献对住房水平及其不平等的测度主要涉及住房产权、住房数量、住房面积、住房价值等方面，也有文献构建了住房阶层、宜居指数等综合指标。本节从住房产权、住房数量、住房面积衡量住房水平，并将其中的住房产权和住房数量合并构建"住房等级"变量。根据现居住住房是否完全为自有产权、自有住房数量建立四类住房等级，从低到高依次为：现住房是租赁或借住的且在外地无自有住房＝1，现住房是租赁或借住的且在外地有自有住房＝2，现住房是自有产权且只有一套住房＝3，现住房是自有产权且有多套住房＝4。根据 CLDS 中"您家现在居住的房屋权属类型""您家在别处是否还有其他自有住房""您家在别处的其他自有住房套数"的问题可构建上述住房等级变量。在城镇地区家庭样本中，现租住或借住且在外地无住房的占22.6%，现租住或借住且在外地有住房的占6.5%，现居住并拥有单套自有住房的占65.2%，现居住并拥有多套自有住房的占5.7%。住房面积采用家庭人均居住面积来衡量，按现居住住房建筑面积除以同住人数计算，家庭人均居住面积越大代表住房水平越高。在本样本中，家庭人均居住面积均值为38.8平方米，其中，租赁借住家庭、自有住房家庭的人均居住面积均值分别为30.0平方米、41.5平方米。

2. 家庭特征变量

罗默（Roemer，1998）将机会不平等引入经济领域分析中，机会不平等源于"努力"和"环境"两类因素，前者反映个人自身教育水平、职业类型等个人能作出选择的因素，后者反映家庭背景、出生、性别、种族等个人不可控制的先天因素；对于"努力"因素，应该实行"回报原则"，社会不应干预，而对于"环境"因素，应该实行"补偿原则"，由社会给予弱势者补偿。对城市家庭住房不平等的原因区分"努力"和"环境"因素并衡量其作用效应程度，才能决定社会是否应该对住房不平等问题实行干预以及如何干预。借鉴该划分方法，家庭住房不平等也受到这两类因素的影响："努力"因素包括户主教育程度、家庭人均收入；"环境"因素包括户主户籍、年龄、性别、婚姻状况、家庭同住人数等。其中，户籍状况区分户籍地址和户籍性质，分别用"外地户口""农业户口"这两个虚拟变量来衡量，户主户口地址在本县区以外被界定为外地户口家庭；户主是农业户口被界定为农业户口家庭。户主年龄、性别、婚姻状况、家庭同住人数反映户主的人口学特征、家庭所处的生命周期等不由个人控制的"环境"因素。与影响住房等级的家庭特征因素略有不同，在影响住房面积的家庭特征因素中，因已按同住人数计算人均居住面积，应剔除同住人数自变量，并加入住房类型虚拟变量以便控制租赁借住与自有住房在居住面积上可能存在的系统性差异。

在全样本中，外地与本地户口各占16.7%、83.3%，农业与非农户口各占 26.7%、73.3%。与此户籍构成比例相比，在租赁借住、租赁借住且外地有房的家庭中，外地户口、农业户口占比较高，在住房等级 1 中约占 35%，在住房等级 2 中约占 65%；而在单套自有住房、多套自有住房的家庭中，本地户口、非农户口占八至九成，外地户口、农业户口占比较低。在四类住房等级中，多套自有住房的户主平均受教育程度较高，达 12 年，而其他住房等级的户主平均受教育程度为 10 年。家庭人均年收入均值从低到高依次为住房等级 1、等级 3、等级 2、等级 4。相对于其他住房等级，住房等级 2 的户主平均年龄较小且男性比例较大。户主已婚家庭的比例、家庭同住人数均值都随着住房等级提高而增大。

3. 城市特征变量

中国当前的城市家庭住房不平等问题是植根于快速城镇化的城市特征环境之中的，城市规模扩张、流动人口增加、土地供应限制、大城市房价高涨等城市空间格局的变化也悄然改变着城市家庭住房格局，因此，需将微观家庭特征与宏观城市特征结合才能洞悉城镇化进程中的城市家庭住房不平等的内在机制。与家庭住房水平相关的城市特征因素包括城市规模、人口流动、土地供给、房价及房地产政策、经济发展水平等。本节用城市常住人口数量衡量城市规模，按城市全域常住人口的统计口径计算。用流动人口占比，即常住人口与户籍人口之差占常住人口的比重衡量人口流动状况。用城市建设用地出让面积增长率衡量城市土地供给状况。用房价工资比，即城市平均房价①除以城市在岗职工平均工资来衡量住房成本。建立"限购"虚拟变量，对截至 2011 年底已实施房地产限购的城市赋值为 1，否则赋值为 0，以便区分实施与没有实施房地产限购政策的城市特征以及反映限购政策对家庭住房选择可能造成的影响。用人均 GDP 衡量城市经济发展水平。用 1990 年市辖区人口密度控制城市人口与地理环境相关的初始特征。另外，"时间变量"用于控制 2014 年、2016 年混合截面数据的时间趋势。

二、住房不平等影响因素的实证分析

（一）广义有序 Logit 模型的构建

因变量住房等级是次序类别变量，通常采用有序选择模型，如有序 Logit

---

① 城市平均房价按商品房销售额除以商品房销售面积计算。

模型回归分析。然而，有序选择模型隐含等比例发生风险的基本假设，即假设在每个次序类别的结果之间，自变量对因变量发生风险的影响是相等的，这才能得到一致的回归系数。但在住房选择等某些实际研究中自变量对因变量各次序类别间的影响并非相同，例如，户主教育程度的提高对于实现从租赁借住到租赁借住且外地有房的提升作用与从单套自有住房到多套自有住房的提升作用可能不同。此时可采用广义有序模型弱化等比例发生风险假定。当部分回归系数随因变量次序类别变化而变化，而其他系数不随之变化，则构成广义有序模型的偏比例风险模型。为考察住房等级的影响因素，拟建立广义有序 Logit 模型的偏比例风险模型。

住房等级 Y_i 落在第 j 次序以上类别的概率表示为式（5-2），其中，变量 X_1 的系数 β_1 固定不变，X_2 的系数 β_{2j} 随次序类别 j 变化。

$$P(Y_i > j) = g(X_i\beta_j) = \frac{exp(\alpha_j + X_{1i}\beta_1 + X_{2i}\beta_{2j})}{1 + [exp(\alpha_j + X_{1i}\beta_1 + X_{2i}\beta_{2j})]}, j = 1,2,3 \quad (5-2)$$

则住房等级 Y_i 落在第 1、第 2、第 3、第 4 次序类别的概率依次如式（5-3）、式（5-4）、式（5-5）、式（5-6）所示。运用极大似然估计法可测算各自变量对个体选择各次序类别概率的影响效应。

$$P(Y_i = 1) = 1 - g(X_i\beta_1) \qquad (5-3)$$

$$P(Y_i = 2) = g(X_i\beta_1) - g(X_i\beta_2) \qquad (5-4)$$

$$P(Y_i = 3) = g(X_i\beta_2) - g(X_i\beta_3) \qquad (5-5)$$

$$P(Y_i = 4) = g(X_i\beta_3) \qquad (5-6)$$

（二）实证结果分析

在表 5-5 中，模型 1、模型 2 是以住房等级为因变量，分别采用有序 Logit 模型和广义有序 Logit 模型的偏比例风险模型估计的结果；模型 3 是以住房面积为因变量，采用多元线性回归模型估计的结果。对有序 Logit 模型进行等比例发生风险检验显示该假设在本数据中不成立，[①] 这说明至少有一个以上自变量对不同次序类别结果起不同作用。而广义有序 Logit 模型可

---

① 运用"omodel"命令进行等比例发生风险检验，似然比的卡方检验 p 值 < 0.001，显著不为零。

弱化等比例发生风险假设。通过广义有序 Logit 模型估计得出，外地户口、农业户口、户主受教育程度、家庭人均收入、户主年龄、同住人数、流动人口占比、土地面积增长率、房价工资比、人均 GDP、时间变量对不同住房等级的次序类别产生不同影响效应，而户主年龄平方、性别、婚姻状况、城市规模、是否限购、初始人口密度对住房等级的次序类别间的影响效应相同。

表 5 − 5　　　　　　　　住房不平等影响因素的实证结果

类别	变量	模型 1：有序 Logit	模型 2：广义有序 Logit			模型 3：OLS
		住房等级	住房等级 1→2	住房等级 2→3	住房等级 3→4	住房面积#
家庭特征变量	外地户口	− 1. 267 *** （0. 068）	− 0. 932 *** （0. 078）	− 1. 618 *** （0. 075）	− 0. 250 * （0. 146）	− 0. 151 *** （0. 025）
	农业户口	− 0. 404 *** （0. 062）	− 0. 242 *** （0. 072）	− 0. 513 *** （0. 068）	− 0. 423 *** （0. 143）	0. 073 *** （0. 021）
	户主教育程度	0. 053 *** （0. 007）	0. 048 *** （0. 008）	0. 045 *** （0. 008）	0. 099 *** （0. 015）	0. 023 *** （0. 002）
	家庭人均收入#	0. 042 *** （0. 008）	0. 051 *** （0. 008）	0. 039 *** （0. 008）	0. 050 * （0. 026）	0. 008 *** （0. 002）
	户主年龄	0. 070 *** （0. 009）	0. 071 *** （0. 009）	0. 073 *** （0. 009）	0. 052 *** （0. 010）	− 0. 012 *** （0. 003）
	户主年龄平方	− 0. 0005 *** （0. 0001）	− 0. 0005 *** （0. 0001）			0. 0001 *** （0. 00002）
	户主性别	0. 022 （0. 058）	0. 020 （0. 059）			0. 081 *** （0. 019）
	户主婚姻状况	0. 336 *** （0. 070）	0. 341 *** （0. 072）			− 0. 267 *** （0. 023）
	同住人数	0. 136 *** （0. 017）	0. 123 *** （0. 019）	0. 136 *** （0. 019）	0. 170 *** （0. 030）	
	住房类型					0. 361 *** （0. 020）

续表

类别	变量	模型 1：有序 Logit	模型 2：广义有序 Logit			模型 3：OLS
		住房等级	住房等级 1→2	住房等级 2→3	住房等级 3→4	住房面积#
城市特征变量	城市规模#	−0.113 ** (0.046)	−0.106 ** (0.047)			0.030 ** (0.015)
	流动人口占比	−0.379 ** (0.193)	−0.520 ** (0.219)	−0.824 *** (0.214)	0.974 ** (0.410)	−0.113 * (0.064)
	土地面积增长率	0.438 *** (0.119)	0.708 *** (0.139)	0.593 *** (0.134)	0.070 (0.208)	0.063 * (0.038)
	房价工资比	0.036 (0.737)	0.263 (0.818)	−0.588 (0.800)	2.062 (1.558)	−0.221 (0.251)
	限购	−0.198 *** (0.074)	−0.222 *** (0.077)			0.015 (0.024)
	人均 GDP#	0.122 * (0.074)	0.120 (0.086)	0.205 ** (0.084)	−0.120 (0.157)	−0.116 *** (0.024)
	初始人口密度#	0.122 *** (0.027)	0.129 *** (0.028)			0.012 (0.008)
时间变量		0.145 *** (0.049)	0.060 (0.057)	−0.045 (0.054)	0.763 *** (0.094)	−0.180 *** (0.015)
常数项			−3.903 *** (0.954)	−4.714 *** (0.928)	−6.007 *** (1.635)	4.310 *** (0.270)
切点 1		3.502 *** (0.839)				
切点 2		3.899 *** (0.839)				
切点 3		7.959 *** (0.843)				
观测值		8670	8670			7965
虚拟 R² 或调整 R²		0.087	0.141			0.143

注：*** 、 ** 、 * 分别表示 1% 、 5% 、 10% 显著性水平；不带括号数值是估计系数；带括号数值是标准误；#表示该变量以对数形式纳入实证模型中。

第一，户籍因素的影响。户籍是影响住房机会不平等、不由个人控制的"环境"因素之一。模型 1、模型 2 表明户籍对住房等级有显著影响。在其他因素既定情况下，分别相对于本地户口、非农户口居民，外地户口、农业户口居民的住房等级都趋低。模型 2 中外地户口、农业户口变量对应各住房等级的系数显示，外地与本地居民之间、农业户口与非农户口居民之间所处住房等级的差距最主要体现在住房等级 2 与等级 3 之间的概率差距，外地居民处于住房等级 3 相对于等级 2 的发生比比本地居民低 80.2%，农业户口居民处于住房等级 3 相对于等级 2 的发生比比非农户口居民低 40.1%，^① 这些差距均大于其他相邻住房等级。这意味着外地居民、农业户口居民实现从较低住房等级向在现住地拥有单套住房的等级提升最为困难，其所面临的户籍待遇差距较大。而外地居民实现从拥有单套住房向拥有多套住房的等级提升、农业户口居民实现从租赁借住向租赁借住且外地有房的等级提升所面临的户籍待遇差距较小，前者发生比低于本地居民 22.1%，后者低于非农户口居民 21.5%。前者可能原因是一些在流入地已购房的外地居民在其流出地也拥有住房，后者可能原因是一些进城租住的农业户口者在农村仍有自建住房。模型 3 显示在其他因素既定情况下，城镇地区的外地居民比本地居民的人均居住面积要小，这说明在一定程度上存在对外地户籍住房待遇的歧视；而进城的农业户口居民的人均居住面积比非农户口居民要大，原因可能是原农村居民的习俗偏好面积大的住房，且农村自建房成本较低，建造面积较大。

第二，"努力"因素的影响。模型 1、模型 2、模型 3 表明户主人力资本、家庭收入这两个个人能作出选择的"努力"因素对住房等级和住房面积都起到正向作用。户主受教育程度越高，则家庭住房等级越高，人均居住面积也越大。其中，与其他相邻住房等级相比，户主受教育程度的提高对促进住房等级实现从拥有单套住房向多套住房的提升效应较大，教育年限每增加一年，拥有多套住房的概率比单套住房高 10.4%，而住房等级 2 相对于等级 1 的提升概率、住房等级 3 相对于等级 2 的提升概率分别是 4.9%、4.6%。家庭人均收入的增加也能显著提升住房等级和增大人均居住面积。这印证个体人力资本、收入水平对家庭住房水平具有正向效应。

第三，人口学特征的影响。受家庭生命周期影响，户主年龄对住房等级的影响呈倒 U 形关系特征，随着户主年龄增长，家庭住房等级呈先升后降的趋势；而户主年龄对住房面积的影响呈 U 形关系特征，随着户主年龄增长，

---

① "发生比"反映各类别事件发生概率之比；$0.802 = 1 - e^{-1.618}$，$0.401 = 1 - e^{-0.513}$；本节下文相邻住房等级的发生比的计算类同。

家庭人均居住面积呈现先降后升的趋势。户主性别对住房等级没有显著影响，而女性户主家庭人均居住面积比男性户主要大。已婚家庭的住房等级较高，而人均居住面积较小。家庭同住人数越多，住房等级越高。相对于租赁借住类型，自有住房家庭的人均居住面积较大。

第四，城市特征的影响。模型1、模型2、模型3显示城市规模、人口流动、土地供给、房地产限购政策、城市经济发展水平、初始人口地理特征对家庭住房水平产生影响。在城市规模方面，城市常住人口越多，则家庭住房等级趋低，这表现为在大城市租赁借住的概率较高，而住房自有率较低，这印证了生活成本效应在住房等级决定中占主导地位。而模型3显示城市规模越大，人均居住面积也越大，这印证了生产率效应在住房面积决定中占主导地位。该现象反映出在大城市，房价上涨等的生活成本效应使得居民在"租购选择"中趋于租房，拥有住房数量也趋少；但在作出租购选择后，大城市居民会倾向于选择面积较大的住房，城市规模带来的生产率效应又得以体现。

在人口流动方面，模型1、模型3显示城市流动人口占比越大，则家庭住房等级和人均居住面积都越低，这印证了由于生活成本效应占主导地位，流动人口的增加会降低居民住房水平。模型2进一步显示流动人口占比的增大会降低从住房等级1向等级2、等级3提升的概率，但会提高从住房等级3向等级4提升的概率。这意味着在流动人口规模较大的城市，一方面较多家庭住房是租赁借住的，购房困难；另一方面较多已经有住房的家庭可能选择再投资二套或多套住房，而将部分住房出租赚取投资收益。

在土地供给方面，模型1、模型2、模型3表明城市土地供给的增长有助于提升家庭住房等级和住房面积。在建设用地出让面积增长率越高的城市，家庭实现从住房等级1向等级2、等级3提升的概率越高，有助于提高单套住房自有率，人均居住面积也越大，而土地供给的增长对家庭拥有多套住房的影响不显著。在房价及房地产政策方面，在控制城市规模、土地供给等城市特征因素后，房价工资比对相邻住房等级和住房面积的影响不显著，而房价工资比对从住房等级1提升至等级3的影响显著为负值，这反映出城市房价相对工资水平越高，则居民从租赁借住提升至获取首套自有住房的概率越低。与非限购城市相比，实施房地产限购城市的家庭住房等级趋低，这印证了房地产限购政策在一定程度上会限制住房交易数量和住房需求。另外，在城市经济发展水平方面，城市人均GDP的增长有助于提高拥有单套自有住房的概率，但在人均GDP较高的城市，人均居住面积较小。初始人口密度越大的城市，家庭住房等级也越高。

三、住房不平等影响因素的分解

上述实证模型反映各影响因素对住房水平及其不平等的作用方向，然而，并没有直接得出各类因素对住房不平等影响的贡献度，并且不同户籍居民之间住房不平等并不能全部归咎于户籍歧视，而是还隐含着可能存在的不同户籍居民禀赋特征的系统性差异所造成的不平等，需要对这两者进一步区分才能找出住房不平等的根源。因此，下文拟运用夏普利值（Shapley Value）分解考察住房不平等各影响因素的贡献度，并基于 Oaxaca-Blinder 分解考察住房不平等是缘于户籍歧视还是禀赋特征。

（一）基于夏普利值分解考察住房不平等各影响因素的贡献度

夏普利值分解法将回归方程与夏普利值相结合，可量化分解出各影响因素对住房不平等的贡献。首先基于回归方程计算住房水平的差异程度，然后计算夏普利值得出各影响因素对住房不平等的贡献度。在表 5 - 6 中，模型 4、模型 5 分别基于有序 Logit 模型（模型 1）对虚拟 R^2、基于多元线性回归模型（模型 3）对 R^2 进行夏普利值分解，得出各类变量对住房等级不平等、住房面积不平等的贡献度。

表 5 - 6　　　　　　　　住房不平等的夏普利值分解结果

变量	模型 4 住房等级不平等		模型 5 住房面积不平等	
	夏普利值	贡献度（%）	夏普利值	贡献度（%）
户籍	0.047	54.2	0.020	13.8
"努力"因素（人力资本、收入）	0.006	6.9	0.013	9.0
人口学特征	0.024	27.1	0.027	18.7
城市特征	0.010	11.3	0.021	14.4
住房类型	—	—	0.048	33.4
时间变量	0.001	0.5	0.015	10.7

夏普利值分解结果显示城市家庭住房不平等的影响因素贡献度从高到低依次是户籍、人口学特征、城市特征、"努力"因素。户籍是导致住房不平

等的最重要因素。是否为外地户口、是否为农业户口对住房等级不平等的贡献达 54.2% 。尽管户籍对住房面积不平等的直接贡献为 13.8% ，但是否自有住房的类型对住房面积不平等的贡献却高达 33.4% ，而作为住房等级的构成，是否自有住房也隐含户籍引致的住房不平等因素，考虑这些间接影响，户籍对住房面积不平等的实际贡献比 13.8% 要大。与家庭生命周期相关的人口学特征是影响住房不平等的第二重要因素，其对住房等级、住房面积不平等的贡献分别为 27.1% ，18.7% 。城市特征是影响家庭住房不平等的第三重要因素，其对住房等级、住房面积不平等的贡献分别为 11.3% 、14.4% 。而教育人力资本和家庭收入这两个"努力"因素对住房不平等的直接影响较小，其对住房等级、住房面积不平等的贡献分别为 6.9% 、9.0% 。

（二）基于 Oaxaca-Blinder 分解考察住房不平等是缘于户籍歧视还是禀赋特征

尽管上述实证结果显示不同户籍居民的住房水平存在较大差距，但这种住房不平等并不能全部归咎于户籍歧视，而是还隐含着不同户籍居民禀赋特征的系统性差异所造成的不平等，需要对这两者进一步区分。瓦哈卡（Oaxaca，1973）和布林德（Blinder，1973）提出一种针对线性回归方程的分解法，将两组样本因变量的差异分解为变量解释部分和系数解释部分：变量解释部分由可观察的禀赋特征差异造成，系数解释部分由不可观察的因素造成，后者被识别为"歧视"。基于线性回归方程 $Y_{ig} = X_{ig}\beta_g + \varepsilon_{ig}$ ，$g \in (A, B)$ ，A 、B 表示两组不同样本，分解如式（5 – 7）所示。其中，$(\bar{X}_A - \bar{X}_B)\beta^*$ 表示变量解释部分；$[\bar{X}_A(\beta_A - \beta^*) + \bar{X}_B(\beta^* - \beta_B)]$ 表示系数解释部分；$\beta^* = W\beta_A + (I - W)\beta_B$ ，W 是权重矩阵，I 是单位阵。

$$\bar{Y}_A - \bar{Y}_B = (\bar{X}_A - \bar{X}_B)\beta^* + [\bar{X}_A(\beta_A - \beta^*) + \bar{X}_B(\beta^* - \beta_B)] \quad (5-7)$$

为区分住房不平等影响因素中的户籍歧视效应和禀赋特征效应，拟划分外地与本地户口样本、农业与非农户口样本，分别对住房等级不平等、住房面积不平等进行 Oaxaca – Blinder 分解。对于住房等级不平等的分解，由于广义有序 Logit 模型是非线性方程，需将分解变量转化为线性化的对数发生比，分别以住房等级 1、等级 2、等级 3 为参照。一次分解可将不同户籍样本之间的住房不平等分解为变量解释部分（即禀赋效应）与系数解释部分（即系数效应）；二次分解进一步得出人力资本、家庭收入、人口学特征、城市特征、时间变量这五类自变量的变量解释部分和系数解释部分。禀赋效应表示当居民面对相同的户籍制度环境时，由于其禀赋特征差异所导致的住房水平差距；系数效应表示由户籍制度环境不同所导致的具有类似禀赋特征的居民的住房水平差距。针对外地与本地户口居民、农业与非农户口居民的分解结果分别如表5-7、表5-8所示。

表5-7　　外地与本地户口居民住房不平等的 Oaxaca-Blinder 分解结果

	住房等级2/ 等级1	住房等级3/ 等级1	住房等级4/ 等级1	住房等级3/ 等级2	住房等级4/ 等级2	住房等级4/ 等级3	住房面积
总差距	-1.302	2.124	1.192	3.430	2.531	-0.932	0.383
禀赋效应	0.193 (-14.8%)	0.696 (32.8%)	0.100 (8.4%)	0.502 (14.6%)	-0.055 (-2.2%)	-0.596 (63.9%)	0.229 (59.8%)
人力资本	-0.005	-0.019	-0.039	-0.007	-0.020	-0.021	-0.015
家庭收入	0.005	-0.008	-0.011	0.0002	0.002	-0.003	-0.001
人口学特征	0.139	0.404	0.256	0.255	0.111	-0.148	0.074
城市特征	0.060	0.306	-0.060	0.236	-0.114	-0.365	0.161
时间变量	-0.007	0.012	-0.046	0.018	-0.034	-0.059	0.010
系数效应	-1.495 (114.8%)	1.428 (67.2%)	1.092 (91.6%)	2.928 (85.4%)	2.586 (102.2%)	-0.336 (36.1%)	0.154 (40.2%)
人力资本	-0.360	-0.210	-0.002	0.145	0.358	0.208	-0.466
家庭收入	0.106	-0.024	0.141	-0.063	0.140	0.165	0.053
人口学特征	-2.211	-0.945	0.819	1.273	3.030	1.764	0.072
城市特征	-5.520	-1.365	0.938	4.117	6.311	2.304	1.887
时间变量	0.208	0.063	0.007	-0.143	-0.199	-0.057	-0.008
常数项	6.282	3.909	-0.811	-2.401	-7.054	-4.720	-1.384

注：括号内数值分别表示禀赋效应和系数效应占总差距的比例。

表5-8　　农业与非农户口居民住房不平等的 Oaxaca-Blinder 分解结果

	住房等级2/ 等级1	住房等级3/ 等级1	住房等级4/ 等级1	住房等级3/ 等级2	住房等级4/ 等级2	住房等级4/ 等级3	住房面积
总差距	-1.063	1.089	1.117	2.153	2.224	0.028	0.175
禀赋效应	0.115 (-10.8%)	0.350 (32.1%)	0.284 (25.4%)	0.219 (10.2%)	0.204 (9.2%)	-0.067 (-239.3%)	0.198 (113.1%)

续表

	住房等级2/等级1	住房等级3/等级1	住房等级4/等级1	住房等级3/等级2	住房等级4/等级2	住房等级4/等级3	住房面积
人力资本	0.080	0.099	0.314	0.024	0.250	0.215	0.050
家庭收入	0.061	0.033	0.053	-0.015	0.014	0.020	0.007
人口学特征	-0.001	0.186	0.009	0.176	0.002	-0.177	0.116
城市特征	-0.018	0.025	-0.067	0.021	-0.050	-0.093	0.017
时间变量	-0.007	0.007	-0.025	0.013	-0.012	-0.032	0.008
系数效应	-1.178（110.8%）	0.739（67.9%）	0.833（74.6%）	1.934（89.8%）	2.020（90.8%）	0.095（339.3%）	-0.023（-13.1%）
人力资本	0.134	0.020	0.062	-0.130	-0.076	0.042	0.070
家庭收入	0.362	-0.040	0.037	-0.306	-0.319	0.077	-0.009
人口学特征	-1.620	-0.446	0.518	1.199	2.147	0.965	-0.040
城市特征	-4.450	0.613	0.829	5.264	5.376	0.216	-0.508
时间变量	0.181	0.055	0.015	-0.126	-0.166	-0.040	0.024
常数项	4.215	0.537	-0.628	-3.967	-4.942	-1.165	0.440

注：括号内数值分别表示禀赋效应和系数效应占总差距的比例。

表5-7中"总差距"显示本地居民处于住房等级3、等级4分别相对于等级1和等级2的概率均值、住房面积均值都大于外地居民，而本地居民处于住房等级2相对于等级1、住房等级4相对于等级3的概率均值小于外地居民。这反映出外地居民比本地居民的平均住房水平低主要体现在外地居民在现住地获取首套自有住房和居住面积的劣势上，而非在从单套住房向多套住房提升方面。表5-8中"总差距"显示除住房等级2相对于等级1外，非农户口居民在任意高住房等级相对于低住房等级的概率均值、住房面积均值方面都大于农业户口居民。这反映农业户口居民在现住地从租赁借住向单套、多套自有住房提升及居住面积方面都处于劣势，而平均而言其从住房等级1向等级2提升方面不存在明显劣势。

对于住房等级不平等，分别以等级1、等级2为参照，本地与外地居民处于住房等级3的概率差距的32.8%、14.6%归结为禀赋效应，67.2%、85.4%归结为系数效应，前者反映当外地居民拥有本地居民类似的禀赋特征时可获得住房等级概率的提升幅度占比，后者反映当将外地居民作为本地居民看待时可获得住房等级概率的提升幅度占比。分别以等级1、等级2为参照，本地与外地居民处于住房等级4的概率差距仅有8.4%、－2.2%①归结为禀赋效应，而91.6%、102.2%归结为系数效应。可见，在住房等级不平等中对外地户籍的歧视因素占主导地位。对于非农和农业户口居民的分解结果也显示在住房等级不平等中对农业户籍的歧视因素占主导地位，以等级1为参照，其对应住房等级3、等级4的系数效应占比分别为67.9%、74.6%，以等级2为参照，其对应住房等级3、等级4的系数效应占比分别为89.8%、90.8%。然而，本地与外地居民处于住房等级4相对于等级3的概率差距的系数效应为负值，这反映出在从拥有单套自有住房向多套自有住房提升方面并不存在对外地居民的户籍歧视，外地居民在此甚至更有优势。

对于住房面积不平等，本地与外地居民住房面积差距的禀赋效应占59.8%，系数效应占40.2%。非农与农业户口居民住房面积差距的禀赋效应占比大于1，系数效应占比为负值。这意味着农业户口居民平均住房面积小于非农户口居民，并非因为对农业户籍的歧视，而是由于农业户口居民的禀赋水平太低，不足以支持其住房面积的提升；如果剔除禀赋因素，农业户籍身份本身会使其住房面积比非农户口居民还要大。可见，无论对于本地与外地居民还是非农与农业户口居民，禀赋效应在住房面积不平等中都占主导地位。

从各类自变量的细分禀赋效应看出，对于本地与外地居民处于住房等级3、等级4相对于等级1的概率以及住房面积的差距分解，人力资本、家庭收入变量的禀赋效应都为负值，这意味着外地居民的人力资本、家庭收入这两个"努力"因素的水平其实比本地居民要高，外地居民按这两个禀赋特征本应获得更高的住房水平，但现实中外地居民的平均住房水平比本地居民要低，而对于非农与农业户口居民，人力资本、家庭收入变量的禀赋效应为正值，这意味着农业户口居民的人力资本、家庭收入水平比非农户口居民要低，自然造成农业户口居民住房水平较低。除"努力"因素外，农业户口居民的家庭人口学特征、所处的城市特征以及户籍因素也会加剧其与非农户口居民之

---

① －2.2%为负值反映对于从住房等级2向等级4提升方面，外地居民的禀赋特征比本地居民更有优势。

间的住房等级不平等。

第五节　超大城市外来人口住房模式选择的实证分析

相对于中小城市和一般大城市，城区常住人口规模超过 1000 万的超大城市的外来人口安居难问题尤为严峻。本节以北京、上海、广州、深圳为例，比较这四个超大城市的房价变动趋势和外来人口住房模式分布，并使用 CLDS 数据，运用多类别 Logit 模型，实证分析超大城市居民住房模式选择的影响因素。

一、超大城市的房价与住房模式分布

经过 20 世纪 90 年代住房自有化改革，21 世纪初许多地方政府将房地产业作为支柱产业，加之超大城市常住人口大幅增加，而 2003 年后东部沿海城市的土地供给相对收紧，尽管实施多轮房地产市场调控，但在 2003 年后北京、上海、广州、深圳这四个超大城市的房价不断飙升。如图 5 - 9 所示，2002 年北京、上海、广州、深圳的平均房价分别为 4764 元/平方米、4134元/平方米、4200 元/平方米、5802 元/平方米；在 2002 ~ 2018 年，除个别年份房价有小幅下降外，这四个城市的房价总体呈上升趋势；2018 年北京、上海、广州、深圳的平均房价分别上升至 34143 元/平方米、26890 元/平方米、20014 元/平方米、54132 元/平方米，房价年均增速分别为 13.8%、13.3%、10.7%、16.0%，与 2002 年相比，经过 17 年这四个城市的房价平均上涨了 6倍。在这四个超大城市中，深圳的平均房价和房价增速最高，其次是北京，再次是上海，而广州的房价和房价增速在这四个城市中是最低的。

超大城市的房价飙升给城市居民特别是外来人口购房带来巨大压力，许多城市外来人口、低收入人群因买不起房，而选择租住或借住。据 CLDS2014年、2016 年城镇地区家庭样本数据，得出这四个超大城市包括本地人口和外来人口在内的居民在多套自有住房、单套自有住房、租赁房、借住等其他类型这四种住房模式的占比情况，如图 5 - 10 所示。在这四个城市中，深圳的受访家庭的租住比例是最高的，为 64.2%，其次是广州，租住比例为41.2%，北京、上海的租住比例分别为 28.3%、20.7%，该比例比全国受访家庭的平均租住比例 19.5% 要高。上海的受访家庭的单套住房自有率最高，

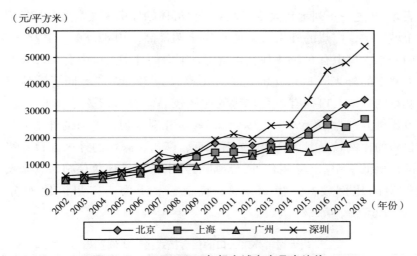

图5－9　2002～2018年超大城市商品房均价

资料来源：2003～2019年《中国统计年鉴》。

为61.1%，其次是北京、广州，单套住房自有率分别为52.1%、42.4%，而深圳的受访家庭的单套住房自有率仅为6.9%。上海和广州的多套住房自有率相当，各约为10%，北京的多套住房自有率为4.4%，深圳的多套住房自有率为1.5%。作为全国最高房价的城市，深圳不仅租住比例较高，借住单位宿舍、亲友等其他类型的比例也较高，其借住等其他类型比例为27.5%，而北京、上海、广州的借住等其他类型比例依次为15.2%、8.2%、6.2%。

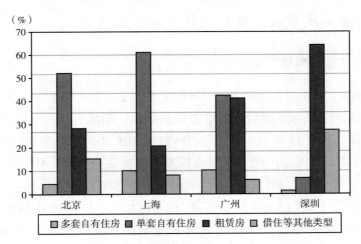

图5－10　超大城市居民的住房模式类型比例

资料来源：根据CLDS 2014年、2016年城镇地区家庭样本数据计算。

　　表5-9进一步列示超大城市外来人口群体的住房模式类型分布情况。在这四个城市中，广州的外来人口的租住比例最高，为82.8%，其次为深圳，深圳的外来人口中有68.8%住在租赁房，上海的外来人口中有59.5%是租住的，而北京的外来人口租住的比例并不高，为30.9%。不同于其他三个城市，北京的外来人口拥有单套住房的比例较高，为53.1%，而上海、广州、深圳该比例分别为22.6%、9.7%、2.7%。相对来说，上海的外来人口拥有多套住房的比例较高，为7.2%，而北京、广州、深圳的外来人口拥有多套住房的比例低于4%。除租住外，深圳的外来人口借住单位宿舍、亲友家等其他类型的比例较高，为28.0%，而北京、上海、广州该比例分别为12.3%、10.7%、4.3%。

表5-9　　　　　　　　　　超大城市外来人口的住房模式类型比例　　　　　　　单位:%

城市	多套自有住房	单套自有住房	租赁房	借住等其他类型
北京	3.7	53.1	30.9	12.3
上海	7.2	22.6	59.5	10.7
广州	3.2	9.7	82.8	4.3
深圳	0.5	2.7	68.8	28.0

资料来源：根据 CLDS 2014 年、2016 年城镇地区家庭样本数据计算。

二、超大城市住房模式选择的实证分析

（一）实证模型与变量说明

　　本节使用 2014 年、2016 年 CLDS 中北京、上海、广州、深圳四个超大城市的城镇地区家庭样本所构成的混合截面数据，剔除追访重复观察的样本，得出有效样本数为 1515 户。其中，2014 年、2016 年的样本数分别为 873 户、642 户。北京、上海、广州、深圳的样本数依次为 407 户、416 户、488 户、204 户。

　　本节建立多类别 Logit 模型实证分析超大城市住房模式的影响因素。多类别 Logit 模型是针对因变量为类别变量情形下所建立的计量统计模型，其假设因变量的累积概率密度函数符合 Logistic 分布，通过估计事件发生与不发生的概率比，得出因变量与自变量之间的相关关系。本实证

模型的因变量"住房模式类型"是类别变量，划分为四种类型，取值分别为 1、2、3、4。在住房模式选择的多类别 Logit 模型中，"住房模式类型"取值为 j 时的条件概率如式（5-8）所示。其中，$house_i$ 是因变量，x_i 是自变量向量，β 是参数向量，i 是个体下标。运用极大似然估计法可得各参数估计量。

$$P(house_i = j \mid x_i) = \frac{exp(x'_i\beta_j)}{\sum\limits_{k=1}^{4} exp(x'_i\beta_k)}, j = 1,2,3,4 \qquad (5-8)$$

本节实证模型的因变量"住房模式类型"划分为拥有多套自有住房（=1）、拥有单套自有住房（=2）、租赁房（=3）、借住等其他类型（=4），其中，借住等其他类型包括单位或政府免费提供、父母或子女提供、其他亲友借住等。在超大城市全部居民家庭样本中，有 7.5% 的受访家庭拥有多套自有住房，45.3% 拥有单套自有住房，35.2% 住在租赁房，12.0% 属于借住等其他类型。在超大城市的外来人口家庭样本中，多达 66.5% 住在租赁房，14.8% 属于借住等其他类型，只有 15.7% 拥有单套自有住房，3.0% 拥有多套自有住房。而在超大城市的本地人口家庭样本中，有 62.0% 拥有单套自有住房，10.1% 拥有多套自有住房，分别有 17.8%、10.1% 属于租住或借住等其他类型。

本节实证模型的自变量包括外地户口、农业户口、户主受教育程度、家庭人均年收入、户主年龄、户主性别、户主婚姻状况、同住人数、地区变量、时间变量。变量说明和描述统计见表 5-10。在超大城市全部居民家庭样本中，户主是外地户口的家庭占 34.5%，户主是农业户口的家庭占 23.2%，户主平均受教育年限为 11.2 年，家庭人均年收入均值为 49247 元，户主平均年龄为 53 岁，女性户主占 30.9%，户主已婚的占 79.6%，平均每个家庭同住人数为 2.8 人。与超大城市本地人口家庭样本相比，在外来人口家庭样本中，户主平均受教育程度略低，平均受教育年限为 10.8 年；家庭人均年收入均值较低，为 44875 元；户主较年轻，平均年龄为 43 岁；女性户主较少，仅占 18.0%；户主已婚的居多，占 81.9%；平均每个家庭同住人数相当，也为 2.8 人。另外，"北京""上海""广州""深圳"是居住地区的虚拟变量。"时间变量"用于控制混合截面数据的时间趋势。

表 5 – 10　　　　　　　　　　超大城市样本变量说明和描述统计

变量	变量说明	样本均值	样本标准差	外来人口样本均值	本地人口样本均值
住房模式类型	多套自有住房 = 1，单套自有住房 = 2，租赁房 = 3，借住等其他类型 = 4	2.517	0.800	2.931	2.279
外地户口	户主户口地址在本县区以外 = 1，在本县区以内 = 0	0.345	0.475	0.959	0
农业户口	户主是农业户口 = 1，非农户口/居民户口 = 0	0.232	0.422	0.641	0
户主受教育程度	受教育年限	11.20	4.023	10.81	11.42
家庭人均年收入#	家庭年收入/同住人数	49247	82836	44875	52304
户主年龄	调查年 – 出生年	53.23	16.99	43.01	58.79
户主性别	女性 = 1，男性 = 0	0.309	0.462	0.180	0.383
户主婚姻状况	已婚 = 1，否 = 0	0.795	0.404	0.819	0.800
同住人数	家庭同住人数	2.82	1.45	2.84	2.82
北京	居住地在北京 = 1，否 = 0	0.269	0.443	0.150	0.338
上海	居住地在上海 = 1，否 = 0	0.275	0.446	0.156	0.338
广州	居住地在广州 = 1，否 = 0	0.322	0.467	0.344	0.312
深圳	居住地在深圳 = 1，否 = 0	0.135	0.341	0.350	0.013
时间变量	2016 年样本 = 1，2014 年样本 = 0	0.424	0.494	0.444	0.413

注：#表示该变量以对数形式纳入实证模型中。

（二）实证结果分析

超大城市住房模式选择的多类别 Logit 模型以"单套自有住房"（住房模式类型 = 2）为参照组，运用极大似然估计法，得到估计结果如表 5 – 11 所示。在多类别 Logit 模型中，估计系数表示在其他条件一定的情况下某个自变量的变化对风险比（即第 j 类住房模式概率与单套自有住房模式概率之比）的影响效应。表 5 – 12 进一步得出自变量的变化对各类住房模式概率影响的边际效应。

表 5 – 11　　　　　　　　**住房模式选择的多类别 Logit 模型估计结果**

（以"单套自有住房"为参照组）

变量	多套自有住房	租赁房	借住等其他类型
外地户口	0.281 (0.330)	1.477*** (0.199)	0.790*** (0.273)
农业户口	-1.167 (0.806)	1.682*** (0.296)	0.663* (0.396)
户主受教育程度	0.123*** (0.037)	-0.076*** (0.023)	-0.068** (0.028)
家庭人均年收入对数	0.001 (0.069)	-0.085** (0.043)	-0.080 (0.049)
户主年龄	-0.001 (0.008)	-0.037*** (0.006)	-0.026*** (0.007)
户主性别	0.015 (0.246)	0.160 (0.170)	0.223 (0.212)
户主婚姻状况	-0.071 (0.344)	-0.711*** (0.198)	-0.559** (0.244)
同住人数	0.246*** (0.081)	-0.034 (0.060)	-0.182** (0.080)
北京	-1.182*** (0.335)	0.420** (0.204)	0.978*** (0.278)
上海	-0.333 (0.262)	-0.279 (0.208)	0.186 (0.294)
深圳	0.070 (0.714)	0.786** (0.367)	2.151*** (0.434)
时间变量	0.855*** (0.225)	0.064 (0.157)	0.144 (0.198)
常数项	-4.036*** (1.128)	3.044*** (0.699)	1.532* (0.846)
观测值	1427		
似然比	726.8		

注：***、**、*分别表示1%、5%、10%的显著性水平；不带括号的数值是估计系数，带括号的数值是标准误。为避免完全共线问题，四个城市虚拟变量不能都纳入模型中，以"广州"为参照，则略去"广州"这个虚拟变量。

　　在户籍的影响方面，表 5 – 12 中"外地户口"变量对单套自有住房的边际效应显著为负值，对租赁房的边际效应显著为正值，这反映出在超大城市中，与本地户口家庭相比，户主是外地户口的家庭会以较低概率拥有单套自有住房，而以较高概率住在租赁房。即使具有相同的教育程度、家庭收入水平、年龄特征等，外地户口家庭拥有单套自有住房的概率也比本地户口家庭低18.6%，但其住在租赁房的概率比本地户口家庭高18.6%。是否为外地户口家庭对于是否拥有多套自有住房或借住等其他类型住房的影响不显著。"农业户口"变量对多套自有住房、单套自有住房的边际效应显著为负值，对租赁房的边际效应显著为正值，这反映了与非农户口家庭相比，户主是农业户口的家庭以较低概率拥有多套或单套自有住房，而以较高概率住在租赁房。在其他特征相同的情况下，农业户口家庭拥有多套自有住房、单套自有住房的概率分别比非农户口家庭低10.2%、13.8%，而其住在租赁房的概率比非农户口家庭高24.4%。

表5－12 各变量的边际效应

变量	多套自有住房	单套自有住房	租赁房	借住等其他类型
外地户口	− 0.006	− 0.186 ***	0.186 ***	0.008
农业户口	− 0.101 **	− 0.138 **	0.244 ***	− 0.004
户主受教育程度	0.009 ***	0.005	− 0.010 ***	− 0.004
家庭人均年收入对数	0.002	0.011	− 0.010 *	− 0.004
户主年龄	0.001	0.005 ***	− 0.005 ***	− 0.001
户主性别	− 0.003	− 0.026	0.015	0.014
户主婚姻状况	0.009	0.095 ***	− 0.083 ***	− 0.021
同住人数	0.017 ***	0.001	− 0.001	− 0.017 **
北京	− 0.086 ***	− 0.032	0.039	0.079 ***
上海	− 0.018	0.032	− 0.046	0.031
深圳	− 0.019	− 0.172 ***	0.026	0.165 ***
时间变量	0.052 ***	− 0.049 **	− 0.009	0.006

注：*** 、 ** 、 * 分别表示1%、5%、10%的显著性水平。

这说明在超大城市中外地户口和农业户口家庭倾向于租赁房这种较低的住房模式，外来人口在北京、上海、广州、深圳这四个超大城市购房、居住仍面临不同程度的户籍壁垒。在超大城市中，购买商品房、申请经济适用房等主要倾向于本地居民，或者要求有本地社保缴费年限等限制，本地居民在申请住房贷款、使用公积金等住房金融工具时也比外来人口更有优势，而外来人口往往没有本地非农户口，本地社保缴费年限较少，经济实力又较弱，面对超大城市高房价的压力，外来人口在超大城市购房自然困难重重，只能退而选择租赁房这种住房模式。

在人力资本的影响方面，表 5 – 12 显示"户主受教育程度"变量对多套自有住房的边际效应显著为正值，对租赁房的边际效应显著为负值，这反映了在超大城市受教育程度越高者拥有多套自有住房的概率越高，而受教育程度越低者住在租赁房的概率越高。在其他条件一定的情况下，户主受教育年限每增加一年，其拥有多套自有住房的概率、住在租赁房的概率分别上升、下降约 1%。表 5 – 11 中户主受教育程度的估计系数显示，以单套自有住房为参照，受教育程度越高者的住房模式概率从高到低依次为多套自有住房、单套自有住房、租赁房或借住等其他类型，即受教育程度越高者越倾向于选择较高的住房模式。相对于其他城市，北京、上海、广州、深圳的劳动者受教育程度普遍较高，加上近年来，各大城市纷纷出台住房补助等福利政策招揽高学历高技能人才，这在一定程度上使得就职于超大城市的受教育程度较高者在拥有多套自有住房方面具有优势。

在家庭收入的影响方面，表 5 – 12 中"家庭人均年收入对数"变量对租赁房的边际效应显著为负值，这反映出家庭人均年收入水平越低者住在租赁房的概率越高。而家庭人均年收入对于选择多套自有住房还是单套自有住房的影响并不显著。这在一定程度上可以推断，在四个超大城市中，由于商品房限购等调控政策的实施以及高房价的压力，即使收入较高的家庭也难以购买二套房，一般只是购买单套住房，以满足家庭住房的刚性需求。

户主年龄及婚姻状况反映出家庭生命周期对住房模式选择的影响。表 5 – 12 显示"户主年龄"变量对单套自有住房的边际效应显著为正值，对租赁房的边际效应显著为负值，这反映出随着户主年龄的增长，其拥有单套自有住房的概率随之提高，而越年轻者租房的可能性越大。同时，在其他条件一定的情况下，户主已婚、已经组建新家庭者拥有单套自有住房的概率较高，而未婚者住在租赁房的概率较高。另外，性别对住房模式选择的影响并不显著。可见，不同于以往家庭中以男性购房为主的特点，现在随着女性地位的提高，特别是超大城市中女性的受教育程度、收入水平等较高，女性的购房能力并不低于男性，这就导致在超大城市中住房的租购选择没有显著的性别差异。"同住人数"变量对多套自有住房的边际效应显著为正值，对借住等其他类型住房的边际效应显著为负值，这反映了家庭同住人数越多，则改善性住房需求越大，购买二套及以上住房的概率也就越高，因为家庭同住人数越多，则不便采用借住亲友或单位住房等其他住房形式。

在地区因素的影响方面，表 5 - 11 中地区虚拟变量的估计系数显示，以单套自有住房为参照，在家庭特征相同的情况下，北京和深圳地区的居民住在租赁房、借住等其他类型的概率显著高于拥有单套自有住房的概率；在北京拥有多套自有住房更为困难，在北京拥有多套自有住房的概率显著低于单套自有住房概率。表 5 - 12 中地区虚拟变量的边际效应显示，（以广州地区为参照）在家庭特征相同的情况下，北京拥有多套自有住房的概率显著比广州低 8.6%；深圳拥有单套自有住房的概率显著比广州低 17.2%；在北京、深圳借住等其他类型的概率显著高于广州；而上海与广州在住房模式选择上没有显著的地区差异。可以推断，住房模式与这四个超大城市的房价有较大关系，2012 ~ 2018 年这四个超大城市的平均房价从高到低依次为深圳 35696元/平方米、北京 24403 元/平方米、上海 20523 元/平方米、广州 16122 元/平方米，[①] 在房价越高的城市，其居民购房压力越大，则越会倾向于租赁房、借住等较低的住房模式。在这四个超大城市中，广州的房价较其他超大城市低，广州的住房模式相对较高，其次是上海，而北京和深圳的住房模式较低。

第六节 结　论

本章基于住房不平等理论和中国城镇住房制度演进过程，分析城市外来人口与本地人口的住房状况差距；使用中国劳动力动态调查数据（CLDS），实证分析城市家庭住房不平等的影响机制与效应；并以北京、上海、广州、深圳为例，探讨超大城市外来人口住房模式选择的影响因素，得到主要结论如下：

第一，在中国的城市特别是超大城市，外来人口较大比例处于租住等较低的住房模式，外来人口比本地人口有着更低的住房自有率。

第二，外地和农业户籍对城市家庭住房水平有负向影响，在其他因素既定情况下，城市地区外地户口、农业户口居民的住房等级都趋低，外来人口在城市居住仍面临户籍等制度障碍。在户籍间的住房等级不平等中，对外地

---

① 根据 2013 ~ 2019 年《中国统计年鉴》35 个大中城市商品房平均销售价格计算。

户口和农业户口居民的户籍歧视效应占主导地位；而在户籍间的住房面积不平等中，外地户口和农业户口居民的禀赋效应占主导地位。外地户口居民的住房水平较低并非由于其人力资本、家庭收入这类"努力"因素不够高，而是由户籍、家庭人口学特征、所处城市特征等因素趋弱造成；而农业户口居民的住房水平较低是由"努力"因素和"环境"因素都趋弱叠加造成。

第三，个体人力资本、家庭收入这类"努力"因素对提高住房等级和住房面积起正向作用。

第四，城市规模、人口流动、土地供给、房地产限购政策等城市特征对城市居民住房水平有显著影响。相对于生产率效应，城市规模与人口流动对住房水平影响的生活成本效应占主导地位，城市常住人口规模越大，居民住房等级趋低；城市流动人口占比越大，居民住房等级和住房面积都趋低。城市土地供给的增长有助于提升居民住房等级和住房面积，而房地产限购政策并不利于居民住房等级的提升。

第五，在相同的家庭特征下，北京比广州有着更低的多套住房自有率，深圳比广州有着更低的单套住房自有率，而上海与广州在住房模式选择上没有显著的地区差异。在房价越高的超大城市，居民越倾向于租赁房这种较低的住房模式。

对此，要改善包括外来人口在内的全体城市居民的住房状况，建议采用如下对策：

一是对于包括户籍在内的"环境"因素所造成的住房不平等应该实行"补偿原则"。缩小城市家庭住房不平等需进一步消除户籍制度障碍，让进城的外地居民、农业户口居民在购房、申请保障性住房、申请住房贷款、使用公积金、与住房相关的基本公共服务等方面享受与本地居民同等的待遇。一方面，要将外来人口纳入城镇住房保障体系，加强并合理布局经济适用房、廉租房、公租房等保障性住房建设，适当放宽保障性住房的申请条件，使之向外来人口、低收入人群倾斜。另一方面，针对大城市较多外来人口聚居于租赁房的状况，需进一步完善"租购同权"政策，让租房者也能同等享受城市社区基本公共服务。

二是对于"努力"因素造成的住房不平等应该实行"回报原则"。应尊重市场机制作用，让包括外地居民、农业户口居民在内的全体城市居民可凭借自身人力资本和收入水平获得改善居住状况所应有的回报。特别是要基于市场机制，发挥个人人力资本改善其居住状况的作用，破解有住房刚性需求者的购房障碍，让受教育程度较高的外来人口能依靠自身禀赋突破户籍等制度藩篱，改善其住房条件。

三是人口往城市集聚、城市人口规模扩张是必然趋势。全面增进居民住房福利、改善城市人居环境和减轻超大城市房价过快上涨压力的着力点不是限制城市规模，而是实施"人地挂钩"政策，增加大城市的土地供应，让城市建设用地增加规模同城市常住人口扩张规模相匹配，使城市新增建设用地指标、住宅用地指标与城市新增常住人口数量和增速相一致，建立促进房地产市场平稳健康发展的长效机制，提高城市综合承载力，实现人口与土地资源的空间合理配置。

第六章 市民化中的公共服务均等化

第一节 市民化与基本公共服务均等化

一、农业转移人口市民化的实施背景

在中国新型城镇化发展进程中，大量人口从农村流向城市，由从事农业转向非农业。据统计，2018 年中国农民工总量达 2.88 亿人①，相当于全国总人口的 1/5。这些农业转移人口在城市的集聚，极大地推动了城市经济的发展。然而，大部分的农业转移人口及其随迁家属尚未能在教育、医疗、养老、社会保障和保障性住房等基本公共服务方面享有与城市户籍居民同等待遇，未能共享城市经济发展的成果。这使得城市内部出现新的二元结构，不利于劳动力的自由流动，影响城市生产率的持续提高，并诱发农村留守儿童安置等诸多社会问题。对此，促进农业转移人口市民化，实现基本公共服务常住人口全覆盖，这是关乎推进以人为核心的新型城镇化、促进发展更平衡更充分、维护社会公平正义的关键。

党的十九大报告提出，在实施区域协调发展战略中，要以城市群为主体构建大中小城市和小城镇协调发展的城镇格局，加快农业转移人口市民化。《国务院关于进一步推进户籍制度改革的意见》（2014）提出农业转移人口市民化的阶段性目标，即到 2020 年建立与全面建成小康社会相适应的新型户籍制度，促进有能力在城镇稳定就业和生活的常住人口有序实现市民化，努力实现 1 亿左右农业转移人口和其他常住人口在城镇落户，稳步推进城镇基本公共服务常住人口全覆盖。《国家新型城镇化规划（2014－2020 年）》提出

---

① 国家统计局《2018 年农民工监测调查报告》。

有序推进农业转移人口市民化的政策举措，即通过健全农业转移人口落户制度、实施差别化落户政策，推进符合条件农业转移人口落户城镇；推进农业转移人口享有教育、医疗、社会保障、住房保障等城镇基本公共服务；建立健全农业转移人口市民化推进机制。

农业转移人口市民化已成为中国城乡一体化发展的必然要求，并符合共享发展成果的社会共识，而如何推动农业转移人口市民化却是摆在全社会面前的一个棘手问题。农业转移人口市民化不仅仅是一个户籍转变的问题，更是一个社会福利分配的问题，其背后关乎城市居民与农村居民等不同群体之间的利益分配，涉及人口流入地与流出地政府之间的成本分担，从这个意义上说，农业转移人口市民化本质上是如何配置公共财政等资源以便促进基本公共服务均等化的问题。而财政支持政策恰是推动农业转移人口市民化、促进基本公共服务均等化的重要着力点。

广东，作为外来劳动力的主要流入地，也是农业转移人口数量最多的省份。据统计，2014 年广东地区的流动人口有 3495 万人，其中来自省外有 2433 万人①。《广东省人民政府关于进一步推进户籍制度改革的实施意见（2015）》提出到 2020 年努力实现 1300 万左右的农业转移人口和其他常住人口在广东省城镇落户的目标。广东地区的农业转移人口市民化的任务尤其艰巨。在广东省有限的地方财力与庞大的城市常住人口规模不匹配的情况下，制定怎样的支持政策才能有效促进广东地区的农业转移人口市民化，同时平衡不同人群的利益，十分考验政策制定者的智慧。广东为此作出努力，于 2017 年印发《广东省推动非户籍人口在城市落户实施方案》，提出相应的举措，包括深化户籍制度改革，加速破除广东省内城乡区域间户籍迁移壁垒，加快完善财政、土地、社保等配套政策，积极有序推进非户籍人口在城市落户；加大对农业转移人口市民化的财政支持力度并建立动态调整机制；探索建立财政性建设资金对吸纳农业转移人口较多城市基础设施投资的补助机制等。

本章在农业转移人口市民化背景下，分析城市外来人口共享流入地城市基本公共服务的问题，并以广东省为例，分析农业转移人口市民化的财政支持状况及相应对策。一是有助于促进农业转移人口市民化，加快实现基本公共服务常住人口全覆盖，推进以人为核心的新型城镇化，加快全面建成高质量小康社会；二是有助于健全支持农业转移人口市民化的财政政策体系，优

---

① 佚名. 广东户籍改革现状：广深难进　小城市吸引力不够［N］. 第一财经日报，2015 - 07 - 08.

化广东财政支出结构，提高财政资金的使用效率，并兼顾公平；三是有助于促进要素资源的有效流动，优化特大城市与一般大中城市的人口布局，促进区域间公共资源共享，推动区域经济协调发展。

二、基本公共服务均等化是农业转移人口市民化的核心内容

"农业转移人口"是指户籍仍在农村，而在当地乡镇从事非农产业或已从农村迁移至城镇工作的农业人口。其中，"转移"一方面体现职业的转换，即由从事农业转向从事非农产业；另一方面体现地域的转移，即由农村转移到城镇，这既有就地转移，也有异地转移，既包括从农村迁移至城镇就业定居的人口，也包括在城乡之间来回流动的人口。"农业转移人口"以往一般称为"农民工"，根据国家统计局的定义，农民工指户籍仍在农村、从事非农产业6个月及以上的劳动者。其中，本地农民工指在户籍所在乡镇地域以内从业的农民工；外来农民工指在户籍所在乡镇地域外从业的农民工。本章按城市地区持有农业户口或本县区以外户口的人界定为城市外来人口，农业转移人口是城市外来人口构成的主体。

农业转移人口并非我国特有，西方市场经济国家在城市化过程中，同样出现大量的农业转移人口，只是在西方市场经济国家中城乡人口转移大多呈现出"职业、地域转移与身份变化同步、合一"的特征。而我国的城市化在户籍等制度的约束下，大多表现为农业转移人口"职业、地域非农化"与"身份市民化"的分离，即农业转移人口已实现从农业到非农业的职业转换、从农村到城镇的地域转移，但并未实现从农民到市民的身份转变。继而提出要推动农业转移人口市民化的问题。

"农业转移人口市民化"有狭义和广义之分。狭义的"农业转移人口市民化"是指从农村进入城市的农业转移人口成为城市户籍居民或与城市户籍居民享有同等待遇。广义的"农业转移人口市民化"是指农业转移人口与城市居民在生存职业、社会身份、自身素质和意识行为等方面实现无差别，这既包括社会福利等待遇层面的无差别，也包括社会认知等心理层面的无差别。根据中国对农业转移人口市民化的政策目标，一般认为，农业转移人口市民化是指推进农业转移人口获得与城市居民相同的合法身份、社会权利和福利待遇的过程。采用的是其狭义的定义，关注的重点在于逐步让农业转移人口享有与城市户籍居民同等的福利待遇，逐步把符合条件的农业转移人口转为

城镇居民的过程。

从表面上看，对农业转移人口市民化的判断通常是看其是否拥有工作生活所在城市的户籍。而户籍除了人口管理功能外，其主要作用在于对人群做区分，使公共服务和社会福利在不同的人群之间进行配置。农业转移人口与城市居民的身份差异所引发的诸多社会问题的根源并不在于户籍制度本身，而在于户籍背后所隐含的公共服务不均等的经济问题。从这个意义上说，农业转移人口市民化的核心内容实际上是基本公共服务均等化的问题。

公共服务均等化是指政府遵循公平原则，为社会公众提供基本的、在不同阶段具有不同标准的、最终大致均等的公共服务。公共服务均等化可从公共服务水平均等和财政能力均等两个方面衡量：公共服务水平均等强调通过财政支出调节公共服务资源的配置，使得各辖区居民享受的公共服务资源水平相当；而财政能力均等强调通过税收再分配和转移支付等方式使得各辖区人均财政收入水平相对均等。公共服务均等化涉及的范畴包括区域之间、城乡之间、居民个人之间的公共服务均等化。本章讨论的市民化进程中的基本公共服务均等化问题特指外来人口与本地居民享有的城市基本公共服务水平均等。

三、基本公共服务均等化的理论依据

农业转移人口市民化进程中的基本公共服务均等化问题研究的理论依据主要涉及公共产品理论、财政分权理论等。在公共产品理论中，布坎南俱乐部模型认为随着俱乐部成员规模的增加，准公共品在成员中的享用会产生规模效应和拥挤效应，可求解得出准公共品和享用人数的最优规模（Buchanan，1965）。在农业转移人口市民化过程中，城市公共服务的收益被更多人共享，其成本也被更多人分摊，那么理论上也存在地方政府对公共服务提供水平和市民化人口数量的最优规模。在财政分权理论中，蒂布—马斯格雷夫的分层蛋糕模型认为公共部门的稳定和分配职能应由中央财政来执行，而地方政府主要从事配置活动（Musgrave，1969）。农业转移人口涉及省内和省外的跨区流动，农业转移人口市民化既涉及跨区域公共财政资源的分配问题，又涉及本地公共服务和劳动力的配置问题，那么，农业转移人口市民化的成本应由中央财政和地方财政共同承担。蒂布模型认为地区公共服务水平会影响人们对居住地的选择，人们通过"用脚投票"，选择符合自己对公共服务偏好的社区（Tiebout，1956）。那么，在推进农业转移人口市民化的过程中，各地方政府提供公共服务的水平及其在城市常住人口中的覆盖范围将对区域间劳动力流动产生影响。

现有的关于基本公共服务均等化以及农业转移人口市民化的研究文献主要涉及三个方面：一是探讨农业转移人口与城市居民待遇的差距；二是测算农业转移人口市民化的成本；三是讨论农业转移人口市民化的财政支持政策所面临的问题和对策。

关于农业转移人口与城市居民待遇差距的研究涉及就业、收入、教育、医疗、住房等方面的不平等。在就业、收入的不平等方面，陈钊等（2009）分析认为劳动力市场的进入障碍是造成行业收入不平等的重要原因，城镇户籍的劳动者比没有城镇户籍的劳动者更易进入高收入行业。在教育、医疗的不平等方面，王春超和叶琴（2014）实证发现农民工在收入、健康、教育、医疗保险四个维度的多维贫困状况比城市劳动者更严重，收入与教育维度的贫困对农民工多维贫困的贡献率较高，农民工的教育回报显著低于城市劳动者。夏怡然和陆铭（2015）发现劳动力选择流向某个城市，不仅为了获得该城市更高的工资水平和就业机会，而且还为了享受该城市的基础教育和医疗服务等公共服务，公共服务均等化政策可以在一定程度上缓解人口向公共服务水平好且工资水平也高的大城市集聚的状况，促使劳动力的空间分布更加均匀化。在住房的不平等方面，郑思齐和曹洋（2009）实证发现"城中村"中移民的劳动力产出增长速度明显低于普通住房社区中的移民，恶劣的居住环境阻碍了农民工劳动力产出的提高，对经济增长存在负面影响，加剧了社会分割和贫富分化。此外，王震（2015）进一步分析影响农民工城市融入的因素，发现高端农民工、老一代农民工及已婚、教育程度较高、拥有现代型社会资本的农民工的城市融入度较高，省级大城市和县级小城市的农民工的融入度显著高于地级中等城市的农民工。

关于农业转移人口市民化的成本测算，不同的研究结果不一，大部分研究得出农业转移人口市民化的人均成本在 8 万 ~ 13 万元。具体而言，中国社科院（2013）得出就全国而言，农民工市民化的人均个人成本为 10.1 万元，人均公共成本为 13.1 万元。中国发展研究基金会（2010）计算中国当前农民工市民化的人均成本约为 10 万元。国务院发展研究中心（2011）基于郑州、重庆、嘉兴、武汉四个城市的调研，得出一个代表性农民工市民化的成本约为 8 万元。张国胜（2009）测算得出东部沿海地区第一代农民工与第二代农民工市民化的社会成本分别约为 10 万元与 9 万元。张继良和马洪福

（2015）测算得出江苏地区外来农民工市民化的人均成本是 12. 3 万元。周春山和杨高（2015）得出广东省农业转移人口市民化的人均总成本是 9. 4 万元。张华初等（2015）基于广东省广州市的标准，测算出农民工市民化所需要投入的人均成本为 13. 3 万元。

关于农业转移人口市民化的财政支持政策所面临的问题和对策的探讨，现有研究从财政分权、制度约束等角度切入进行分析。吕炜等（2014）指出政府推进农业转移人口市民化面临财政能力约束和财政分权的体制性约束，这需要建立市民化成本分担机制，破除市民化实现的体制性约束。孙红玲和谭军良（2014）认为建立财政转移支付同农业转移人口市民化挂钩机制，如果采取新增中央财政专项转移支付的办法，将面临按全国人均财力标准转移支付补给过低则无济于事，而按人口接纳城市户籍人均财力标准则又补给过高、中央财政不可能承受的两难选择问题。孙红玲（2011）主张构建泛珠三角、泛长三角和大环渤海三大横向财税区，依托三大财税区辅之以区域财政横向转移支付与横向均衡措施来化解农民工问题。俞雅乖（2014）认为要推动农民工市民化，需建立中央政府与地方政府之间、地方各级政府之间、输入地与输出地政府之间的财政成本分担机制。

第二节　外来人口享有城市基本公共服务状况

推动基本公共服务均等化和农业转移人口市民化，要求外来人口与本地居民平等享有城市基本公共服务。本节拟分析教育服务、医疗服务、社会保障这三项主要公共服务在城市外来人口和本地居民之间的待遇差距状况。

一、外来人口随迁子女教育面临的问题

外来人口随迁子女在流入地城市能否享有平等的受教育机会，这是实现城市基本公共服务均等化、推动农业转移人口市民化的关键一环。尽管 2018 年新修订的《义务教育法》再次明确依法保障包括流动儿童在内的适龄儿童享有平等受教育的权利，但外来人口随迁子女在流入地城市就学仍面临诸多问题。

进城务工人员随迁子女规模较大，且地域分布差异较大，主要集中于人口主要流入的省市。教育部统计的 2018 年义务教育阶段的进城务工人员随迁

子女达 1424.0 万人，占全国义务教育阶段在校学生数 14991.8 万人的 9.5%。其中，小学阶段的进城务工人员随迁子女为 1048.4 万人，占全国小学阶段在校学生数的 10.1%；初中阶段的进城务工人员随迁子女为 375.6 万人，占全国初中阶段在校学生数的 8.1%。[①] 另外，2018 年在农村地区义务教育阶段的留守儿童也达 1474.4 万人[②]，这些留守儿童将来也有可能随父母进城，形成对城市地区义务教育的需求压力。作为人口流入大省的广东，就学的随迁子女比例更是高于全国水平。2017 年底，广东省义务教育阶段的随迁子女达 446.1 万人，占广东省义务教育阶段在校生数的 34.4%，约占全国义务教育阶段随迁子女总数的 1/3。广东省珠三角地区九个地级市义务教育阶段的随迁子女为 365.3 万人，占广东省随迁子女数的 81.9%。其中，广州、深圳、中山、东莞四个地级市则集中了 254.4 万随迁子女，占广东省随迁子女数的 57.0%，这与广东东西两翼、粤北山区相比，具有明显的地域差异性。[③]

　　进城务工人员随迁子女入读公办学校较为困难，面临各种入学和升学门槛。图 6 - 1 反映农民工随迁子女在公办和民办学校就读比例情况。2018 年，3 ~ 5 岁农民工随迁子女入园率为 83.5%，其中，26.0% 在公办幼儿园，35.2% 在普惠性民办幼儿园。义务教育阶段随迁子女在校率为 98.9%。其中，小学阶段的随迁子女有 82.2% 在公办学校就读，11.6% 在有政府支持的民办学校就读；初中阶段的随迁子女有 84.1% 在公办学校就读，10.0% 在有政府支持的民办学校就读。尽管农民工随迁子女入读公办学校的比例维持在 80% 左右，但仍低于本地居民子女入读公办学校的比例。外来人口随迁子女要入读流入地的公立学校，一般需交纳高额赞助费或借读费，或者需获得当地户口，还需面临暂住证、户口证、房产证、纳税证明等各种入学门槛；并且，随迁子女完成小学阶段义务教育后如需要继续接受初中教育，仅依靠暂住证往往难以再次获得入学资格，这使得 "小升初" 阶段有大量流动儿童返乡上学。而城市地区的公立学校教育质量一般高于其他类型的学校，随迁子女入读公办学校比例较低，这不利于随迁子女义务教育阶段教育质量的提高。

　　根据 2017 年对全国农民工家长的抽样调查数据，如图 6 - 2 所示，就读费用高、本地升学难、子女没人照顾被认为是义务教育阶段农民工随迁子女

---

①② 　教育部 "2018 年教育统计数据"。

③ 　孙小鹏，刘慧婵. 广东随迁子女在校生活约占全国三成［N］. 信息时报，2018 - 07 - 15（A3）.

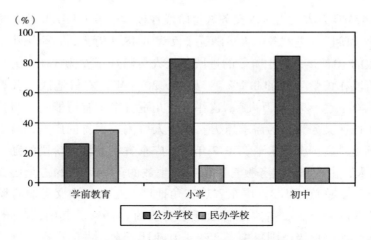

图 6 - 1　农民工随迁子女在公办学校和民办学校就读比例

资料来源：国家统计局《2018 年农民工监测调查报告》。

上学面临的三个最突出的问题，认同率分别为 26.4%、24.4% 和 23.8%。包括农民工在内的外来人口随迁子女入读公立学校往往需交纳较高的赞助费或借读费，再加上每年上千元的学费、书本费等支出，随迁子女在城市就读的费用较高。由于缺乏本地户口，随迁子女本地升学、参加高考仍面临需提供额外证明材料、名额指标限制等门槛条件。外来人口中较多是独自进城打工，其父母不在身边，子女在流入地上学没人照顾也是一个问题，这让作为家长的外来人口倍感压力。此外，学校距离远/交通不便、学习成绩不好、师资条件不好、在本地不能参加高考等也被认为是义务教育阶段农民工随迁子女上学面临的主要问题，认同率分别为 14.4%、11.7%、10.6%、9.5%。

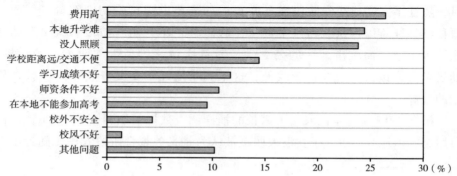

图 6 - 2　义务教育阶段农民工随迁子女上学面临的主要问题

资料来源：国家统计局《2017 年农民工监测调查报告》。

可见，外来人口随迁子女在流入地城市的受教育机会仍面临一定的歧视。户籍制度限制了外来人口参与包括城市教育资源在内的公共资源分配过程，客观上导致教育机会的不平等。而基于户籍制度的地区间教育资源分割实际上限制了外来人口下一代的人力资本积累，在一定程度上固化了外来人口及其子女的社会经济地位。究其原因，随着中国城镇集聚水平的不断提升，教育资源的空间分配不均也日趋显现，优质教育资源具有城市偏向性，特别是重点中小学的教学资源向大城市集聚，而农村教育资源和教育质量与城市相比有较大差距。在大量人口从农村流向城市、从小城市流向大城市的过程中，如果让所有随迁子女与城市本地居民子女同等分享城市优质教育资源，势必加剧大城市优质教育资源的稀缺性，会对流入地财政支付能力带来较大负担。出于地方利益的考虑，流入地城市往往不愿承担外来人口随迁子女的教育成本，而以户籍等作为身份的区分，一定程度上限制外来人口随迁子女入读城市本地学校，诱发城市教育资源在外来人口与本地居民之间的配置不均等问题。

二、外来人口的医疗需求状况

围绕城市基本公共服务均等化的目标，外来人口与本地居民应该平等地享有城市基本医疗服务。为考察城市外来人口的医疗需求状况及其与本地居民之间享有基本医疗服务的差异，现使用 2014 年、2016 年中国劳动力动态调查（CLDS）中城市地区 16 岁以上成年人口数据做分析，有效样本数为 13726 个。其中，按城市地区持有农业户口或本县区以外户口的人界定为外来人口，外来人口样本数为 5292 个，平均年龄为 39 岁；本地居民样本数为 8434 个，平均年龄为 44 岁。根据样本数据，下文拟从健康状况、医疗费用开支、就诊医疗机构选择等方面分析外来人口医疗需求状况。

在健康状况方面，图 6-3 反映城市外来人口和本地居民的自评健康状况，自评健康状况从"非常不健康"至"非常健康"依次赋值 1~5 分。外来人口自评健康状况的均值为 3.84 分，本地居民自评健康状况的均值为 3.76 分，即处于"一般"（3 分）至"健康"（4 分）的水平。外来人口的自评健康状况略高于本地居民，这在一定程度上受到外来人口样本的平均年龄小于本地居民样本的影响。划分不同年龄段来看，外来人口和本地居民的自评健康状况随着年龄的增长呈下降趋势，在 16~30 岁和 41~50 岁两个年龄段，外来人口的自评健康状况低于本地居民；而在 31～40 岁、51～60 岁、60 岁以上三个年龄段，外来人口与本地居民的自评健康状况大致持平。

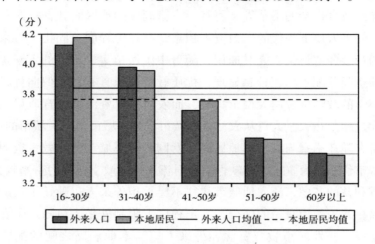

图 6－3　不同年龄段人口的自评健康状况

资料来源：2014 年、2016 年中国劳动力动态调查（CLDS）样本数据测算。

　　从图 6－4 反映的外来人口和本地居民两周内的患病率看，外来人口两周内的平均患病率为 8.8%，而本地居民两周内的平均患病率为 7.3%，外来人口的平均患病率比本地居民要高。在各个年龄段，外来人口两周内的患病率也都比对应年龄段的本地居民的患病率要高。其中，16～30 岁、60 岁以上两个年龄段，外来人口的患病率与本地居民差距较大：16～30 岁外来人口的患病率为 8.6%，该年龄段的本地居民的患病率为 5.6%；60 岁以上外来人口的患病率为 12.9%，该年龄段的本地居民的患病率为 8.9%。可见，各年龄段的外来人口的健康状况相对弱于本地居民，特别是 30 岁以下青年和 60 岁以上老年外来人口的健康状况较大幅度弱于本地居民。

　　在医疗费用开支方面，图 6－5 反映外来人口和本地居民医疗费用自付比例情况。在本样本 556 个过去两周患病就诊人口中，外来人口过去两周看病平均花费 2004 元，其中平均自付 1043 元；本地居民过去两周看病平均花费 2800 元，其中平均自付 1507 元；外来人口看病费用自付比例均值为 58.0%，本地居民看病费用自付比例均值为 56.5%。在本样本 757 个过去一年患病住院人口中，外来人口住院平均花费 17345 元，其中平均自付 9248 元；本地居民住院平均花费 21671 元，其中平均自付 11485 元；外来人口住院费用自付比例均值为 52.2%，本地居民住院费用自付比例均值为 51.2%。可见，外来

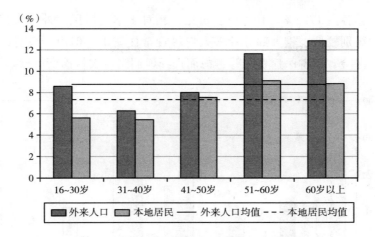

图6-4 不同年龄段人口两周内的患病率

资料来源：2014年、2016年中国劳动力动态调查（CLDS）样本数据测算。

人口平均看病费用和住院费用都比本地居民要低，而外来人口平均看病费用和住院费用自付比例都比本地居民要高。

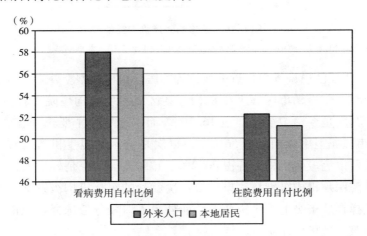

图6-5 医疗费用自付比例

资料来源：2014年、2016年中国劳动力动态调查（CLDS）样本数据测算。

在就诊医疗机构选择方面，图6-6反映样本中两周内患病人口第一次就诊的医疗机构类型。外来人口最主要在诊所/村卫生室就诊，占就诊外来人口数的26.2%；其次是在县区属卫生机构就诊，占21.3%；再次是省辖市/地区/直辖市区属卫生机构就诊，占19.2%。而本地居民最主要在省辖市/地区/直辖市区属卫生机构就诊，占34.5%；其次是县区属卫生机构、社区卫生服务中心，各占 17.2%、16.1%。可见，相对于本地居民，外来人口就诊的医疗机构级别较低，较大部分外来人口尽管常住城市，但出于没有纳入城镇基本医疗保险、节省医疗费用等考虑而选择返回附近农村诊所就诊。

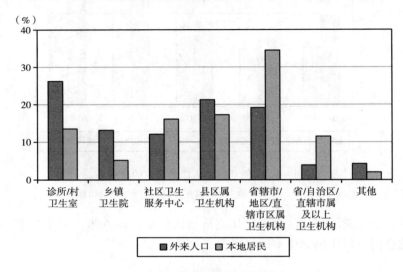

图 6 - 6　就诊的医疗机构类型

资料来源：2014 年、2016 年中国劳动力动态调查（CLDS）样本数据测算。

图 6 - 7 反映患病人口最近一次住院的医疗机构类型。外来人口主要选择在省辖市/地区/直辖市区属卫生机构、县区属卫生机构住院，各占 35.0%、33.1%；其次是乡镇卫生院，占 16.7%。而本地居民主要选择在省辖市/地区/直辖市区属卫生机构，占 56.0%；再次是县区属卫生机构、省/自治区/直辖市属及以上卫生机构，各占 20.2%、17.2%。无论是外来人口和本地居民，其住院医疗机构级别都比患病第一次就诊的医疗机构级别高。本地居民较集中选择在地市级卫生机构住院，而外来人口较分散选择在地市级、县区级、乡镇级卫生机构住院。

综合以上分析可以推断，由于城市地区对外来人口基本医疗保障的覆盖程度普遍低于本地居民，外来人口往往面临异地就医结算等困难，所以相对于本地居民，外来人口倾向于选择在较低级别的医疗机构就诊或住院，节约医疗费用开支。而较多外来人口没有参加城镇本地医疗保险，这导致外来人口医疗费用自付比例平均比本地居民要高。外来人口中较大比例的农民工较多从事高强度、长时间、环境差的体力劳动工作，有些还需接触粉尘、有毒气体，处于高噪音、高空环境等，这对其健康产生一定的耗损效应，表现为

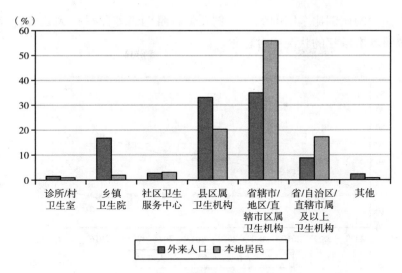

图 6 - 7　住院的医疗机构类型

资料来源：2014 年、2016 年中国劳动力动态调查（CLDS）样本数据测算。

各个年龄的外来人口两周内的平均患病率比本地居民要高，相同年龄段的外来人口的健康状况普遍弱于本地居民。

三、外来人口的社会保障参保状况

让城市社会保障制度除覆盖本地居民外也能覆盖外来人口，提高外来人口的社会保险参保率，这是推动城市基本公共服务均等化和农业转移人口市民化进程的重要体现。图 6 - 8 至图 6 - 11 反映 2008 ~ 2017 年农民工和全国人口参加城镇基本医疗保险、城镇职工基本养老保险、失业保险、工伤保险这四项基本社会保险的情况。

在城镇基本医疗保险方面，如图 6 - 8 所示，参加城镇基本医疗保险的农民工从 2008 年的 4266 万人增加到 2017 年的 6225 万人，而参加城镇基本医疗保险的农民工占农民工总量的比例各年维持在 19% 左右，没有明显的增长趋势。全国参加城镇基本医疗保险人数占总人口的比例从 2008 年的 24.0%上升至 2016 年的 53.8%，再上升至 2017 年的 84.7%[①]。农民工参加城镇基

---

① 2017 年基本医疗保险的统计口径包括职工基本医疗和城乡居民基本医疗保险，城乡居民基本医疗保险合并城镇居民基本医疗保险和新型农村合作医疗，而 2008 ~ 2016 年的统计口径包括职工基本医疗和城镇居民基本医疗保险，所以 2017 年数据增长幅度较大。

本医疗保险的比例比全国的参保比例要低，且两者差距呈扩大趋势，农民工享有城镇基本医疗的状况相对恶化。

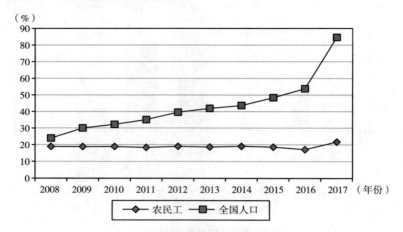

图 6 - 8 参加城镇基本医疗保险的比例

资料来源：2008 ~2017 年度《人力资源和社会保障事业发展统计公报》、2018 年《中国统计年鉴》。

在城镇职工基本养老保险方面，如图 6 - 9 所示，参加城镇职工基本养老保险的农民工从 2008 年的 2416 万人增加到 2017 年的 6202 万人，参加城镇职工基本养老保险的农民工占农民工总量的比例呈逐年上升趋势，从 2008 年的 10.7% 上升至 2017 年的 21.7%。全国参加城镇职工基本养老保险人数占总人口的比例从 2008 年的 16.5% 上升至 2017 年的 29.0%。相对于全国的参保比例，农民工参加城镇职工基本养老保险的比例较低。

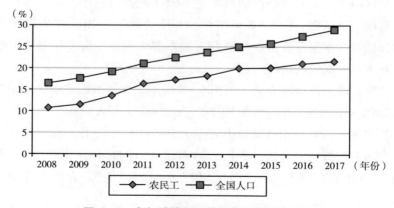

图 6 - 9 参加城镇职工基本养老保险的比例

资料来源：2008 ~2017 年度《人力资源和社会保障事业发展统计公报》、2018 年《中国统计年鉴》。

　　在失业保险方面，如图 6 - 10 所示，参加失业保险的农民工从 2008 年的 4942 万人增加到 2017 年的 7807 万人，参加失业保险的农民工占农民工总量的比例呈逐年上升趋势，从 2008 年的 6.9% 上升至 2017 年的 17.1%。全国参加失业保险人数占全国就业人员的比例从 2008 年的 16.0% 上升至 2017 年的 24.2%。相对于全国的参保比例，农民工参加失业保险的比例较低。

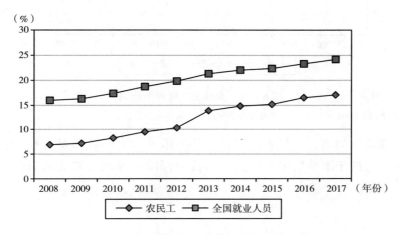

图 6 - 10　参加失业保险的比例

资料来源：2008～2017 年度《人力资源和社会保障事业发展统计公报》。

　　在工伤保险方面，如图 6 - 11 所示，参加工伤保险的农民工从 2008 年的 4942 万人增加到 2017 年的 7807 万人，参加工伤保险的农民工占农民工总量的比例呈先缓慢上升而在 2013 年后略有下降的趋势，平均在 26% 的比例水平。而全国参加工伤保险人数占全国就业人员的比例呈持续上升趋势，从 2008 年的 17.8% 上升至 2017 年的 29.3%。在 2008～2014 年，农民工参加工伤保险的比例高于全国的参保比例，这与农民工较多从事体力劳动，其工作单位更多地愿意为其购买工伤保险以防意外纷争有关。而 2015 年后农民工参加工伤保险的比例降至低于全国的参保比例，这反映农民工享有工伤保险的状况在 2015～2017 年相对恶化。

　　综合来看，中国正不断完善社会保险的覆盖范围，医疗保险、养老保险、失业保险、工伤保险等基本社会保险的参保率呈上升趋势。虽然现行的城镇企业职工基本医疗保险和养老保险在制度上规定要覆盖包括农民工在内所有城镇企业的劳动者，但在实际执行中，由于存在跨区域社保缴费

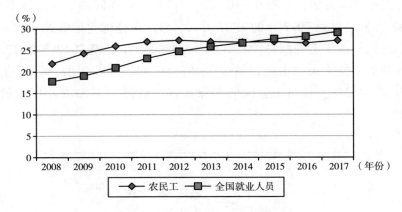

图 6 - 11　参加工伤保险的比例

资料来源：2008～2017 年度《人力资源和社会保障事业发展统计公报》。

难、转移难等问题，包括农民工在内的城市外来人口各项基本社会保险的参保率普遍低于本地居民，距离基本社会保障覆盖城市常住人口的目标仍有一定差距。

第三节　外来人口参加社会保障的影响因素实证分析

一、变量说明和描述统计

为考察城市外来人口的基本社会保障的影响因素，本节建立二分类 Pobit 模型进行实证分析，分别以是否参加医疗保险、养老保险、失业保险、工伤保险、生育保险为因变量，以户口类型、教育程度、年龄、性别、婚姻状况、健康状况、工资水平、工作单位类型、产业类型、就业身份等个体特征变量以及所在地区变量、时间变量为自变量。使用 2014 年、2016 年中国劳动力动态调查（CLDS）中城市地区过去一年有工作的 16～65 岁外来人口样本，并剔除 2014 年和 2016 年重复观察的 2014 年样本，形成混合截面数据，按城市地区持有农业户口或本县区以外户口的人口界定为外来人口，得有效样本数为 3588 个。变量说明和描述统计如表 6 - 1 所示。

表 6 - 1　　　　　　　　　**变量说明和描述统计**

类别	变量	变量说明	均值	标准差	最小值	最大值	观测值
因变量	医疗保险	参加医疗保险 = 1, 否 = 0	0.839	0.368	0	1	3588
	城镇职工基本医疗保险	参加城镇职工基本医疗保险 = 1, 否 = 0	0.261	0.439	0	1	3526
	城镇居民基本医疗保险	参加城镇居民基本医疗保险 = 1, 否 = 0	0.136	0.343	0	1	3508
	新型农村合作医疗	参加新型农村合作医疗 = 1, 否 = 0	0.550	0.498	0	1	3507
	养老保险	参加养老保险 = 1, 否 = 0	0.503	0.500	0	1	3588
	城镇职工基本养老保险	参加城镇职工基本养老保险 = 1, 否 = 0	0.183	0.386	0	1	3537
	城镇居民社会养老保险	参加城镇居民社会养老保险 = 1, 否 = 0	0.082	0.274	0	1	3510
	新型农村社会养老保险	参加新型农村社会养老保险 = 1, 否 = 0	0.208	0.406	0	1	3493
	失业保险	参加失业保险 = 1, 否 = 0	0.213	0.409	0	1	3507
	工伤保险	参加工伤保险 = 1, 否 = 0	0.250	0.433	0	1	3503
	生育保险	参加生育保险 = 1, 否 = 0	0.170	0.375	0	1	3513
自变量	户口	农业户口 = 1, 非农户口或居民户口 = 0	0.835	0.371	0	1	3588
	教育程度	受教育年限	10.183	3.679	0	22	3586
	年龄	年龄	38.132	11.455	16	65	3588
	性别	男性 = 1, 女性 = 0	0.538	0.499	0	1	3588
	婚姻状况	已婚 = 1, 否 = 0	0.791	0.407	0	1	3588
	健康状况	从"非常不健康"到"非常健康"依次取值 1~5	3.914	0.847	1	5	3584
	月工资[#]	年工资性收入/工作月数 (元)	3101	6085	0	170000	3570
	单位类型 1	党政机关/社会组织/国有集体企业事业单位	0.152	0.359	0	1	3588
	单位类型 2	民营私营/外资合资企业	0.388	0.487	0	1	3588
	单位类型 3	个体工商户/自由工作者/务农	0.460	0.498	0	1	3588

续表

类别	变量	变量说明	均值	标准差	最小值	最大值	观测值
自变量	第一产业	第一产业 =1，否 =0	0.130	0.336	0	1	3588
	第二产业	第二产业 =1，否 =0	0.265	0.441	0	1	3588
	第三产业	第三产业 =1，否 =0	0.553	0.497	0	1	3588
	就业身份1	雇员 =1，否 =0	0.620	0.485	0	1	3588
	就业身份2	雇主 =1，否 =0	0.043	0.202	0	1	3588
	就业身份3	自雇/务农 =1，否 =0	0.337	0.473	0	1	3588
	东部地区	现所在地是东部省区 =1，否 =0	0.552	0.497	0	1	3588
	中部地区	现所在地是中部省区 =1，否 =0	0.188	0.390	0	1	3588
	西部地区	现所在地是西部省区 =1，否 =0	0.261	0.439	0	1	3588
	时间变量	2016 年样本 =1，2014 年样本 =0	0.576	0.494	0	1	3588

注：在实证模型中，月工资采用对数形式。

按是否参加医疗保险、养老保险、失业保险、工伤保险、生育保险分别生成五个虚拟变量；根据医疗保险的主要类型，按是否参加城镇职工基本医疗保险、城镇居民基本医疗保险、新型农村合作医疗分别生成三个虚拟变量；根据养老保险的主要类型，按是否参加城镇职工基本养老保险、城镇居民社会养老保险、新型农村社会养老保险分别生成三个虚拟变量。在医疗保障方面，城市外来人口中有83.9%参加医疗保险，城市本地居民中有88.1%参加医疗保险，在城市劳动力中，外来人口参加医疗保险的比例比本地居民略低。所参加的医疗保险类别包括城镇职工基本医疗保险、城镇居民基本医疗保险、新型农村合作医疗、城乡居民医疗保险、公费医疗或劳保医疗、单位补充医疗保险、公务员医疗补助、商业医疗保险中的一项或多项。其中，外来人口中有26.1%参加城镇职工基本医疗保险，有13.6%参加城镇居民基本医疗保险，有55.0%参加新型农村合作医疗，城市外来人口保留参加农村基本医疗保障仍占多数。

在养老保障方面，城市外来人口中有50.3%参加养老保险，城市本地居民中有72.5%参加养老保险，在城市劳动力中，与本地居民相比，外来人口的养老保险覆盖率明显偏低。所参加的养老保险类别包括城镇职工基本养老保险、城镇居民社会养老保险、新型农村社会养老保险、城乡居民养老保险、单位退休金/机关事业单位养老保险、企业补充养老保险、商业性养老保险中的一项或多项。其中，外来人口中有 18.3% 参加城镇职工基本养老保险，有 8.2% 参加城镇居民社会养老保险，有 20.8% 参加新型农村社会养老保险，外来人口参加城镇职工基本养老保险与参加新型农村社会养老保险的比例相当。在失业、工伤、生育保障方面，城市外来人口中分别有 21.3%、25.0%、17.0% 参加失业保险、工伤保险、生育保险，该参保比例均比城市本地居民约低 20 个百分点。

在本样本的外来人口中，持农业户口的占 83.5%，平均受教育年限是 10.2 年，平均年龄是 38 岁，男性占 53.8%，已婚者占 79.1%，平均健康状况处于"健康"水平，平均月工资是 3101 元。外来人口在党政机关、社会组织、国有集体企业事业单位等体制内单位就业的占 15.2%，在民营私营企业、外资合资企业等体制外单位就业的占 38.8%，在个体工商户、自由工作者、务农等非正规部门就业的占 46.0%。外来人口依次有 13.0%、26.5%、55.3% 从事第一产业、第二产业、第三产业。其就业身份是雇员的占 62.0%，雇主占 4.3%，自雇或务农占 46.0%。现所在地是东部省份的样本占 55.2%，中部省份的样本占 18.8%，西部省份的样本占 26.1%。2016 年的样本占 57.6%，2014 年的样本占 42.4%。

二、实证模型

因变量"是否参加社会保险"（security）是虚拟变量，宜运用二分类 Probit 模型进行分析。实证模型表示如下。个体 i 参加社会保险的事件发生的概率表示为式（4-29），记为 $F(\beta' x_i)$；个体 i 参加社会保险的事件不发生的概率记为 $1 - F(\beta' x_i)$。其中，式（6-1）为标准正态分布的概率密度函数。x 是可能影响受访者是否参加社会保险的自变量向量，包括户口类型、教育程度、年龄、性别、婚姻状况、健康状况、工资对数、工作单位类型（以民营私营/外资合资企业为参照）、产业类型（以第三产业为参照）、就业身份（以自雇/务农为参照）、所在地区（以西部地区为参照）、时间变量。β 是未知参数向量。

$$p_i = \Pr(security_i = 1 | x) = \int_{-\infty}^{\beta' x_i} \phi(t)\, \mathrm{d}t \qquad (6-1)$$

$$\phi(t) = \frac{1}{\sqrt{2\pi}}e^{\frac{-t^2}{2}} \tag{6-2}$$

任意一个样本点 i 对似然函数的贡献为：

$$f(security_i \,|\, x_i, \beta) = \big[F(\beta' x_i) \big]^{security_i} \big[1 - F(\beta' x_i) \big]^{1-security_i} \tag{6-3}$$

全部样本点的似然函数为：

$$L = \prod_{i=1}^{N} f(security_i \,|\, x_i, \beta) = \prod_{i=1}^{N} \big[F(\beta' x_i) \big]^{security_i} \big[1 - F(\beta' x_i) \big]^{1-security_i}$$

$$\tag{6-4}$$

对式（6-4）两边取对数，得到全样本的对数似然函数为：

$$\ln L = \sum_{i=1}^{N} \big\{ security_i \ln \big[F(\beta' x_i) \big] + (1 - security_i) \ln \big[1 - F(\beta' x_i) \big] \big\}$$

$$= \sum_{security_i = 1} \ln \big[F(\beta' x_i) \big] + \sum_{security_i = 0} \ln \big[1 - F(\beta' x_i) \big] \tag{6-5}$$

由此，运用极大似然估计法可得出概率 p_i 中的参数 β'，即得出各自变量对个体 i 参加社会保险的概率 p_i 的影响。

三、基本医疗保障的实证结果分析

基于本节实证模型，使用城市外来人口样本，分别以是否参加医疗保险、城镇职工基本医疗保险、城镇居民基本医疗保险、新型农村合作医疗为因变量，使用二分类 Probit 模型，运用极大似然估计法，依次得估计结果如表 6-2 所示。

表6-2　　　　　　外来人口是否参加医疗保障的估计结果

变量	医疗保险 (1)	城镇职工基本 医疗保险 (2)	城镇居民基本 医疗保险 (3)	新型农村合作医疗 (4)
户口	0.2821 *** (0.079) [0.0707]	-0.7328 *** (0.074) [-0.2225]	-0.6454 *** (0.075) [-0.1547]	1.6570 *** (0.092) [0.5397]
教育程度	0.0802 *** (0.009) [0.0183]	0.1127 *** (0.010) [0.0280]	0.0619 *** (0.010) [0.0116]	-0.0207 ** (0.008) [-0.0082]

续表

变量	医疗保险 （1）	城镇职工基本 医疗保险 （2）	城镇居民基本 医疗保险 （3）	新型农村合作医疗 （4）
年龄	0.0121 *** （0.003） ［0.0027］	0.0056 * （0.003） ［0.0014］	0.0141 *** （0.003） ［0.0026］	− 0.0054 ** （0.003） ［− 0.0022］
性别	− 0.0247 （0.054） ［− 0.0056］	− 0.0961 * （0.057） ［− 0.0240］	− 0.0793 （0.059） ［− 0.0149］	− 0.0021 （0.049） ［− 0.0008］
婚姻状况	0.2722 *** （0.072） ［0.0672］	0.1508 ** （0.076） ［0.0359］	0.0045 （0.081） ［0.0008］	0.1480 ** （0.067） ［0.0590］
健康状况	0.0292 （0.032） ［0.0067］	0.0183 （0.035） ［0.0045］	0.0398 （0.035） ［0.0075］	− 0.0099 （0.029） ［− 0.0040］
月工资对数	0.0014 （0.004） ［0.0003］	0.0174 *** （0.005） ［0.0043］	0.0009 （0.004） ［0.0002］	− 0.0058 * （0.003） ［− 0.0023］
单位类型1	0.2978 *** （0.092） ［0.0606］	0.4100 *** （0.075） ［0.1156］	− 0.0798 （0.083） ［− 0.0145］	− 0.3458 *** （0.078） ［− 0.1371］
单位类型3	− 0.1509 * （0.084） ［− 0.0346］	− 0.8251 *** （0.101） ［− 0.1989］	− 0.3242 *** （0.104） ［− 0.0601］	0.2588 *** （0.079） ［0.1026］
第一产业	0.3065 *** （0.098） ［0.0616］	− 0.1305 （0.169） ［− 0.0309］	− 0.5152 *** （0.127） ［− 0.0760］	0.2901 *** （0.087） ［0.1135］
第二产业	0.1549 ** （0.068） ［0.0340］	0.1976 *** （0.065） ［0.0514］	− 0.0673 （0.071） ［− 0.0124］	0.0801 （0.059） ［0.0318］
就业身份1	− 0.1413 （0.095） ［− 0.0316］	0.1505 （0.126） ［0.0368］	− 0.3267 *** （0.116） ［− 0.0643］	0.0379 （0.089） ［0.0151］
就业身份2	− 0.0440 （0.139） ［− 0.0102］	− 0.0466 （0.173） ［− 0.0114］	0.1472 （0.138） ［0.0299］	− 0.0242 （0.129） ［− 0.0096］
东部地区	− 0.0759 （0.067） ［− 0.0172］	0.4529 *** （0.075） ［0.1101］	0.2011 *** （0.072） ［0.0373］	− 0.2334 *** （0.059） ［− 0.0926］

续表

变量	医疗保险 （1）	城镇职工基本 医疗保险 （2）	城镇居民基本 医疗保险 （3）	新型农村合作医疗 （4）
中部地区	−0. 0711 （0. 081） ［−0. 0166］	−0. 0049 （0. 096） ［−0. 0012］	−0. 0180 （0. 093） ［−0. 0033］	0. 1218 （0. 074） ［0. 0483］
时间变量	0. 2721 *** （0. 053） ［0. 0634］	0. 0875 （0. 057） ［0. 0216］	0. 3132 *** （0. 060） ［0. 0572］	0. 1501 *** （0. 049） ［0. 0597］
常数项	−0. 8427 *** （0. 262）	−2. 0066 *** （0. 294）	−1. 8157 *** （0. 297）	−1. 0894 *** （0. 243）
观测值	3564	3504	3486	3486
似然值	189. 5	1343. 1	324. 5	963. 2

注：*** 、** 、* 分别表示1% 、5% 、10% 的显著性水平；不带括号的数值是估计系数，带圆括号的数值是标准误，带方括号的数值是边际效应。

在户籍因素的影响方面，外来人口中持农业户口者参加医疗保险的概率显著比持非农户口或居民户口者要高，这主要原因是进城的农业户口者大多保留参加新型农村合作医疗。从三类主要医疗保险的参保情况看，在其他因素既定的情况下，外来人口中的非农户口或居民户口者参加城镇职工基本医疗保险、城镇居民基本医疗保险的概率显著比农业户口者要高，分别高22.3%、15.5%；而城市的农业户口者参加新型农村合作医疗的概率显著比持非农户口或居民户口的外来人口要高。可见，进城的农业户口者参加城镇基本医疗保障体系仍存在困难，外来人口享有城镇基本医疗保障仍存在户籍的歧视性因素。

在人口学特征的影响方面，受教育程度越高的外来人口参加医疗保险的概率越高，这主要表现为其参加城镇职工基本医疗保险、城镇居民基本医疗保险的概率高，而受教育程度越高的外来人口参加新型农村合作医疗的概率越低。个人受教育程度的提高对于外来人口享有城镇基本医疗保障有促进作用。随着年龄的增长，外来人口参加医疗保险的概率越来越高，这主要表现为其参加城镇职工基本医疗保险、城镇居民基本医疗保险的概率高，相应地，其参加新型农村合作医疗的概率低。换句话说，外来人口中的年轻劳动力被纳入城镇基本医疗保障体系的概率较低。外来人口中的女性参加城镇职工基本医疗保险的概率比男性要高，而外来人口参加城镇居民基本医疗保险、新型农村合作医疗的性别差异不大。外来人口中的已婚者参加医疗保险的概率较高，这主要表现为其有较大可能性参加城镇职工基本医疗保险、新型农村合作医疗。健康状况对是否参加医疗保险的影响不显著。

在就业特征的影响方面，个人工资收入水平的提高对外来人口参加城镇职工基本医疗保险有促进作用。在其他条件既定情况下，工资水平越高的外来人口有更大的可能性参加城镇职工基本医疗保险，而工资水平越低者保留参加新型农村合作医疗的概率越高。单位类型的估计结果显示，以民营私营/外资合资企业为参照，外来人口参加医疗保险的概率从高到低依次为党政机关/社会组织/国有集体企业事业单位、民营私营/外资合资企业、个体工商户/自由工作者/务农。在党政机关、社会组织、国有集体企业事业单位等体制内单位就业的外来人口参加城镇职工基本医疗保险的概率比民营私营企业、外资合资企业等体制外单位要高 11.6%；相应地，前者参加新型农村合作医疗的概率显著比后者要低。而在个体工商户、自由工作者、务农等非正规部门就业的外来人口参加城镇职工基本医疗保险、城镇居民基本医疗保险的概率分别比民营私营/外资合资企业要低 19.9%、6.0%；相应地，前者参加新型农村合作医疗的概率显著比后者要高。可见，在体制内单位、在正规部门就业的外来人口有更大的可能性享有城镇基本医疗保障。产业类型的估计结果显示，以第三产业为参照，从事第一产业的外来人口保留参加新型农村合作医疗的概率较高；从事第二产业的外来人口参加医疗保险，特别是其中的城镇职工基本医疗保险的概率显著比从事第三产业者要高；而从事第二产业与第三产业的外来人口在参加城镇居民基本医疗保险方面没有显著差异。另外，就业身份的估计结果显示，自雇和务农的外来人口参加城镇居民基本医疗保险的概率比作为雇员的外来人口要高。

在地区因素的影响方面，外来人口被纳入城乡基本医疗保障体系的概率在东、中、西部地区没有显著差异；然而，外来人口被纳入城镇基本医疗保障体系的概率在东部地区显著比中西部地区要高。外来人口参加城镇职工基本医疗保险的概率在东部省份比中部、西部省份约高 11%；其参加城镇居民基本医疗保险的概率在东部省份比中部、西部省份约高 4%。相应地，东部省份的外来人口参加新型农村合作医疗的概率比中部、西部省份要低。这反映城镇基本医疗保障体系在外来人口中的覆盖程度存在区域发展不平衡，经济条件较好的东部省份的城镇基本医疗保障的覆盖程度比中西部省份要高。另外，2016 年外来人口样本参加医疗保险以及其中的城镇居民基本医疗保险、新型农村合作医疗的概率高于 2014 年样本。

四、基本养老保障的实证结果分析

基于本节实证模型，使用城市外来人口样本，分别以是否参加养老保险、城镇职工基本养老保险、城镇居民社会养老保险、新型农村社会养老保险为因变量，使用二分类 Probit 模型，运用极大似然估计法，依次得估计结果如表 6 - 3 所示。

表 6 - 3　　　　　　　　外来人口是否参加养老保障的估计结果

变量	养老保险 （1）	城镇职工基本 养老保险 （2）	城镇居民社会 养老保险 （3）	新型农村社会 养老保险 （4）
户口	- 0. 1792 *** （0. 069） [- 0. 0712]	- 0. 5703 *** （0. 074） [- 0. 1305]	- 0. 4105 *** （0. 087） [- 0. 0631]	1. 6406 *** （0. 193） [0. 2074]
教育程度	0. 0834 *** （0. 008） [0. 0333]	0. 0824 *** （0. 010） [0. 0151]	0. 0519 *** （0. 012） [0. 0065]	- 0. 0030 （0. 009） [- 0. 0007]
年龄	0. 0317 *** （0. 003） [0. 0126]	0. 0032 （0. 003） [0. 0006]	0. 0181 *** （0. 004） [0. 0023]	0. 0215 *** （0. 003） [0. 0049]
性别	- 0. 0634 （0. 046） [- 0. 0253]	0. 0541 （0. 059） [0. 0099]	- 0. 0081 （0. 067） [- 0. 0010]	- 0. 0090 （0. 055） [- 0. 0021]
婚姻状况	0. 1440 ** （0. 064） [0. 0574]	0. 1628 ** （0. 078） [0. 0280]	0. 1833 * （0. 099） [0. 0211]	0. 0467 （0. 081） [0. 0105]
健康状况	- 0. 0034 （0. 027） [- 0. 0014]	- 0. 0342 （0. 036） [- 0. 0063]	0. 0652 （0. 040） [0. 0081]	0. 0223 （0. 032） [0. 0051]
月工资对数	0. 0148 *** （0. 003） [0. 0059]	0. 0163 *** （0. 005） [0. 0030]	- 0. 0010 （0. 005） [- 0. 0001]	0. 0089 ** （0. 004） [0. 0020]
单位类型 1	0. 3140 *** （0. 073） [0. 1238]	0. 0820 （0. 075） [0. 0155]	- 0. 0004 （0. 097） [- 0. 0001]	- 0. 2904 *** （0. 099） [- 0. 0592]

续表

变量	养老保险 （1）	城镇职工基本 养老保险 （2）	城镇居民社会 养老保险 （3）	新型农村社会 养老保险 （4）
单位类型3	− 0.5171 *** (0.078) [− 0.2040]	− 0.7793 *** (0.109) [− 0.1393]	− 0.2045 * (0.115) [− 0.0253]	− 0.0591 (0.090) [− 0.0134]
第一产业	0.3888 *** (0.080) [0.1522]	− 0.0834 (0.182) [− 0.0147]	− 0.3113 ** (0.130) [− 0.0326]	0.3297 *** (0.084) [0.0849]
第二产业	0.0455 (0.057) [0.0181]	0.2244 *** (0.066) [0.0438]	− 0.2060 ** (0.085) [− 0.0239]	− 0.0084 (0.069) [− 0.0019]
就业身份1	− 0.2870 *** (0.088) [− 0.1140]	0.2251 (0.140) [0.0399]	− 0.2319 * (0.128) [− 0.0302]	− 0.2072 ** (0.099) [− 0.0485]
就业身份2	0.0630 (0.122) [0.0251]	0.0354 (0.186) [0.0066]	0.2138 (0.152) [0.0309]	0.0557 (0.144) [0.0130]
东部地区	0.0086 (0.056) [0.0034]	0.3305 *** (0.077) [0.0594]	0.2866 *** (0.083) [0.0351]	− 0.2357 *** (0.065) [− 0.0544]
中部地区	− 0.1636 ** (0.069) [− 0.0651]	0.0769 (0.097) [0.0145]	− 0.1114 (0.111) [− 0.0132]	− 0.1803 ** (0.079) [− 0.0387]
时间变量	0.4211 *** (0.046) [0.1668]	0.2716 *** (0.059) [0.0485]	0.3988 *** (0.071) [0.0480]	0.4720 *** (0.057) [0.1038]
常数项	− 1.9116 *** (0.229)	− 1.9924 *** (0.309)	− 2.8321 *** (0.339)	− 3.3129 *** (0.317)
观测值	3564	3515	3488	3471
似然值	649.5	830.8	195.1	562.1

注：***、**、*分别表示1%、5%、10%的显著性水平；不带括号的数值是估计系数，带圆括号的数值是标准误，带方括号的数值是边际效应。

在户籍因素的影响方面，外来人口中农业户口者参加养老保险的概率显著比非农户口或居民户口者要低，这主要表现为在其他因素既定的情况下，持农业户口的外来人口参加城镇职工基本养老保险、城镇居民社会养老保险的概率分别比持非农户口或居民户口的外来人口低13.1%、6.3%。而持农业户口的外来人口较大概率保留参加新型农村社会养老保险，其参加新型农村社会养老保险的概率比非农户口或居民户口者高20.7%。可见，进城的农业户口者的养老保障当前仍主要依靠农村基本养老保障体系，而城镇基本养老保障体系在外来人口群体中的覆盖仍存在对农业户口者的户籍歧视。

在人口学特征的影响方面，教育程度越高的外来人口参加养老保险的概率越高，这主要表现为其参加城镇职工基本养老保险、城镇居民社会养老保险的概率高，外来人口教育程度的提高有助于其享有城镇基本养老保障。年龄越大的外来人口参加养老保险的概率越高，这主要表现为其较大可能性参加城镇居民社会养老保险、新型农村社会养老保险。外来人口中的已婚者参加养老保险的概率较高，这主要表现为其较大可能性参加城镇职工基本养老保险、城镇居民社会养老保险。而性别差异和健康状况对外来人口是否参加养老保险的影响不显著。

在就业特征的影响方面，个人工资收入水平的提高有助于外来人口参加养老保险。在其他条件既定情况下，工资水平越高的外来人口有更大的可能性参加城镇职工基本养老保险、新型农村社会养老保险。单位类型的估计结果显示，外来人口参加养老保险的概率从高到低依次为党政机关/社会组织/国有集体企业事业单位、民营私营/外资合资企业、个体工商户/自由工作者/务农。在个体工商户、自由工作者、务农等非正规部门就业的外来人口参加城镇职工基本养老保险、城镇居民社会养老保险的概率分别比民营私营/外资合资企业要低13.9%、2.5%。可见，在正规部门就业的外来人口相对于非正规部门有更大的可能性享有城镇基本养老保障。产业类型的估计结果显示，以第三产业为参照，从事第一产业的外来人口保留参加新型农村社会养老保险的概率较高；在其他条件既定情况下，从事第二产业的外来人口更大可能性参加城镇职工基本养老保险，而从事第三产业的外来人口更大可能性参加城镇居民社会养老保险。另外，作为雇员的外来人口参加城镇居民社会养老保险、新型农村社会养老保险的概率比自雇和务农的外来人口要低。

在地区因素的影响方面，东部地区外来人口被纳入城镇基本养老保障体系的概率显著比中西部地区要高。其中，外来人口参加城镇职工基本养老保险的概率在东部省份分别比中部、西部省份高4.6%、5.9%；其参加城镇居民社会养老保险的概率在东部省份分别比中部、西部省份高4.9%、3.5%。相应地，东部省份的外来人口参加新型农村社会养老保险的概率比中部、西部省份要低。这反映城镇基本养老保障体系在外来人口中的覆盖程度也存在区域发展不平衡，东部省份的城镇基本养老保障的覆盖程度比中西部省份要高。另外，2016 年外来人口样本参加城镇职工基本养老保险、城镇居民社会养老保险、新型农村社会养老保险的概率都高于 2014 年样本。

五、其他社会保障的实证结果分析

基于本节实证模型，使用城市外来人口样本，分别以是否参加失业保险、工伤保险、生育保险为因变量，使用二分类 Probit 模型，运用极大似然估计法，依次得估计结果如表 6 - 4 所示。

表 6 - 4 外来人口是否参加失业、工伤、生育保障的估计结果

变量	失业保险 （1）	工伤保险 （2）	生育保险 （3）
户口	- 0. 4556 *** （0. 077） [- 0. 0944]	- 0. 2949 *** （0. 076） [- 0. 0705]	- 0. 3586 *** （0. 080） [- 0. 0525]
教育程度	0. 1298 *** （0. 011） [0. 0222]	0. 1002 *** （0. 010） [0. 0215]	0. 1390 *** （0. 012） [0. 0169]
年龄	- 0. 0041 （0. 004） [- 0. 0007]	- 0. 0108 *** （0. 003） [- 0. 0023]	- 0. 0100 *** （0. 004） [- 0. 0012]
性别	- 0. 1099 * （0. 061） [- 0. 0189]	0. 1152 ** （0. 058） [0. 0246]	- 0. 4367 *** （0. 065） [- 0. 0552]
婚姻状况	0. 2656 *** （0. 080） [0. 0411]	0. 1958 ** （0. 077） [0. 0394]	0. 3093 *** （0. 084） [0. 0329]
健康状况	- 0. 0312 （0. 037） [- 0. 0053]	- 0. 0116 （0. 036） [- 0. 0025]	- 0. 0180 （0. 039） [- 0. 0022]
月工资对数	0. 0251 *** （0. 006） [0. 0043]	0. 0239 *** （0. 005） [0. 0051]	0. 0252 *** （0. 006） [0. 0031]
单位类型 1	0. 2906 *** （0. 076） [0. 0566]	0. 2890 *** （0. 075） [0. 0692]	0. 3397 *** （0. 080） [0. 0496]

变量	失业保险 （1）	工伤保险 （2）	生育保险 （3）
单位类型 3	− 0. 8420 *** （0. 111） [− 0. 1412]	− 0. 9101 *** （0. 102） [− 0. 1903]	− 0. 8244 *** （0. 123） [− 0. 0995]
第一产业	− 0. 3908 （0. 255） [− 0. 0552]	0. 1643 （0. 187） [0. 0377]	− 0. 4047 （0. 294） [− 0. 0392]
第二产业	0. 2773 *** （0. 067） [0. 0516]	0. 3517 *** （0. 064） [0. 0827]	0. 1918 *** （0. 071） [0. 0251]
就业身份 1	0. 2292 （0. 146） [0. 0379]	0. 3963 *** （0. 140） [0. 0811]	0. 0914 （0. 161） [0. 0110]
就业身份 2	0. 0923 （0. 190） [0. 0167]	0. 2619 （0. 184） [0. 0639]	0. 1802 （0. 203） [0. 0249]
东部地区	0. 3486 *** （0. 078） [0. 0586]	0. 5274 *** （0. 076） [0. 1105]	0. 5370 *** （0. 086） [0. 0639]
中部地区	− 0. 1750 * （0. 103） [− 0. 0279]	− 0. 0170 （0. 099） [− 0. 0036]	0. 0560 （0. 111） [0. 0070]
时间变量	0. 3858 *** （0. 061） [0. 0637]	0. 3588 *** （0. 058） [0. 0748]	0. 5140 *** （0. 065） [0. 0597]
常数项	− 2. 3751 *** （0. 322）	− 2. 1845 *** （0. 307）	− 2. 6080 *** （0. 347）
观测值	3485	3481	3491
似然值	1202. 6	1291. 4	1059. 5

注：***、**、*分别表示1%、5%、10%的显著性水平；不带括号的数值是估计系数，带圆括号的数值是标准误，带方括号的数值是边际效应。

在户籍因素的影响方面，外来人口中农业户口者参加失业保险、工伤保险、生育保险的概率显著比非农户口或居民户口者要低，可见，对外来人口的失业、工伤、生育保障仍存在一定程度的户籍歧视。在人口学特征的影响方面，教育程度越高的外来人口参加失业保险、工伤保险、生育保险的概率越高，外来人口教育程度的提高有助于其享有城镇的失业、工伤和生育保障。越年轻的外来人口参加工伤保险、生育保险的概率越高。在外来人口中男性参加工伤保险的概率高于女性，而女性参加失业保险、生育保险的概率高于男性。外来人口中的已婚者参加失业保险、工伤保险、生育保险的概率比其他婚姻状况者要高。而健康状况对外来人口是否参加失业保险、工伤保险、生育保险的影响不显著。

在就业特征的影响方面，工资收入水平越高的外来人口参加失业保险、工伤保险、生育保险的概率越高。在党政机关、社会组织、国有集体企业事业单位工作的外来人口参加失业保险、工伤保险、生育保险的概率高于民营私营、外资合资企业的外来人口，民营私营、外资合资企业的外来人口参加这三类社会保险的概率又高于从事个体工商户、自由工作或务农的外来人口。从事第二产业的外来人口参加失业保险、工伤保险、生育保险的概率显著比从事第三产业的外来人口要高。作为雇员的外来人口参加工伤保险的概率比自雇和务农的外来人口要高。

在地区因素的影响方面，东部地区外来人口参加失业保险、工伤保险、生育保险的概率显著比中西部地区要高。在其他因素既定情况下，外来人口参加失业保险的概率在东部省份分别比中部、西部省份高8.7%、5.8%；其参加工伤保险的概率在东部省份分别比中部、西部省份高11.4%、11.1%；其参加生育保险的概率在东部省份分别比中部、西部省份高5.7%、6.4%。这反映东部省份对外来人口在失业、工伤、生育保障方面的覆盖程度比中西部省份要高。另外，2016年外来人口样本参加失业保险、工伤保险、生育保险的概率高于2014年样本。

第四节　广东农业转移人口市民化的财力支持状况

要推动农业转移人口市民化，让外来人口与本地居民享有的城市基本公共服务水平均等，这需要财政资金的投入与再分配，必然涉及人口流入地与流出地政府之间的财政成本分担问题，各级政府特别是人口流入地政府的财力支持是推动市民化和实现基本公共服务均等化的着力点。本节以人口流入大省广东为例，分析该省农业转移人口市民化的财力支持状况与问题。

一、广东与其他省份在市民化方面的财力比较

一方面，农业转移人口的流入有助于促进劳动力承接地的经济发展和地方财政增收；另一方面，农业转移人口市民化意味着承接地的公共服务和社会福利由包括农业转移人口在内的更多居民来分享，需要增加大量的财政支出，这涉及劳动力承接地的财政承受能力问题，需比较劳动力承接地省份在市民化方面的财力支持状况。

表6－5反映2018年中国各省份的财政收支情况。2018年全国地方一般公共预算收入为97903.4亿元，人均地方财政收入为7016元；全国地方一般公共预算支出为188196.3亿元，人均地方财政支出为13487元；全国人均地方财政支出是人均地方财政收入的1.92倍。2018年广东的地方一般公共预算收入为12105.3亿元，位居全国各省份之首；广东按常住人口计算的人均地方财政收入为10669元，位列全国省份第6位，低于上海、北京、天津三个直辖市，略低于江苏、浙江。广东的地方一般公共预算支出为15729.3亿元，也位居全国各省份之首；而按常住人口计算的人均地方财政支出为13863元，位列全国省份第16位，这不仅低于财政收支数额较高的浙江、江苏等东部省份，也低于青海、内蒙古、吉林等部分中西部省份；广东的人均地方财政支出仅为人均地方财政收入的1.30倍，该比值低于全国平均水平。

表6－5　　　　　　　　2018年中国各省份地方财政收支情况

地区	地方一般公共预算收入（亿元）	人均地方财政收入（元）	按人均财政收入排序	地方一般公共预算支出（亿元）	人均地方财政支出（元）	按人均财政支出排序
全国	97903.4	7016	—	188196.3	13487	—
上海	7108.2	29324	1	8351.5	34454	3
北京	5785.9	26861	2	7471.4	34686	2
天津	2106.2	13502	3	3103.2	19892	7
浙江	6598.2	11501	4	8629.5	15042	10
江苏	8630.2	10719	5	11657.4	14479	12
广东	12105.3	10669	6	15729.3	13863	16
海南	752.7	8059	7	1691.3	18108	9

续表

地区	地方一般公共预算收入（亿元）	人均地方财政收入（元）	按人均财政收入排序	地方一般公共预算支出（亿元）	人均地方财政支出（元）	按人均财政支出排序
福建	3007.4	7631	8	4832.7	12263	21
内蒙古	1857.7	7331	9	4831.5	19067	8
重庆	2265.5	7303	10	4541.0	14639	11
西藏	230.4	6696	11	1970.7	57287	1
山东	6485.4	6455	12	10101.0	10054	30
宁夏	436.5	6345	13	1419.1	20626	5
山西	2292.7	6166	14	4283.9	11522	25
新疆	1531.4	6158	15	5012.5	20155	6
辽宁	2616.1	6002	16	5337.7	12245	22
陕西	2243.1	5805	17	5302.4	13723	17
湖北	3307.1	5589	18	7258.3	12267	20
江西	2373.0	5105	19	5667.5	12193	23
安徽	3048.7	4821	20	6572.2	10392	28
贵州	1726.9	4797	21	5029.7	13971	15
四川	3911.0	4689	22	9707.5	11638	24
河北	3513.9	4650	23	7726.2	10225	29
吉林	1240.9	4589	24	3789.6	14015	14
青海	272.9	4526	25	1647.4	27321	4
湖南	2860.8	4147	26	7479.6	10842	26
云南	1994.4	4129	27	6075.0	12578	18
河南	3766.0	3921	28	9217.0	9597	31
广西	1681.5	3413	29	5310.7	10781	27
黑龙江	1282.6	3399	30	4676.8	12395	19
甘肃	871.1	3303	31	3772.2	14305	13

　　资料来源：2019 年《中国统计年鉴》。人均地方财政收入、人均地方财政支出按各省份常住人口计算。

　　可见，在大量的农业转移人口输入的情况下，广东是财政收入大省，但并非财力强省，按常住人口计算的人均财政支出并不高。广东作为吸纳农业转移人口最多的省份，其人均财政支出所反映的现阶段的公共服务水平不仅低于浙江等同样是主要劳动力承接地的省份，也低于吉林等主要劳动力输出地的省份。可以预见，在地方财政作为市民化成本的主要承担主体的情况下，广东在农业转移人口市民化方面所肩负的财政压力并不小。

浙江、江苏等主要劳动力承接地省份在推进市民化方面也面临同样的财力压力问题。2018 年浙江、江苏的地方一般公共预算收入分别为 6598.2 亿元、8630.2 亿元，其按常住人口计算的人均地方财政收入分别为 11501 元、10719 元，位列全国省份第 4、第 5 位。浙江、江苏的地方一般公共预算支出分别为 8629.5 亿元、11657.4 亿元；而其按常住人口计算的人均地方财政支出分别为 15042 元、14479 元，位列全国省份第 10、第 12 位。浙江、江苏的人均地方财政支出分别为人均地方财政收入的 1.31 倍、1.35 倍，该比值也低于全国平均水平。

二、广东各地级市市民化的财政支出缺口测算

广东要在 2020 年实现 1300 万农业转移人口和其他常住人口落户的目标，需要政府、企业和个人增加大量的投入。根据本章第一节所总结的现有文献对农业转移人口市民化成本的测算结果，如果按照人均 10 万元的农业转移人口市民化成本计算，广东要在 2020 年实现 1300 万人落户的目标，五年需要投入超过 13000 亿元，平均每年增加投入超过 2600 亿元，这相当于广东 2018 年地方财政收入的 1/5，数额不少。该数值仅按照各地平均成本计算，只是覆盖广东约 70% 的农业转移人口，如果考虑广东省大城市的市民化成本更高，又要按照政府上级文件要求保证人口流出地财力不减，那么要实现全部农业转移人口市民化，所需财政投入就更多。

本节按照 2018 年广东财政收支数据对广东各地级市农业转移人口市民化的支出缺口进行测算。表 6-6 反映 2018 年广东各地级市地方财政收支情况。2018 年广东全省按户籍人口计算的人均财政支出为 16553 元，按常住人口计算的人均财政支出为 13863 元。要实现农业转移人口市民化意味着应按原户籍人均财力标准为包括农业转移人口在内的所有常住人口提供公共服务。将"按户籍人均支出"乘以"常住人口与户籍人口之差"可得农业转移人口市民化的财政支出缺口。按广东全省的户籍人均支出 16553 元计算，全省的市

民化财政支出缺口为 3052.3 亿元。

表 6-6　　　　　2018 年广东各地级市市民化的财政支出缺口测算

地区		地方一般公共预算收入（亿元）	地方一般公共预算支出（亿元）	按户籍人均支出（元）	按常住人均支出（元）	按本市支出缺口（亿元）	按省支出缺口（亿元）
广东全省		12105.3	15729.3	16553	13863	3052.3	3052.3
珠三角	广州	1634.2	2506.2	27015	16815	1520.3	931.5
	深圳	3538.4	4282.6	86082	32875	6931.0	1332.8
	珠海	331.5	572.5	44939	30275	277.3	102.2
	佛山	703.1	806.5	18457	10202	652.6	585.3
	惠州	393.0	544.2	14288	11267	145.9	—
	东莞	649.9	765.4	33050	9120	2008.2	1005.8
	中山	315.2	437.9	24752	13230	381.4	255.1
	江门	244.1	377.9	9473	8218	57.7	—
	肇庆	106.0	315.7	7014	7605	-24.5	—
粤东	汕头	131.5	327.1	5744	5801	-3.2	—
	汕尾	41.8	251.9	6930	8415	-44.5	—
	潮州	47.4	184.9	6704	6960	-6.8	—
	揭阳	79.3	313.7	4447	5152	-42.9	—
粤西	阳江	62.6	226.2	7544	8852	-33.4	—
	湛江	121.8	481.4	5676	6565	-65.2	—
	茂名	136.1	425.1	5245	6734	-94.0	—
	云浮	57.6	215.6	7165	8533	-34.6	—
粤北	韶关	94.7	338.7	10064	11300	-37.1	—
	河源	77.0	331.2	8884	10703	-56.3	—
	梅州	97.1	445.1	8119	10166	-89.6	—
	清远	111.9	342.0	7721	8828	-42.9	—

资料来源：2019 年《广东统计年鉴》。

　　广东不同的地级市的人均财力标准相差较大。深圳，作为最多人口流入的地级市，2018 年其地方一般公共预算收入为 3538.4 亿元，地方一般公共预算支出为 4282.6 亿元，按户籍人均支出为 86082 元，按常住人均支出为 32875 元；如果按深圳户籍人均支出 86082 元的标准实施市民化，那么深圳的市民化财政支出缺口高达 6931.0 亿元，这相当于深圳一年地方财政收入的

1.96 倍，完全超出地方的财政承受能力。东莞，作为广东第二大人口流入的地级市，其按户籍人均支出为 33050 元，按常住人均支出为 9120 元；其市民化的财政支出缺口为 2008.2 亿元，这相当于东莞一年地方财政收入的 3.09 倍。广州，按户籍人均支出为 27015 元，按常住人均支出为 16815 元；其市民化的财政支出缺口为 1520.3 亿元，占广州一年地方财政收入的九成。佛山、中山、珠海、惠州、江门的市民化财政支出缺口也不小，依次为 652.6 亿元、381.4 亿元、277.3 亿元、145.9 亿元、57.7 亿元。

如果考虑广东省内地级市之间实行公共服务均等化，对农业转移人口净流入的八个地级市按不高于全省户籍人均支出 16553 元的标准实施市民化，那么深圳、东莞、广州、佛山、中山、珠海的市民化财政支出缺口可适当缩小，依次为 1332.8 亿元、1005.8 亿元、931.5 亿元、585.3 亿元、255.1 亿元、102.2 亿元。而惠州、江门按户籍人均支出分别为 14288 元、9473 元，低于全省户籍人均支出标准，则惠州、江门仍按本市标准计算支出缺口。此外，广东处于人口净流入的地级市都分布在珠三角地区，而粤东西北地区地级市以及珠三角地区的肇庆市处于人口净流出状态，其常住人口少于户籍人口，在保证人口流出地财力不减的要求下，仍按其地级市现行的人均支出标准提供公共服务。

三、广东地区市民化相关的各类基本公共服务支出测算

农业转移人口在城镇福利体系中所享有的基本公共服务主要包括子女义务教育、社会保障、就业培训、公共医疗卫生服务、社区公共设施等方面。近年来，广东地方财政支出加大了对民生方面的投入，2018 年广东在教育、城乡社区①、一般公共服务、社会保障和就业、医疗卫生方面的支出份额较大，其支出额依次为 2792.9 亿元、2083.1 亿元、1556.3 亿元、1508.0 亿元、1407.5 亿元。广东按户籍人口计算的人均教育支出为 2939 元，按常住人口计算的人均教育支出为 2462 元；如果按户籍人均教育支出 2939 元的标准计算，为农业转移人口子女提供与城镇户籍居民同等的义务教育服务，那么广东每年需增加 542.0 亿元的教育支出。广东按户籍人均城乡社区支出为 2192

---

① "城乡社区支出"类科目反映政府城乡社区事务支出，具体包括城乡社区管理事务、城乡社区规划与管理、城乡社区公共设施、城乡社区住宅、城乡社区环境卫生、建设市场管理与监督等支出。

元,按常住人均城乡社区支出为 1836 元;按户籍人均支出标准计算,城乡社区方面的市民化财政支出缺口为 404.2 亿元。广东按户籍人均一般公共服务支出、人均社会保障和就业支出、人均医疗卫生支出各约为 1500 元,按常住这三类项目的人均支出各约为 1300 元;按户籍人均支出标准计算,这三类项目的市民化财政支出缺口各约为 290 亿元(见表 6 - 7)。

表 6 - 7 2018 年广东地区市民化相关的各类财政支出缺口测算

财政支出类别	年支出 (亿元)	按户籍人均支出 (元)	按常住人均支出 (元)	支出缺口 (亿元)
一般公共服务	1556.3	1638	1372	302.0
教育	2792.9	2939	2462	542.0
社会保障和就业	1508.0	1587	1329	292.6
医疗卫生	1407.5	1481	1241	273.1
城乡社区	2083.1	2192	1836	404.2

资料来源:2019 年《广东统计年鉴》。

表 6 - 8 进一步列举 2018 年珠三角地区八个人口净流入的地级市在一般公共服务、教育、社会保障和就业、医疗卫生、城乡社区这五类与市民化相关的财政支出情况。按户籍人均支出计算,深圳除了社会保障和就业的支出略低外,其他四类财政支出都是全省最高的,特别是对城乡社区、教育的投入较大。深圳按户籍人均城乡社区支出和教育支出分别达 16510 元、11749元;按常住人均教育支出也是全省最高的,达 4487 元。而按常住人均支出计算,珠海则在这五类财政支出中普遍投入较大,按常住人均一般公共服务、教育、社会保障和就业、医疗卫生、城乡社区支出依次为 3083 元、4041 元、3801 元、1683 元、6664 元,珠海常住人口人均享有的公共服务水平较高。而东莞按常住人均计算的这五类财政支出普遍相对其他地级市来说略低。

表 6 - 8 2018 年珠三角八个地级市市民化相关的五类财政支出缺口测算

财政支出类别		广州	深圳	珠海	佛山	惠州	东莞	中山	江门
一般公共服务	按户籍人均支出(元)	2564	7204	4577	2821	1870	3179	1361	1069
	按常住人均支出(元)	1596	2751	3083	1559	1474	877	728	927
	按本市支出缺口(亿元)	144.3	580.0	28.2	99.7	19.1	193.2	21.0	6.5
	按省支出缺口(亿元)	92.2	131.9	10.1	57.9	16.7	99.5	—	—

续表

	财政支出类别	广州	深圳	珠海	佛山	惠州	东莞	中山	江门
教育	按户籍人均支出（元）	4752	11749	5998	3392	2807	6711	3976	1998
	按常住人均支出（元）	2958	4487	4041	1875	2214	1852	2125	1733
	按本市支出缺口（亿元）	267.4	946.0	37.0	119.9	28.7	407.8	61.3	12.2
	按省支出缺口（亿元）	165.4	236.7	18.1	103.9	—	178.6	45.3	—
社会保障和就业	按户籍人均支出（元）	2862	3975	5642	1978	1449	2081	1903	1431
	按常住人均支出（元）	1781	1518	3801	1093	1143	574	1017	1242
	按本市支出缺口（亿元）	161.0	320.0	34.8	69.9	14.8	126.5	29.3	8.7
	按省支出缺口（亿元）	89.3	127.8	9.8	56.1	—	96.4	24.5	—
医疗卫生	按户籍人均支出（元）	2418	5658	2498	2017	1844	2338	1455	1097
	按常住人均支出（元）	1505	2161	1683	1115	1454	645	778	952
	按本市支出缺口（亿元）	136.1	455.6	15.4	71.3	18.8	142.0	22.4	6.7
	按省支出缺口（亿元）	83.4	119.3	9.1	52.4	15.1	90.0	—	—
城乡社区	按户籍人均支出（元）	4477	16510	9892	2318	1310	2973	5737	557
	按常住人均支出（元）	2786	6305	6664	1281	1033	820	3066	483
	按本市支出缺口（亿元）	251.9	1329.3	61.0	81.9	13.4	180.6	88.4	3.4
	按省支出缺口（亿元）	123.4	176.5	13.5	77.5	—	133.2	33.8	—

注：惠州、中山、江门部分类别的人均财政支出低于全省户籍人均支出标准，则其仍按本市标准计算而不按全省标准计算支出缺口。珠三角地区的肇庆市处于人口净流出状态，没纳入本表市民化的分析中。

资料来源：2019 年《广东统计年鉴》。

按本市户籍人均支出标准，深圳、东莞、广州、佛山在一般公共服务、教育、社会保障和就业、医疗卫生、城乡社区这五类与市民化相关的财政支出缺口都较大。深圳这五类财政支出缺口依次为 580.0 亿元、946.0 亿元、320.0 亿元、455.6 亿元、1329.3 亿元；东莞依次为 193.2 亿元、407.8 亿元、126.5 亿元、142.0 亿元、180.6 亿元；广州依次为 144.3 亿元、267.4 亿元、161.0 亿元、136.1 亿元、251.9 亿元；佛山依次为 99.7 亿元、119.9 亿元、69.9 亿元、71.3 亿元、81.9 亿元。而珠海、中山、惠州、江门这五类财政支出按本市户籍人均支出标准计算的缺口较小。考虑地级市之间实行公共服务均等化，各市如果按各类财政支出广东全省的户籍人均标准实施市民化，那么深圳、东莞、广州、佛山、珠海在这五类基本公共服务方面的市民化支出缺口可有所缩小。

第五节 影响市民化政策实施的体制性因素

地方政府在实施农业转移人口市民化政策和推动基本公共服务均等化的过程中面临诸多阻力，受到户籍制度、社保制度、土地制度等外在体制性因素以及财政分权体制、政绩考核机制等内在体制性因素的双重约束，这些体制性因素直接或间接制约着市民化政策的实施效果，是外来人口与本地居民享有教育、医疗、社会保障等城市基本公共服务水平差距的重要潜在诱因。

一、外在体制性因素

户籍制度是影响农业转移人口市民化政策实施、阻碍外来人口获得同城待遇的重要的外在体制性因素之一。户籍制度的存在，不仅具有人口登记和管理功能，而且形成城乡居民在公民权利和社会福利水平上的人为分割。在农业转移人口流动加大的情形下，户籍所起到的属地管理功能正在弱化。相反，由于城乡之间、城市之间的发展不平衡，城乡之间、城市之间的公共服务水平存在较大差距，城市地区、特别是大城市的公共服务水平较高，那么，很多公共福利较好的城市借助户籍制度对人群做区分，优先满足本地户籍居民对公共服务的需求，而在财力有限的条件下，对来自农村或经济相对落后城市的居民不提供或较少提供当地的公共服务，这就加剧了城市本地户籍居民与外来人口在享受城市公共福利方面的鸿沟。尽管最近国家出台了全面放开建制镇和小城市落户限制等对户籍松绑的政策，但是对大城市的人口规模还是严格限制的。而农业转移人口的主要流入地是大城市，农业转移人口市民化政策实施的最大压力也在大城市，所以户籍制度仍是影响市民化进程的一道关键的坎。

我国社会保障制度存在跨区域政策不兼容、社保转移接续困难等问题，制约着市民化政策的实施和基本公共服务均等化的推行。以医疗保险为例，我国的社会医疗保险体系长期处于城乡多元分割和统筹基金碎片化运行状态，被划分成城镇职工基本医疗保险、城镇居民基本医疗保险和新型农村合作医疗三项分立的制度，2016 年才将城镇居民基本医疗保险和新型农村合作医疗两项制度整合为城乡居民基本医疗保险制度。每项医保制度又依据行政区划被分成多个市级或者县级统筹地区的政策，各地区的就医待遇政策不兼容，表现为根据属地化管理原则，不同统筹地区医疗机构的药品目录、诊疗项目和服务设施标准不同，医保基金的起付线、支付比例和最高支付限额也不同。随着城乡间和区域间的人员流动日益频繁，流动人口参保、异地就医及其医保转移接续成为一个突出的民生问题。这些流动人员不能重复在多个地区参保，外地就医报销比例又低，其医保转移接续相当困难，异地医保跨省结算手续烦琐等，这对流动人口享有医疗服务等社会保障形成制度障碍。

土地制度也是影响农业转移人口市民化的一个外在体制性因素。现行的农村土地制度缺少将农村土地市场化的交易机制，使得很多农业转移人口无法将农村土地置换成进城的资本，在农村土地制度改革方案未明确时，他们也不敢贸然放弃农村土地权而选择到城市长期定居。如果能实行有效的土地制度改革，让农村土地置换成农业转移人口进城的资本，可将农业转移人口市民化的一部分成本内化到由农业转移人口个人来承担，那么可大大减轻市民化政策实施的财政成本压力。

二、内在体制性因素

市民化政策的实施和基本公共服务均等化的推进也受到财政分权体制、政绩考核机制等内在体制性因素的约束。在我国当前的财政分权体制下，各级政府之间的财权和事权的划分、转移支付制度的运作都是以假定人口不流动为前提，以辖区户籍人口为基础的，地方政府一般按户籍人口来提供公共服务。而农业转移人口市民化政策的实施要求按常住人口来提供公共服务，并把这公共服务支出的主体责任放在地方政府的身上。在当前的财政分权体制下，地方政府一方面承担了教育、医疗、社保等诸多的支出责任，另一方面经过财政分成以后留给地方政府可用的财政资金又较少。对于作为农业转移人口主要流入地的城市政府来说，市民化意味着城市政府要额外负担庞大的农业转移人口的公共服务支出，而城市政府又缺乏稳定的能随人口增加而增长的财政资金来源，这就加剧了地方政府事权与财权的不匹配程度。在缺乏激励和财力的情形下，城市政府往往不愿意增加公共服务支出以便覆盖全部常住人口。

在当前的政绩考核机制下，地方政府往往偏好短期经济行为，把精力放在 GDP、财政收入、吸引外商直接投资额等相关考评指标的增长上。在这种导向下，地方政府倾向于把大量资金投向与经济发展密切相关且能产生直接效益的道路等生产性基础设施项目以及促进招商引资的产业合作平台项目上，而不愿把财政资金投向无法产生直接效益的民生福利方面。而与农业转移人口市民化最密切相关的就是民生福利，且农业转移人口市民化的积极作用在长期才能显现，因而地方政府更不愿意承担农业转移人口的公共服务支出。此外，在现行的体制中，农业转移人口市民化水平还未纳入地方政府政绩考核体系中，或者在考核体系中所占权重较小，地方政府对考评范围以外的指标更是不加关注了。

第六节　农业转移人口市民化的实施策略

本章研究发现城市外来人口与本地居民之间在教育、医疗、社会保障等基本公共服务方面存在待遇差距；城镇基本社会保障体系在外来人口群体中的覆盖仍存在对农业户口者的户籍歧视，也存在以东部地区覆盖程度高于中西部地区为表现的地区差距；在地方财政作为市民化成本的主要承担主体的情况下，广东等主要人口流入省份在市民化方面的财政压力不小，按地级市户籍人均标准测算的市民化支出缺口较大；农业转移人口市民化和基本公共服务均等化政策的实施也面临外在和内在的体制性因素障碍。对此，应积极推进外来人口与本地居民享有的城市基本公共服务水平均等化，基于区域协调、制度对接、效率与公平兼顾的理念，破除外在和内在体制性因素的障碍，践行因地制宜、分类实施、政策联动、分步推进、增量分配、省级统筹的实施路径，推进农业转移人口市民化政策的有效实施。

一、农业转移人口市民化的支持政策的实施理念

推动农业转移人口市民化不仅仅是一个加大财政投入的问题，结合我国特别是广东省的现实，农业转移人口市民化的支持政策的有效实施需建立在区域协调、制度对接、效率与公平兼顾这三个理念的基础上。

第一，区域协调的理念。农业转移人口市民化将推动劳动力等要素资源在区域间有效流动，实现区域间要素资源的有效配置，促进各地区经济的发展。并且公共服务在区域间具有外溢性，城市经济发达区的公共服务的完善对周边

区域的居民福利具有正向的辐射效应。因此，各地区制定农业转移人口市民化的支持政策需基于区域协调的理念，打破区域分割局面，立足城市群分工体系，促进要素自由流动，增进公共资源共建共享，推动区域协调发展。

第二，制度对接的理念。农业转移人口市民化不仅涉及财政支持政策的问题，还涉及户籍、社保、土地等多个方面的制度，受到现行的财税管理体制、政府政绩考核机制等体制的约束。各地区制定农业转移人口市民化的支持政策需立足财政，又超越财政，不要局限在财政政策本身，而需加强各项相关制度的顶层设计，使财政政策与其他制度对接，形成联动机制，协调推进农业转移人口市民化进程。

第三，效率与公平兼顾的理念。农业转移人口市民化所涉及的核心问题是公共福利的重新配置，而公共福利的重新配置需主要考虑两个尺度：一是用现有的财力最大限度地提升全体居民的公共福利水平和地区经济发展水平，这要求农业转移人口市民化的支持政策需注重效率，科学评估财政资金的使用效率及其对居民福利和地方经济的影响作用；二是支持政策在不同人群之间、地区之间的公平性，这要求农业转移人口市民化的支持政策需兼顾公平，考虑农业转移人口与城镇原户籍人口之间、人口流入地与流出地的地方政府之间的利益平衡。

二、农业转移人口市民化的支持政策的实施路径

主要人口流入地的省份在实施支持农业转移人口市民化的政策中面临较大的压力。下文基于全国实际情况，并以人口流入大省广东为例，提出农业转移人口市民化的支持政策的实施路径。

（一）因地制宜，分类实施

在不同的地区，农业转移人口的流动特征、城市的综合承载能力、地方财政的支付能力等方面都有所不同，因此，农业转移人口市民化的支持政策应基于区域协调的理念，采用差异化策略，因地制宜，分类实施。以广东为例，近年来，广东积极探索实施取消农业与非农业户口界限、健全居住证积分管理制度、扩大公共服务在常住人口中的覆盖面等方案，农业转移人口市民化的实施决策权已更多地下放到市县级，不同城市可以根据实际情况制定相应的落户政策、公共服务投入政策等。

　　农业转移人口市民化的实施主要有两种模式：一是逐步扩大户籍人口比率；二是缩小有无城市户籍人口间的公共服务差异。前者主要采用全面或部分放开落户限制，符合条件的农业转移人口可通过积分入户等方式成为城市户籍居民；后者将持有居住证人口纳入基本公共服务保障范围并不断提高保障水平，逐步缩小居住证持有人与城市户籍居民所享有的基本公共服务的差距，最终使得两者同等享受城市基本公共服务。

　　根据上文分析广东各地级市的财力状况，考虑各城市的综合承载能力，结合发展改革委《2019 年新型城镇化建设重点任务》《广东省人民政府关于进一步推进户籍制度改革的实施意见》（2015），制定广东省分区域市民化的支持政策的实施路径，如表 6 - 9 所示。

表 6 - 9　　　　　　　　　　广东分区域市民化的实施路径

区域	地级市	落户政策	分类实施路径
珠三角特大城市	深圳、广州	控制特大城市人口规模	缩小公共服务差异
珠三角大城市	东莞、佛山、中山、珠海、惠州、江门	放开放宽地级市落户限制	扩大户籍人口 + 缩小公共服务差异
粤东西北地区	肇庆*、汕头、汕尾、潮州、揭阳、阳江、湛江、茂名、云浮、韶关、河源、梅州、清远	全面取消地级市和建制镇的落户限制	扩大户籍人口

　　注：＊肇庆属于珠三角地区地级市，但其户籍人口大于常住人口，本表将肇庆与粤东西北地区的地级市归入一类。

　　对于珠三角地区的特大城市深圳、广州而言，其常住人口规模已超过1000 万人，城市综合承载压力较大；其农业转移人口已超过 500 万人，如果放宽落户限制、将全部农业转移人口转为户籍人口的话，不仅会增加巨额的公共服务支出，也会对城市住房、交通、社会管理等方面带来较大压力。因此，深圳、广州现采用的是控制特大城市人口规模的落户政策，其农业转移人口市民化主要宜采用"缩小公共服务差异"的实施路径。深圳、广州宜将现有的农业转移人口转化为持有居住证人口，完善积分入户政策，扩大落户规模，逐步增加公共财政投入，扩大基本公共服务所覆盖的人群范围，让越来越多的在当地工作的农业转移人口能够享有城市的基本社会福利。

　　对于珠三角地区的大城市东莞、佛山、中山、珠海、惠州、江门而言，其常住人口规模从 150 万至 850 万人不等，这六个城市的综合承载压力相对深圳、广州来说还不算太大；其农业转移人口除东莞略多外，其他五市均在350万人以下。这六个城市宜采用放开放宽地级市落户限制的政策，农业转移人口市民化宜采用"扩大户籍人口"与"缩小公共服务差异"相结合的实施路径。一方面，吸纳部分符合条件的农业转移人口，让其成为城市户籍居民，全面享有城市各项基本公共服务；另一方面，逐步扩大基本公共服务覆盖的范围，考虑到广东农业转移人口具有低学历、年轻化的特征，优先发展面向农业转移人口的就业培训、子女义务教育等方面的基本公共服务，逐步缩小这些地区的农业转移人口与城市户籍居民间的基本公共服务差异。

对于肇庆以及粤东西北地区的汕头、汕尾、潮州、揭阳、阳江、湛江、茂名、云浮、韶关、河源、梅州、清远而言，其当地的人口呈现净流出的态势，常住人口比户籍人口还少，并且这几个城市的常住人口规模不算大，适合采用全面取消地级市和建制镇的落户限制的政策，农业转移人口市民化宜采用"扩大户籍人口"的实施路径。全面取消落户限制，让更多的农业转移人口可在当地落户、工作和定居，以便留住当地人才和吸引外来劳动力，促进粤东西北地区经济发展。

（二）政策联动，分步推进

在当前主要人口流入地省份按常住人口计算的人均财政支出能力有限的情形下，加上受到户籍、社保、土地等制度的约束，这些省份要解决1亿多农业转移人口市民化问题，不可能一蹴而就，而是要基于制度对接的理念，实行政策联动，分步推进。以广东为例，根据广东推进城镇化进程的时间表，将"扩大户籍人口"和"缩小公共服务差异"两种市民化的实施模式并行推进，可划分三个阶段来推进广东农业转移人口市民化，每个阶段市民化的主要实施方式如表6–10所示。

表6–10　　　　　　　　　广东分阶段市民化的实施路径

实施路径	第一阶段	第二阶段	第三阶段
扩大户籍人口	优先解决进城时间长、产业发展急需的农业转移人口的落户	主要解决新生代农民工、举家迁移的农业转移人口的落户	改革户籍、土地等制度，让农业转移人口全部成为城市户籍居民，实现基本公共服务全覆盖
缩小公共服务差异	优先发展义务教育、就业培训等基本公共服务	重点发展保障性住房、医疗卫生、社会保障等基本公共服务	

第一阶段，在扩大户籍人口方面，应优先解决进城时间长、城市产业发展急需的农业转移人口的落户。进城时间长的第一代农民工为城市经济发展作出了长期贡献，对城市的归属感和留城意愿也较强，理应优先解决其落户，并形成示范效应。城市产业发展急需技术工人和一线服务人员，农业转移人口是这类劳动力的主要供给来源，优先解决其落户也有助于满足城市产业发展的需要。在缩小公共服务差异方面，在财力有限的情形下，宜优先发展义务教育、就业培训这两项基本公共服务。根据第一章的分析，广东农业转移人口具有低学历、年轻化、已婚者居多的流动特征，通过政府加大对义务教育的投入，可让更多的农业转移人口的子女能在城市就近入学，缓解农村留守儿童问题；通过政府和企业加大就业培训的投入，可在一定程度上提升农业转移人口的技能，提高其收入水平，间接促进其在城市立足。

第二阶段，在扩大户籍人口方面，应主要解决新生代农民工、举家迁移的农业转移人口的落户。新生代农民工的技能水平较高，在城市的适应性较强；举家迁移的农业转移人口相对稳定、融入城市社会的需求较强；解决这两类人群的落户问题符合城市长期发展和社会融合的需要。在缩小公共服务差异方面，该阶段应重点发展保障性住房、医疗卫生、社会保障等基本公共服务。长期来看，农业转移人口在城市工作生活必然有在城市定居、就医、养老等方面的需要，这就要求在保障性住房、医疗卫生、社会保障等方面的基本公共服务能够覆盖农业转移人口。

第三阶段，应通过户籍制度、社保制度、农村土地制度等方面的改革，从根本上扫除影响农业转移人口市民化的体制性障碍，真正实现户籍一元化，并让土地流转增值与农业转移人口享用城市社会福利相对接，让有意愿留城的农业转移人口都能成为城市户籍居民，并实现各项基本公共服务全民覆盖。

（三）增量分配，省级统筹

对农业转移人口提供城市公共服务既涉及城市户籍居民与农业转移人口的利益关系调整，又涉及人口流入地政府、流出地政府和中央政府的责任边界，需要财政资源在平衡多方利益关系的基础上重新配置。面对庞大的农业转移人口，在地方财力有限的情形下，如果实现农业转移人口市民化而以降低城市原户籍居民福利为前提的话，这又形成城市户籍居民与农业转移人口之间的另一种不公平；如果增加流入地政府对农业转移人口市民化的公共福利支出而以降低流出地政府的财政支出为代价的话，也加剧流入地与流出地政府之间的利益矛盾。在这种情形下，要推动农业转移人口市民化，需要基于效率与公平兼顾的理念。

首先，要把经济"蛋糕"做大，在保证城市原户籍居民福利和流出地居民福利的存量不下降的前提下，将经济增量的部分进行再分配，用于提升流入地的农业转移人口享有的公共服务水平，即实行"增量分配"。例如，2014～2018 年广东地方一般公共预算收入年均 1004.8 亿元，年均增长率为11.4%，[①] 可将每年新增的财政资金优先用于市民化的公共服务开支。

其次，根据本章第四节的分析，广东各地级市的人均公共服务支出水平差距较大。而按照现行的落户政策，人口规模越大的城市落户限制越严格，如果深圳、广州等超大、特大城市的落户限制不放开，而东莞、佛山、中山、珠海、惠州、江门等一般大城市的落户有所放开的话，部分农业转移人口就会流向一般大城市，或者"候鸟式"地居住在一般大城市而在超大、特大城市就业。此时，一般大城市财力较超大、特大城市弱，却承担了较大比例的农业转移人口的公共服务支出，这是一般大城市本级财力所承受不了的。考虑到这个问题，推动农业转移人口市民化，应将增量的公共资源放在全省的盘子里统筹；实现基本公共服务均等化，应该是一种"底线均等"，并主要以省级统筹的财政资金来达到这种"底线均等"，保证广东不同地级市的农业转移人口可享受全省平均水平的基本公共服务，而比平均水平高的市民化公共福利支出则由市县级财政自行承担。

---

① 2019 年《广东统计年鉴》。

第七章　社会信任与城市的社会融合

第一节　城镇化中的社会信任和社会融合问题

尽管外来人口在流入地城市能够获得相对流出地更多的就业机会和更高的收入，一些早年进城的外来人口已在城市立业安居，但是大部分外来人口在城市中仍有一种漂泊不定、被边缘化的感觉，缺乏对城市社会的归属感和认同感，缺乏对城市大多数人的信任感和安全感，在心理上与本地居民之间仍有较大的距离感。外来人口既回不去故乡，也融不进城市，处于一种"半城市化"的状态，俨然成为"都市的陌生人"。

一、外来人口的社会融合问题

城镇化应该是经济体系、社会体系、文化体系和制度体系的有机整合。城市外来人口要真正融入城市社会，不仅仅是获得体面的工作和可观的收入、拥有稳定的居所、平等地享有基本公共服务的问题，还需要获得归属感和认同感，这有赖于社会信任的建立，并与城市当地居民和社区形成良性互动。当前的外来人口，特别是农民工群体，仅仅在经济体系上被接纳，而在其他体系上受到排斥，尤其在心理认同上缺乏对城市社会的归属感。用受访外来人口的话来说，就是"落叶归根"，而对于大部分外来人口来说，他们选择的这个"根"并不在流入地城市。随着老一代农民工进城时间的延长和新生代农民工新家庭的建立，近年来中国人口流动愈发稳定，家庭化流动的趋势在增强，这意味着将有越来越多的外来人口在城市长期居住，他们所接触的城市文化的冲击、对社会信任和城市归属感的诉求愈发强烈，外来人口在城市的社会融合问题愈显重要。

社会融合在西方研究国际移民的文献中被看作是一个多元文化背景下逐步发展的过程，主要有"同化论"和"多元文化论"两种观点。"同化论"认为跨境移民在迁入国一般要经历定居、适应和同化三个阶段，移民通过学习、适应，逐渐接受迁入地的生活方式和文化价值观念，进而实现同化和融合。而"多元文化论"在认可不同种族或社会集团之间享有保持差别的权利的基础上，主张移民将其不同文化背景、不同社会经历和价值观念注入迁入地，继而重新塑造迁入地文化，建构多元化的社会秩序（李明欢，2000）。不同于西方国家以国际移民和基于种族的文化差异为对象的社会融合问题研究，中国关于社会融合问题的研究主要涉及农民工、流动人口、城市外来人口等群体，主要讨论基于社会阶层的待遇差别；不同于发生在西方国家发达工业阶段的国际移民的社会融合问题，中国城市外来人口的社会融合问题是植根于现代化转型和城镇化建设的社会背景之中的。

在现代化转型和城镇化建设背景下，城市的社会融合是外来人口与本地居民在思想观念、文化价值、行为方式、心理认同等维度以现代性为参照系、逐渐向城市范式变换的过程。周大鸣和杨小柳（2014）将社会融合理解为在相同的制度、经济环境等条件下，相同背景的城市新移民与本地居民有同等的机会，获得同一待遇水平的职业、进入同一层次的社会结构。社会融合的过程在新移民群体层面上表现为城市新移民与本地居民群体之间的偏见消除，达到身份认同的接近和文化习俗的包容。在新移民个人及家庭层面上表现为城市新移民与本地居民跨越社会空间的分隔，增进社会交往，达到社会距离的缩小和行为习惯的相互尊重。在讨论"社会融合"时也常用到另一个词"社会融入"。社会融入是指社会中某一特定群体如城市外来人口融入社会主流群体，与社会主流群体同等地获取经济社会资源，并在社会认知上去差异化的动态过程（崔岩，2012）。社会融入是社会融合的动态过程，而城市的社会融合是外来人口通过社会融入所达到的结果状态；社会融入是单向的，由外来人口主动或被动地融入本地居民和城市文化之中，而社会融合是双向的，通过外来人口与本地居民之间、与城市文化之间的交流和碰撞，最终产生一种兼容并蓄的城市新文化。

社会融合的分析有不同的维度。西方经典的社会融合理论注重文化融合维度，讨论个体或群体之间在情感和态度上的相互渗透而整合在共同文化生活中的过程。之后的理论进展弱化文化融合的唯一性，出现多维社会融合的观点，包括以高登（Gordon）为代表的结构性融入和文化性融入两维度，以荣格塔斯

（Junger-Tas）等为代表的结构性融入、社会—文化性融入、政治—合法性融入三维度，以恩津格（Entzinger）等为代表的社会经济融入、政治融入、文化融入、主体社会对移民的接纳或排斥四维度（梁波和王海英，2010）。国内文献关于外来人口社会融合的分析维度主要有：身份认同、定居意愿两维度（陆万军和张彬斌，2018），经济、社会、心理三维度（朱力，2002），经济物质、社会互动网络、心理文化三维度（朱平利和杨忠宝，2019），经济整合、文化接纳、行为适应、身份认同四维度（杨菊华，2010），经济整合、文化适应、心理融入、身份认同四维度（张文宏和雷开春，2008；张华初等，2019），政治、经济、公共服务、心理文化四维度（肖子华等，2019）等。即作为共识，现有文献普遍认为社会融合主要包括经济、社会、文化、心理、身份认同的层面，只是强调的重点和选取的维度组合有所不同。

　　外来人口社会融合的不同维度之间存在由浅入深、依次递进的关系。首先，要找到相对稳定的工作，获得相对稳定的收入和居所，因此，经济维度的融入是外来人口立足城市的基础，是社会融合的起点；其次，外来人口在城市工作生活需要进行社会交往并适应城市的生活方式，社会交往维度的融入反映外来人口融入城市的广度，是社会融合的中间阶段；最后，外来人口逐渐接受城市社会的文化，在心理上对流入地城市产生类似第二故乡的归属感和认同感，心理文化维度的融入反映外来人口融入城市的深度，是社会融合的终点（朱力，2002）。穆光宗和江砚（2017）将此拓展为先后经过就业—职业的融入、生活—习惯的融入、文化—心理的融入、制度—身份的融入四个阶段才能逐步接近社会融合的目标。在融入城市社会的过程中，外来人口群体对城市社会的文化、心理、身份的认同也存在分化。一部分外来人口能够在城市乐业安居，寻求到比流出地更多的发展机会，实现自我价值，这部分外来人口倾向于认同城市社会，并且积极融入城市社会；而另一部分外来人口进城务工只是为了维持生计，他们在城市漂泊不定，且受到身份歧视，这部分外来人口会处于自我隔离状态，缺乏对城市社会的认同。那么怎样让不管是过得优裕还是窘迫的外来人口都能摆脱与城市社会的互斥关系而形成共生关系，这是实现城市社会融合的关键。

二、城镇化中的社会信任问题

　　城镇化进程也是城乡社会逐步从"熟人社会"向"生人社会"转变的过

程。不同于农村以"礼俗"和农耕文明为核心的乡土文化，城市沉淀的则是以"法理"和工业文明为核心的城市文化。从农村流入城市的外来人口必然面临"生人社会"的人际环境和注重法理的城市文化的冲击，与外来人口融入城市社会的过程相伴随的是城市地区社会信任的重塑。一方面，社会信任作为一种非正式制度，形成一种制度文化环境，对城市的社会融合产生影响，较高的社会信任水平，有助于增进居民间的互动与交流，提升外来人口在城市的归属感和安全感；另一方面，社会信任也是社会融合的重要表征，如果一个地区的社会信任水平很低，居民之间相互隔离，彼此不信任、不交往、不合作，那么难以说该地区实现社会融合。

个体间的信任可划分为个人化信任和一般化信任，前者指个体对认识的人的信任，后者指个体对陌生人或者社会上大多数人的信任，也称作社会信任。两者中更具理论和实践意义的是社会信任。现有研究表明较高的社会信任度不仅能够促进经济增长，提高政府和制度绩效，而且能够增进人们生活满意度（Helliwell and Barrington-Leigh，2010）。在中国经济快速发展和社会迅速转型的这些年，社会信任度也随之发生较大变化。根据世界价值观调查（world values survey，WVS）的中国数据，在1990年的调查中，受访者认为"大多数人是可以信任的"的比例为60.3%，2007年该比例降至52.3%，2012年该比例又上升至64.4%。另外根据2014年和2016年中国劳动力动态调查（CLDS）的城镇地区个体数据，城市本地居民受访者对"大多数人是可以信任的"表示"同意"或"非常同意"的比例合计为77.6%，而城市外来人口受访者认同该看法的比例略低，为73.5%。是什么因素引起了社会信任度的变化以及导致城市本地居民与外来人口之间社会信任度的差距？影响社会信任的宏观制度因素值得深入探究。

现有的文献主要从微观和宏观两个层面探讨社会信任的影响因素。在微观层面，现有研究基于不同的调查数据实证发现影响社会信任的微观层面因素主要包括性别、种族、年龄、教育水平、收入水平、婚姻状况、健康状况、就业状况、社会网络、在社区居住时间长短、社会组织的参与、生活态度等（Glaeser et al.，2000；Bjørnskov，2006）。也有学者认为社会信任在时间跨度上具有较大的稳定性（Uslaner，2008），对此，应从相对稳定的宏观层面上寻找影响社会信任的根本因素。在宏观层面上，国外研究发现政治体制、法律结构、产权保护程度、政府腐败程度、经济自由度等制度因素对社会信任产生重要影响（Berggren and Jordahl，2006）。国内文献主要从市场化的角度探讨社会信任的宏观层面的影响因素。这方面的研究主要见于：张维迎和柯荣住（2002）基于"中国企业家调查系统"2000 年的省际数据实证发现，在市场化程度高的省份，其企业的守信度也被评价为较高；陆铭和张爽（2008）基于 2004 年中国农村调查数据库，实证发现公共信任在市场化过程中呈现先下降后上升的 U 形变化轨迹。

国内已有文献重在探讨市场化对社会信任的作用，但忽略了城镇化对社会信任的影响。然而，在中国新型城镇化背景下，市场化和城镇化进程共同构成影响社会信任的重要的宏观制度环境。一方面，中国市场化进程在不断推进，市场化水平显著提高，1997 年中国各省份市场化指数的均值为 4.0，2009 年该数值上升至 7.3①。与此同时，中国的城镇化速度也在不断加快并迎来新一轮快速发展期，中国的城镇化率从 1990 年的 26.4% 上升至 2010 年的 49.7%，并于 2018 年达 59.6%。② 当今的中国正处在经济和社会迅速转型过程中，市场化与城镇化进程是相互伴随的，将市场化和城镇化放在一个框架分析才能更好地把握社会信任的影响因素和发展趋势。

对此，本章第二节拟探讨市场化、城镇化与社会信任的关系。第三节使用世界价值观调查（WVS）的中国数据，实证分析个体社会信任的影响因素，探讨城镇化及其与市场化的互动关系对个体社会信任的影响效应和变动趋势。第四节从经济地位、社会关系、文化认同、心理融合四个维度建立社会融合指标体系，使用中国劳动力动态调查数据（CLDS），从这四个维度实证分析城市外来人口社会融合的状况。第五节聚焦于外来人口"心理融合"维度之"定居意愿"，实证分析外来人口定居意愿的影响因素。

第二节　市场化、城镇化与社会信任的关系

社会信任模式在市场化与城镇化转型过程中不断演进。根据人格信任模式和系统信任模式的划分，人格信任模式是基于传统社会中流动性小和人们

---

① 樊纲，王小鲁，朱恒鹏. 中国市场化指数——各地区市场化相对进程 2011 年报告［M］. 北京：经济科学出版社，2011：6－31.

② 2012 年《中国统计年鉴》之"六次人口普查人口基本情况"，2019 年《中国统计年鉴》。

交往面窄而了解程度较深的关系模式；系统信任模式并不依赖于人们之间的熟悉程度和交往时间的长短，而是建立在正式合法的社会规章制度基础上，依靠整个法律系统和制度系统形成的一种信任模式。城镇化过程意味着传统的人格信任模式的基础逐渐被打破，而市场化过程又伴随着系统信任模式的逐步建立。这两种力量共同对社会信任产生影响。本节拟分析市场化、城镇化与社会信任的关系机制。

一、市场化与社会信任

从微观机制分析，信任是在长期的重复博弈中形成的合作均衡。在重复博弈中，人们追求长期经济收益，于是能增进信任。按照这个逻辑，影响重复博弈的可能性和策略选择的因素也间接影响信任的形成，例如，制度构成一种能够影响博弈双方支付函数的博弈规则。对此，法瑞尔和奈特（Farrell and Knight，2003）认为制度能够促进社会信任主要源于两种机制：一是制度形成一种对个体行为的激励和惩罚机制，约束个体之间的信任关系；二是制度反映社会个体所预期的行为，提供行动者在制度环境下所遵循的行为的信息，这些信息让个体更好地了解潜在合作者的可信性，从而增进社会信任。具体到市场制度，伯格伦和乔达尔（Berggren and Jordahl，2006）指出市场经济能够增进社会信任主要源于两种途径：一是市场制度，即作为市场经济的基础，完善的法律系统和产权保护制度能够促进社会信任的形成；二是市场参与，市场经济能够形成一种对他人行为一致性的预期，于是产生一种下意识的相互信任和有意识的策略选择，以避免出现机会主义行为。后一种途径又以前一种途径为基础，市场制度强化了一种信任的环境，确保遵循合约的参与者得到合适的激励，而违背合约的参与者得到应有的惩罚，于是扩大了市场参与的范围。

中国的市场化进程是一个市场经济不断发展、市场制度逐渐完善、市场参与逐步扩大的过程。一方面，市场制度的不断完善能够形成一种约束人们行为的激励和惩罚机制，并提供行动者所遵循行为的信息，以便对他人行为作出合理的预期，形成对他人行为可信度的判断依据，继而促进社会信任的形成；另一方面，市场参与的扩大又强化市场制度的作用，增强对参与者按市场规则采取一致行动的预期，继而促进社会信任度的提高。在市场化进程中，市场制度的完善和市场参与的扩大共同增进了社会信任。据此，从理论上分析认为市场化程度与个体的社会信任之间具有正相关关系，在市场化程度越高的地区，个体的社会信任度也越高。

二、城镇化与社会信任

根据社会结构决定论，信任的形成会受地区的社会结构的影响，其影响机制在于：一个地区的社会结构分化程度越高，人们在职业、生活方式、价值观念等方面越会产生社会差异，当人们面对一个越是异质的世界，人们之间的交往越容易产生戒备、紧张心理，人际信任越难以培育。实证研究也发现，同质的环境能够增进人们的信任关系和互惠主义行为（Berg et al.，1995）；人们更愿意信任与自己来自同一家庭、种族、同质社区的人。而在小规模或性质相近的地区，人们的同质性较强，则较有利于信任的培育。普特南（Putnam，2000）、泽尔梅尔（Zelmer，2003）实证得出，居住在小城镇或农村地区、处于小规模的社会网络中的人们能产生更高的社会信任度。张云武（2009）基于福建省的地区调查发现，不同规模地区的居民对他人的信任度是不同的，乡镇居民的信任度高于县城及其以上地区的居民。那么，在城镇化过程中，随着城镇人口比重的提高和外来人口规模的增大，各地区原本相对同质的社会结构逐渐被打破，人们面对的是一个差异程度更高的社会环境，根据社会结构决定论和相关实证研究结果，社会信任度会因此相应地降低。

除了理论上分析的异质性环境对社会信任的影响外，中国的城镇化进程还存在两个现实问题，这两个现实问题对社会信任进一步产生负向效应。其一，在中国的城镇化进程中，由于城乡分割的户籍制度的存在以及城市倾向的经济政策的实施，不同户籍的居民面临歧视性的福利待遇，城乡收入差距较大。根据罗斯坦和斯托尔（Rothstein and Stolle，2003）的研究，经济不平等和歧视性的福利政策会降低社会信任度。因此，中国城镇化进程中所未能消除的对外来人口的歧视性待遇和经济不平等状况将对社会信任起阻碍作用。其二，在中国大量农村人口向城镇转移的过程中，形成大规模的流动人口，较多的流动人口居无定所，这给城市社区的人口管理带来困难。而由于社会治理相对滞后，大规模的人口流动又容易引发犯罪率上升等社会治安问题。根据阿雷西纳和费拉拉（Alesina and Ferrara，2002）的研究，在社会治安水平较差的地区，人们往往缺乏安全感，其社会信任度较低。因此，中国城镇化进程中的流动人口规模扩大和社会治安水平下降的问题也将降低社会信任度。

综合以上关于中国城镇化过程中的异质性环境、歧视性待遇、下降的社会治安水平三种效应，从理论上分析认为城镇化程度与个体的社会信任之间具有负相关关系，在外来人口大量流入的城市、在城镇化程度较高的地区，个体的社会信任度会较低。下一节拟对市场化、城镇化与社会信任的关系做实证分析。

第三节　社会信任的影响因素实证分析

本节使用 WVS 的微观调查数据和省区宏观统计数据，构建地区特征和个体特征两个层面的变量，建立宏观和微观相结合的实证模型，实证分析个体社会信任的影响因素，探讨城镇化及其与市场化的互动关系对个体社会信任的影响效应和变动趋势。

一、数据来源、实证模型与变量说明

本节使用的微观层面数据来自世界价值观调查（WVS）中 2007 年和 2012 年的中国样本数据。WVS 是一项反映世界各国价值观变化的跨国调查。考虑到 WVS 微观层面数据与可获得的宏观层面数据年份的对应性，本节采用的是 WVS2007 年、2012 年共同构成的混合截面数据。2007 年和 2012 年调查抽样对象涵盖除天津、内蒙古、西藏外的 28 个省（直辖市、自治区）18～75 岁的成年人，有效样本为 4315 个，其中 2007 年有效样本为 2015 个，2012 年有效样本为 2300 个。在本节使用的宏观层面数据中，市场化指数数据来自樊纲等编著的《中国市场化指数——各地区市场化相对进程 2011 年报告》，城镇人口比重数据来自《中国统计年鉴》，外来人口比例根据《2005 年全国 1% 人口抽样调查资料》《中国 2010 年人口普查资料》计算，犯罪率根据《中国检察年鉴》数据计算，各省份平均受教育年限根据《中国人口和就业统计年鉴》数据计算。

本节实证模型旨在考察个体社会信任的影响因素，重点分析市场化、城镇化及其互动关系对个体社会信任的影响。基本实证模型的因变量"社会信

任度"是二值离散变量，本节拟采用二分类 Probit 模型对其进行实证研究，并采用极大似然法（ML）进行估计。所建立的二分类 Probit 模型当"社会信任度"取值为 1 时的条件概率表示为式（7 - 1）。其中，$trust_{i,j}$ 是省份 j 中个体 i 的社会信任度变量，取值为 0 或 1；模型的自变量包括地区市场化程度（mk）、地区城镇化程度（ur）、地区层面的其他控制变量向量（Z）、个体特征的控制变量向量（S）、时间趋势变量（$year$）；下标 i 表示个体，j 表示省区；$\alpha_{0\sim5}$ 是未知参数及参数向量；$\Phi(\cdot)$ 表示标准正态分布的累积分布函数。

$$P(trust_{i,j} = 1 \mid mk_j, ur_j, Z_j, S_{i,j}, year_{i,j}) = \Phi(\alpha_0 + \alpha_1 mk_j + \alpha_2 ur_j$$
$$+ \alpha'_3 Z_j + \alpha'_4 S_{i,j} + \alpha_5 year_{i,j}) \tag{7 - 1}$$

本实证研究的因变量为个体社会信任，自变量包括宏观层面的地区特征变量和微观层面的个体特征变量。变量说明和描述统计如表 7 - 1 所示。对于个体社会信任的衡量，WVS 关于社会信任的问题设计是"一般来说，您认为大多数人是可以信任的，还是和人相处要越小心越好？"根据此问题的回答建立衡量个体社会信任的虚拟变量，对认为"大多数人是可以信任的"赋值为 1，对认为"要越小心越好"赋值为 0。在对该问题作出回答的 4069 个样本中，58.8% 的受访者认为"大多数人是可以信任的"，41.2% 的受访者认为"要越小心越好"。

表 7 - 1　　　　　　　　　　变量说明和描述统计

类别	变量	变量说明	均值	标准差	最小值	最大值
因变量	社会信任	认为"大多数人是可以信任的"＝1，认为"要越小心越好"＝0	0.59	0.49	0	1
地区特征变量	市场化程度	市场化指数	7.63	1.99	3.25	11.80
	城镇人口比重	城镇人口比重（%）	50.1	14.5	27.5	89.3
	外来人口比例	五年前常住地在外省的人口占现住地常住人口的比重（%）	4.42	5.92	0.32	22.71
	犯罪率	全年批准逮捕犯罪嫌疑人人数与万人户籍人口数之比	7.21	2.71	4	14
	地区教育程度	各省区人口平均受教育年限	8.56	0.94	6.59	11.55

续表

类别	变量	变量说明	均值	标准差	最小值	最大值
个体特征变量	性别	男性＝1，女性＝0	0.48	0.50	0	1
	年龄	调查年－出生年	44.3	14.2	18	75
	个人教育程度	个人受教育年限	9.09	5.11	0	26
	婚姻状况	已婚＝1，否＝0	0.83	0.38	0	1
	健康状况	健康状况为"很好""好""还可以""不好"依次取值1～4	2.19	0.95	1	4
	工作状态	目前有工作＝1，否＝0	0.72	0.45	0	1
	家庭收入	家庭收入从"最低层"到"最高层"依次取值1～10	4.23	1.88	1	10
	价值观1～5	依次是个人对家庭、朋友、悠闲时间、政治、工作重要性的认识，"很重要""重要""不太重要""很不重要"的取值依次为1、2、3、4	1.19 1.73 2.22 2.47 1.75	0.42 0.67 0.77 0.82 0.77	1	4
	社会参与1～8	个人对社会组织的参与：依次是对运动/娱乐组织、教育/艺术/音乐/文化组织、工会、政治党派/团体、环境/生态保护组织、专业协会、慈善/人权组织、宗教/教会组织的参与，"是成员"＝1，"不是成员"＝0	0.13 0.11 0.10 0.10 0.06 0.04 0.05 0.07	0.33 0.31 0.30 0.30 0.24 0.21 0.21 0.26	0	1
时间变量	时间变量	2012年样本＝1，2007年样本＝0	0.53	0.50	0	1

本实证研究的地区特征变量包括市场化程度、城镇化程度及其质量、地区教育程度。采用樊纲等（2011）构建的市场化指数来衡量市场化程度。樊纲等主要从政府与市场的关系、非国有经济的发展、产品市场的发育程度、要素市场的发育程度、市场中介组织的发育和法律制度环境五个方面测算中国各省份的市场化程度。市场化指数越高表示该省份的市场化程度越高。对应于WVS2007年、2012年样本，分别采用2006年、2009年市场化指数。地区特征变量采用相对于调查年滞后期的数据是为了避免地区层面变量与社会信任度之间可能存在的内生性问题。采用各省份的城镇人口比重、外来人口比例和犯罪率来衡量城镇化程度及其质量。对应于WVS2007年、2012年样本，分别采用2006年、2011年城镇人口比重数据；采用2005年、2010年调

查的五年前常住地在外省的人口占现住地常住人口的比重作为外来人口比例
的代理变量；采用 2006 年、2011 年各省份全年批准逮捕犯罪嫌疑人人数与
该省份万人户籍人口之比计算犯罪率。将地区教育程度作为地区特征的其他
控制变量，按受教育级次与其对应人数加权平均，计算得各省份平均受教育
年限，以此来衡量地区教育水平。

　　本实证研究的个体特征变量包括性别、年龄、受教育程度、婚姻状况、
健康状况、工作状态、家庭收入、个人价值观、个人对社会组织的参与度。
另外，加入调查年份的虚拟变量以便控制混合截面数据中可能存在的时间
趋势。

二、实证结果分析

　　首先根据式（7-1）的基本实证模型分析市场化、城镇化及其他因素对
个体社会信任的影响，然后纳入市场化程度与城镇化指标的交互项，进一步
考察城镇化与市场化的互动关系对个体社会信任的影响效应和变动趋势。

　　基本实证模型的估计结果如表 7-2 所示。模型 1 纳入市场化指数而没有
纳入城镇化指标，其结果显示市场化指数的系数为负值且不显著。对此，要
问：在市场化程度较高的地区，其社会信任度反而更低吗？为解答这个问题，
进一步考察城镇化对社会信任的影响，把城镇化的三个衡量指标分别纳入其
中，得模型 2～模型 4，其结果显示城镇人口比重、外来人口比例、犯罪率与
社会信任之间均具有显著的负相关关系，即在城镇人口比重、外来人口比例
或犯罪率较高的地区，社会信任度较低。再把市场化指数与城镇化的两个或
三个衡量指标纳入其中，得模型 5～模型 7，其结果显示市场化指数的系数变
为显著正值，城镇人口比重和犯罪率的系数显著为负值。

表 7-2　　　　　　　　　　　基本实证模型的估计结果

变量	模型 1	模型 2	模型 3	模型 4	模型 5	模型 6	模型 7
市场化程度	-0.002 (0.015) [-0.001]				0.034 * (0.020) [0.013]	0.036 * (0.019) [0.013]	0.032 * (0.019) [0.012]
城镇人口 比重		-0.009 ** (0.004) [-0.003]			-0.013 ** (0.006) [-0.005]	-0.011 ** (0.005) [-0.004]	-0.013 ** (0.006) [-0.005]

续表

变量	模型 1	模型 2	模型 3	模型 4	模型 5	模型 6	模型 7
外来人口比例			−0.010* (0.006) [−0.004]		−0.003 (0.008) [−0.001]		0.012 (0.011) [0.004]
犯罪率				−0.028*** (0.011) [−0.011]		−0.023* (0.013) [−0.009]	−0.035** (0.016) [−0.013]
地区受教育程度	0.093** (0.038) [0.035]	0.220*** (0.066) [0.082]	0.135*** (0.043) [0.050]	0.139*** (0.038) [0.051]	0.254*** (0.071) [0.094]	0.242*** (0.070) [0.090]	0.254*** (0.072) [0.094]
性别	−0.0054 (0.050) [−0.0020]	−0.0006 (0.050) [−0.0002]	−0.0002 (0.050) [−0.0001]	0.0044 (0.050) [0.0016]	0.0002 (0.050) [0.0001]	0.0051 (0.050) [0.0019]	0.0044 (0.050) [0.0016]
年龄	−0.023* (0.013) [−0.008]	−0.023* (0.013) [−0.008]	−0.023* (0.013) [−0.009]	−0.023* (0.013) [−0.008]	−0.021* (0.013) [−0.008]	−0.021* (0.013) [−0.008]	−0.021* (0.013) [−0.008]
年龄平方	0.0003** (0.000) [0.0001]	0.0003** (0.000) [0.0001]	0.0003** (0.000) [0.0001]	0.0003** (0.000) [0.0001]	0.0003** (0.000) [0.0001]	0.0003** (0.000) [0.0001]	0.0003** (0.000) [0.0001]
个人受教育程度	0.008 (0.006) [0.003]	0.008 (0.006) [0.003]	0.008 (0.006) [0.003]	0.007 (0.006) [0.003]	0.008 (0.006) [0.003]	0.007 (0.006) [0.003]	0.007 (0.006) [0.003]
婚姻状况	0.095 (0.074) [0.035]	0.101 (0.074) [0.038]	0.099 (0.074) [0.037]	0.100 (0.074) [0.037]	0.102 (0.074) [0.038]	0.103 (0.074) [0.038]	0.103 (0.074) [0.038]
健康状况	−0.055* (0.029) [−0.021]	−0.054* (0.029) [−0.020]	−0.051* (0.029) [−0.019]	−0.048* (0.029) [−0.018]	−0.051* (0.029) [−0.019]	−0.047 (0.029) [−0.017]	−0.048* (0.029) [−0.018]
工作状态	0.056 (0.062) [0.021]	0.048 (0.062) [0.018]	0.053 (0.062) [0.020]	0.044 (0.062) [0.016]	0.039 (0.062) [0.014]	0.031 (0.062) [0.012]	0.028 (0.063) [0.010]
家庭收入	0.0001 (0.014) [0.0001]	0.0008 (0.014) [0.0003]	0.0021 (0.014) [0.0008]	0.0032 (0.014) [0.0012]	−0.0014 (0.014) [−0.0005]	0.0001 (0.014) [0.0001]	−0.0006 (0.014) [−0.0002]
价值观 1	−0.087 (0.064) [−0.032]	−0.090 (0.064) [−0.033]	−0.087 (0.064) [−0.032]	−0.086 (0.064) [−0.032]	−0.083 (0.064) [−0.031]	−0.081 (0.064) [−0.030]	−0.081 (0.064) [−0.030]

续表

变量	模型 1	模型 2	模型 3	模型 4	模型 5	模型 6	模型 7
价值观 2	-0.196 *** (0.043) [-0.073]	-0.193 *** (0.043) [-0.072]	-0.194 *** (0.043) [-0.072]	-0.191 *** (0.043) [-0.071]	-0.194 *** (0.043) [-0.072]	-0.192 *** (0.043) [-0.071]	-0.192 *** (0.043) [-0.071]
价值观 3	-0.007 (0.037) [-0.003]	-0.009 (0.037) [-0.004]	-0.011 (0.037) [-0.004]	-0.013 (0.037) [-0.005]	-0.011 (0.037) [-0.004]	-0.013 (0.037) [-0.005]	-0.012 (0.037) [-0.004]
价值观 4	-0.024 (0.033) [-0.009]	-0.020 (0.032) [-0.007]	-0.021 (0.032) [-0.008]	-0.022 (0.032) [-0.008]	-0.025 (0.033) [-0.009]	-0.026 (0.033) [-0.010]	-0.027 (0.033) [-0.010]
价值观 5	0.066 * (0.035) [0.024]	0.066 * (0.035) [0.025]	0.065 * (0.035) [0.024]	0.063 * (0.035) [0.023]	0.071 ** (0.035) [0.026]	0.069 * (0.035) [0.025]	0.068 * (0.035) [0.025]
社会参与 1	-0.017 (0.092) [-0.006]	-0.018 (0.092) [-0.007]	-0.016 (0.091) [-0.006]	-0.016 (0.091) [-0.006]	-0.008 (0.092) [-0.003]	-0.007 (0.092) [-0.002]	-0.009 (0.092) [-0.003]
社会参与 2	-0.046 (0.100) [-0.018]	-0.041 (0.100) [-0.015]	-0.045 (0.100) [-0.017]	-0.040 (0.100) [-0.015]	-0.042 (0.100) [-0.016]	-0.039 (0.100) [-0.015]	-0.036 (0.100) [-0.014]
社会参与 3	-0.262 *** (0.087) [-0.097]	-0.271 *** (0.088) [-0.101]	-0.267 *** (0.088) [-0.099]	-0.276 *** (0.088) [-0.103]	-0.272 *** (0.088) [-0.101]	-0.280 *** (0.088) [-0.104]	-0.283 *** (0.088) [-0.105]
社会参与 4	0.122 (0.088) [0.045]	0.127 (0.088) [0.047]	0.125 (0.088) [0.046]	0.129 (0.088) [0.048]	0.118 (0.088) [0.044]	0.122 (0.088) [0.045]	0.123 (0.088) [0.046]
社会参与 5	-0.027 (0.137) [-0.010]	-0.035 (0.136) [-0.013]	-0.032 (0.136) [-0.012]	-0.043 (0.137) [-0.016]	-0.024 (0.137) [-0.009]	-0.033 (0.137) [-0.012]	-0.036 (0.137) [-0.014]
社会参与 6	0.147 (0.151) [0.055]	0.145 (0.152) [0.054]	0.146 (0.152) [0.054]	0.153 (0.152) [0.057]	0.148 (0.152) [0.055]	0.154 (0.152) [0.057]	0.156 (0.152) [0.058]
社会参与 7	-0.097 (0.158) [-0.036]	-0.105 (0.158) [-0.039]	-0.095 (0.158) [-0.035]	-0.086 (0.158) [-0.032]	-0.109 (0.158) [-0.040]	-0.099 (0.158) [-0.037]	-0.100 (0.158) [-0.037]
社会参与 8	-0.095 (0.101) [-0.035]	-0.096 (0.101) [-0.036]	-0.094 (0.101) [-0.035]	-0.083 (0.101) [-0.031]	-0.105 (0.101) [-0.039]	-0.096 (0.101) [-0.036]	-0.092 (0.101) [-0.034]

续表

变量	模型1	模型2	模型3	模型4	模型5	模型6	模型7
时间变量	0.111* (0.057) [0.041]	0.076 (0.059) [0.028]	0.098* (0.057) [0.036]	0.075 (0.059) [0.028]	0.066 (0.059) [0.025]	0.050 (0.060) [0.019]	0.040 (0.061) [0.015]
常数项	0.094 (0.389)	−0.570 (0.486)	−0.243 (0.439)	−0.105 (0.395)	−0.908* (0.523)	−0.779 (0.526)	−0.674 (0.535)
观测值	2834	2834	2834	2834	2834	2834	2834
虚拟 R^2	0.028	0.029	0.029	0.030	0.030	0.031	0.031
似然值	−1842	−1839	−1841	−1839	−1838	−1836	−1836

注：***、**、*分别表示1%、5%、10%的显著性水平；圆括号内为标准误，方括号内为边际效应。

从基本实证模型的估计结果可见：

第一，从表面上看，市场化程度较高的地区，其社会信任度较低（模型1）；但在控制城镇人口比重、外来人口比例和犯罪率后，市场化指数与社会信任度呈显著的正相关关系（模型5～模型7）。市场化指数每提高1个单位，个体认为"大多数人是可以信任的"的概率（下文简称"社会信任度概率"）提高约1.2%①。这印证市场化程度与个体社会信任之间具有正相关关系。

第二，无论模型中是否控制市场化程度的影响，城镇人口比重、犯罪率的系数都显著为负值。城镇人口比重每提高1%，社会信任度概率降低约0.5%；犯罪率每提高1个单位，社会信任度概率降低约1.0%。这说明城镇化进程会对社会信任产生影响，就现阶段而言，城镇化程度与社会信任度呈负相关关系。

第三，综合以上两点结论可得，实际上，市场化程度较高的地区，其城镇人口比重、外来人口比例也较高，在社会治理能力不足的情况下，较高的外来人口比例也伴随着较高的犯罪率；较高的城镇人口比重和外来人口比例，打破了传统的"熟人社会"的格局，逐渐转向"生人社会"，与此相伴随的较高的犯罪率降低社区安全度，进而降低社会信任度。所以，市场化本身并没有阻碍社会信任的培育，而是在与市场化相伴随的城镇化过程中，城镇人口和流动人口规模的扩大、社区治安水平的下降对社会信任带来一定程度的

---

① 根据模型5～模型7中对应变量的边际效应计算平均值。

负面影响。

　　第四，地区教育程度的系数在 1% 显著性水平上为正值，这说明地区教育程度与社会信任度呈正相关关系。地区人口平均受教育年限每提高 1 年，社会信任度概率提高约 9.3%。由于教育存在正的外部性，地区教育水平显著地提升社会信任度。

　　第五，年龄、健康状况、个人价值观等个体特征对社会信任具有显著的影响。社会信任度随个体年龄增长呈现先下降后上升的 U 形曲线趋势，青年和老年人的社会信任度较高，而中年人的社会信任度较低。健康状况较好的受访者的社会信任度较高。在价值观方面，对朋友越看重、对工作不太看重的受访者，其社会信任度较高。工会组织成员的受访者的社会信任度比非工会组织成员的受访者要低。而性别、个人受教育程度、婚姻状况、工作状态、家庭收入、是否参与除工会以外其他社会组织对社会信任度的影响并不显著。

　　为进一步考察城镇化与市场化的互动关系对个体社会信任的影响效应和变动趋势，拟在基本实证模型式（7-1）的基础上加入市场化指数与城镇化指标的交互项，得模型 8 ~ 模型 11 的估计结果，如表 7-3 所示。其中，模型 8 ~ 模型 10 分别纳入市场化指数（mk）与城镇人口比重（ur1）的交互项、市场化指数与外来人口比例（ur2）的交互项、市场化指数与犯罪率（ur3）的交互项；模型 11 把市场化指数与城镇化三个衡量指标（ur1，ur2，ur3）的交互项都纳入其中。加入交互项的计量模型可用于分析一个自变量（市场化指数）对因变量（社会信任度）的边际效应是否取决于另一个自变量（城镇化程度）的大小。在线性模型中，交互项的边际效应等于简单回归得到的交互项系数；而在 Probit 等非线性模型中，交互项的边际效应不能直接由交互项系数得出。通过参阅艾和诺顿（Ai and Norton，2003）、张爽（2006）提出的算法，估计得出模型 8 ~ 模型 11 中变量的边际效应。

表 7-3　　　　　　　　　　　加入交互项后模型的估计结果

变量	估计值	模型 8	模型 9	模型 10	模型 11
mk	系数	-0.075 (0.060)	-0.031 (0.023)	0.026 (0.047)	-0.039 (0.105)
	边际效应	0.013 * (0.007)	0.016 ** (0.007)	0.005 (0.006)	0.025 *** (0.008)

变量	估计值	模型 8	模型 9	模型 10	模型 11
ur1	系数	−0.035 *** (0.012)			−0.030 ** (0.015)
	边际效应	−0.007 *** (0.002)			−0.003 (0.003)
mk × ur1	系数	0.002 * (0.001)			0.003 (0.002)
	边际效应	0.001 ** (0.000)			0.001 (0.001)
ur2	系数		−0.195 *** (0.057)		−0.212 *** (0.070)
	边际效应		−0.022 *** (0.006)		−0.018 ** (0.007)
mk × ur2	系数		0.018 *** (0.005)		0.021 *** (0.007)
	边际效应		0.007 *** (0.002)		0.008 *** (0.003)
ur3	系数			−0.018 (0.059)	0.113 (0.073)
	边际效应			−0.011 * (0.006)	−0.005 (0.007)
mk × ur3	系数			−0.002 (0.006)	−0.016 ** (0.008)
	边际效应			−0.001 (0.002)	−0.006 * (0.003)
其他变量		地区教育程度、个体特征变量、时间变量、常数项			
观测值		2834	2834	2834	2834
虚拟 R^2		0.031	0.032	0.030	0.035
似然值		−1836	−1835	−1838	−1828

注：mk 表示市场化程度的变量"市场化指数"，ur1，ur2，ur3 依次表示城镇化程度及质量的变量"城镇人口比重""外来人口比例""犯罪率"；*** 、** 、* 分别表示 1%、5%、10% 的显著性水平；括号内为分别对应于系数和边际效应的标准误。

模型8～模型11中市场化指数和城镇化指标的边际效应估计结果显示：与基本模型结果一致，市场化指数的边际效应显著为正值，城镇化指标的边际效应显著为负值，这说明就现阶段而言，市场化进程对社会信任具有促进效应，城镇化进程对社会信任具有削弱效应。根据表7-3中交互项的边际效应估计结果发现：

第一，市场化指数与城镇人口比重的交互项的边际效应、市场化指数与外来人口比例的交互项的边际效应显著为正值。这说明城镇人口比重、外来人口比例的提高将增强市场化对社会信任的促进效应，即随着城镇人口比重、外来人口比例的提高，市场化对社会信任的边际贡献是递增的。其机理在于：城镇地区的市场经济发育程度一般比农村地区要高，当城镇化程度提升，更多的农村人口流向城镇，这就扩大了"市场参与"的程度，市场参与的扩大将强化市场化对社会信任的影响效应。

第二，市场化指数与犯罪率的交互项的边际效应为负值。这说明降低地区犯罪率有助于增强市场化对社会信任的促进作用。其机理在于：地区犯罪率的下降、社区治安水平的提高，从另一个侧面反映了制度惩罚机制的约束力增强，这就强化了第二节所论述的"市场制度"的激励惩罚机制和信息机制作用，从而提高市场化对社会信任的影响效应。

综合以上两点可见，随着城镇化程度及其质量的提升，市场化进程对社会信任的促进效应将扩大；换句话说，随着市场化进程的加快，城镇化进程对社会信任的削弱效应将减弱。这在一定程度上预示着在市场化和城镇化共同推进的过程中，中国社会格局很可能向着有利于增进社会信任的方向发展。

第四节 外来人口的社会融合状况

一、外来人口社会融合状况的多维分析

外来人口的社会融合涉及多个不同的维度，本节从经济地位、社会关系、文化认同、心理融合四个维度建立社会融合指标体系，并使用中国劳动力动态调查数据（CLDS），分析中国城市外来人口的社会融合状况。社会融合指标体系包括经济地位、社会关系、文化认同、心理融合四个维度，涉及8个

指标，各指标及其赋值说明如表 7 - 4 所示。为了使社会融合指标体系中的各个指标权重一致且数值便于比较，我们对各指标原始数值进行等距调整，使其赋值满分都为 10 分，分值越大反映社会融合度越高；社会融合度总分是各个指标得分的加总，满分是 80 分。本节按在城镇地区常住而户口在本县区以外界定为城市外来人口①，即包括从本县区以外的农村迁入城市或从本县区以外的城市迁入新城市两种类型。所使用的实证数据来自 2014 年、2016 年 CLDS 中城镇地区成年人口数据，总有效样本数为 13726 个，其中外来人口样本数为 2445 个。

表 7 - 4　　　　　　　　　　　社会融合指标体系构成

维度	指标	说明	分值
经济地位	经济阶层	自评社会经济等级从最低至最高层依次赋值 1 ~ 10	10
	相对生活水平	自评相对所在市辖区（或县）其他居民生活水平，从"低很多"至"低一些""差不多""高一些""高很多"依次赋值 2、4、6、8、10	10
社会关系	与本地人交往程度	与居住社区/工作单位本地人交往频率，从"从不"至"偶尔""有时""经常"依次赋值 1、4、7、10；与本社区邻里、街坊及其他居民的熟悉程度，从"非常不熟悉"至"不太熟悉""一般""比较熟悉""非常熟悉"依次赋值 2、4、6、8、10	10
	邻里互助程度	与本社区邻里、街坊及其他居民之间的互助，从"非常少"至"比较少""一般""比较多""非常多"依次赋值 2、4、6、8、10	10
文化认同	本地方言掌握程度	本地方言掌握程度，从"根本不会"至"掌握一点点""掌握部分""掌握大部分""完全掌握"依次赋值 2、4、6、8、10	10
心理融合	幸福感	自评生活过得幸福程度，从"非常不幸福"至"不幸福""一般""幸福""非常幸福"依次赋值 2、4、6、8、10	10
	定居意愿	本地定居意愿，从"非常不可能"至"比较不可能""不确定""比较可能""非常可能"依次赋值 2、4、6、8、10	10
	户籍置换意愿	放弃原户口换取工作地户口意愿，从"不愿意"至"无所谓""愿意"依次赋值 2、6、10	10
社会融合度总分			80

---

① 鉴于问卷调查中特定问题的受访对象限定，本节所界定的外来人口不包括从本地农村进入城市而持农业户籍的人口。

(一) 经济地位维度

在经济地位维度，根据马斯洛的需求层次理论，人们在满足生存需求之后才会产生更高层次的需求。外来人口在流入地城市的需求层次也是以生存需求为起点，首先需要解决就业和收入问题。工作相对稳定和收入水平较高的外来人口，有相对充足的经济支持，其物质生活较有保障，在城市的生存需求得到满足，从而更容易融入城市，对城市的归属感也随之提高。外来人口融入城市的程度也经历着从经济物质到精神追求的逐渐深入的过程，而经济层面的融入是外来人口对城市归属感产生的起点。经济层面的融入不仅是外来人口客观的、绝对的收入多少的问题，还涉及其对自身经济地位的主观认知以及对其相对收入的评价。尽管一些外来人口绝对收入水平不低，但是他们觉得在一个同工不同酬、相对隔离的城市社会环境中有一种比别人低一等的感觉，相对其他人的收入水平有一种"相对剥夺"的感觉，其自我评价的经济地位较低，那么也难以融入城市社会。从这个意义上说，主观认知的经济地位水平和相对生活质量水平比客观的、绝对的物质指标在评价外来人口经济层面的社会融合程度时更为贴切。

本节拟采用"经济阶层""相对生活水平"这两个指标反映外来人口在经济维度的融入程度。"经济阶层"指标根据受访者自评所处的社会经济等级按最低 1 分至最高 10 分赋值。"相对生活水平"指标根据受访者自评相对所在市辖区（或县）其他居民的生活水平赋值。城市外来人口自评所处经济阶层的均值为 4.24，本地居民的经济阶层均值为 4.65，外来人口的平均经济阶层比本地居民略低，处于中等略偏下的等级水平。外来人口自评生活水平比所在市辖区或县的其他居民低很多的占 17.4%、低一些的占 29.0%，差不多的占 45.8%，高一些的占 7.3%，高很多的占 0.5%；而 62.8% 的本地居民认为其生活水平与所在市辖区或县的其他居民差不多，认为低很多的仅占 6.2%，低一些的占 22.9%。可见，与本地居民相比，外来人口自评相对生活水平"低很多""低一些"的比例较大，外来人口在城市生活仍有一种较强的相对剥夺的感觉，这对其融入城市社会造成了不利影响。

(二) 社会关系维度

在社会关系维度，外来人口与本地居民的交往和互助所形成的城市社会关系网络，能够在就业信息、物质帮助、情感支持等方面为外来人口融入城市提供社会支持。外来人口与本地人较频繁的社会互动，有助于增进双方的互信水平。随着居住时间的延长以及人际交往的深入，经过从排斥、认同到接纳，外来人口逐渐获得对城市的认同感与归属感。然而，外来人口的社会交往圈子通常局限于亲戚、老乡等同类人之中，外来人口主要依靠以亲缘、地缘为纽带的社会关系网络来适应城市社会。外来人口与本地居民的交往较为局限，与本地人的交往形式偏重工作需要所形成的业缘关系，这样的交往圈子限制了外来人口与本地居民互动的广度，加上在经济社会地位、语言文化等方面的差异，外来人口与本地居民之间缺少生活中、邻里间的情感交流和互助，这降低了外来人口与本地居民互动的深度。当外来人口文化适应力弱而城市的排斥力强时，外来人口则固守狭隘的交往圈，形成社会隔离状况。

为避免社会隔离状况，跨越型社会资本对增进外来人口融入城市社会的作用引起学界关注。不同于由亲缘或地缘等闭合网络方式所形成整合型社会资本，如亲戚、同乡关系等，跨越型社会资本强调因流动造成不同社会群体之间跨越联结而形成的社会资本，如进城务工新结识的本地朋友、同事等。"整合型社会资本"有时也称为"原始社会资本"，"跨越型社会资本"也称为"新型社会资本"。整合型社会资本对于诱发外来人口选择背井离乡、到城市打拼并实现在城市立足起到主要作用；而后在适应城市社会并寻求更好的发展机会时，跨越型社会资本的作用凸显，外来人口能否在流入地城市结识更多的本地朋友，能否实现从"原始"社会网络向"新型"社会网络的跨越，将决定外来人口在城市发展的好坏及其融入城市社会的程度。

我们在调研中了解到的一个案例，一个小伙子阿升，30多岁，原来生活在广东茂名的一个贫困村，五年前随同乡到珠三角地区的城市务工。他刚开始是做打工仔，负责用钩机清理和收集养殖场的牲畜排泄物。在打工过程中，他结识了一些当地养殖场的朋友，发现将收集的牲畜排泄物卖给种植户做肥料、实现再生资源利用的商机。于是他自己当起老板，在城市本地朋友的引荐下，定点联系了几家牲畜养殖场，专门负责收集可做肥料的再生资源，再运输销售给广东地区的一些种植户做肥料。阿升不怕苦、不怕脏，这几年挣了一些钱，在老家农村扩建祖屋，最近又在城市本地朋友的介绍下在城郊买了一套房子。阿升的话语间表示对城市的认同感挺高，想定居城市并带农村家里的孩子来城市读书。阿升作为新生代农民工一员，进城打拼，生意做得风生水起，除其自身吃苦耐劳外，还与其能广泛结交城市本地朋友、拓展跨越型社会资本有关，城市社会交际网络的拓展也促成阿升等外来人口迅速融入城市社会。

据 2014 年、2016 年 CLDS 中城镇地区受访外来人口数据，由图 7 - 1 可知，外来人口除上班时间外在本地交往最多的人是其他一起工作的朋友，占 20.2%，这反映基于业缘关系的交往仍是外来人口在城市人际交往中的主要形式。一起出来工作的亲戚、一起出来工作的同乡、本地户籍亲戚分别占 13.1%、11.2%、9.4%，这三类直接依靠亲缘、地缘关系而建立的社会关系网络占外来人口在城市社会交往对象比例的 1/3；而本地同学或朋友占 19.5%，本地户籍同事占 3.8%，这两类在城市新建立的社会关系网络占外来人口交往对象比例的近 1/4，可见，外来人口在城市的社会交往圈还是以整合型社会资本为主，而以跨越型社会资本为辅。从外来人口在本地遇到困难时的一般求助对象占比看，求助于一起出来工作的亲戚、本地户籍亲戚这两类对象占比最高，分别为 20.0%、16.5%，求助于一起工作的同乡占 8.2%，而求助于本地同学或朋友、本地户籍同事分别占 14.8%、1.9%，求助于行政部门、村/居委会、物业、房东仅占 2.9%，外来人口的求助对象占比情况更是反映其社会支持网络仍以整合型社会资本为主。另外，有 14.8% 的外来人口表示跟人来往不多，有 16.9% 的外来人口表示遇到困难时很少求助于人，这反映出也有不少外来人口处于相对隔离、缺乏社会交往的状态。

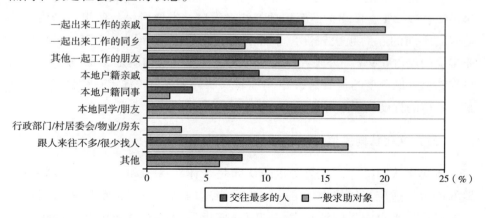

图 7 - 1　外来人口在城市的社会交往和求助对象占比

资料来源：2014 年、2016 年 CLDS 城镇地区个体样本数据。

在社会关系维度，拟建立"与本地人交往程度""邻里互助程度"这两个指标反映外来人口的融入程度。"与本地人交往程度"指标根据外来人口与居住社区或工作单位本地人的交往频率从"从不"至"偶尔""有时""经常"赋值，交往频率越高反映与本地人交往程度越高。少部分外来人口由于居住社区或工作单位不是以本地人为主而没有回答上述交往频率的问题，对于该部分受访者，按其与本社区邻里、街坊及其他居民的熟悉程度代替与本地人交往程度的指标，熟悉程度越高在一定程度上反映与本地人交往程度越高。"邻里互助程度"指标根据外来人口与本社区邻里、街坊及其他居民之间的互助频次从"非常少"至"比较少""一般""比较多""非常多"赋值。

根据 CLDS 数据，外来人口与居住社区的本地人经常、有时、偶尔、从不交往的占比依次是 22.8%、23.6%、42.2%、11.4%，偶尔交往的占多数。基于业缘关系，外来人口与工作单位的本地人交往频率，经常交往的占 63.2%，有时、偶尔交往的分别占 18.7%、16.5%，从不交往的占 1.6%。外来人口与本社区邻里、街坊及其他居民的熟悉程度，非常熟悉的占 5.6%，比较熟悉的占 20.7%，一般的占 34.6%，不太熟悉的占 29.0%，非常不熟悉的占 10.1%；而相对于外来人口，本地居民与邻里、街坊及其他居民的熟悉程度较高，非常熟悉、比较熟悉的分别占 13.6%、33.0%，仅有 2.3% 是非常不熟悉的。外来人口与本社区邻里、街坊及其他居民之间的互助频次是非常多的、比较多的、一般的、比较少的、非常少的依次占 2.0%、17.4%、34.6%、29.2%、16.8%；而相对于外来人口，本地居民与邻里、街坊及其他居民之间的互助频次较高，非常多的、比较多的分别占 5.7%、28.8%，非常少的仅占 6.9%。外来人口与本地人交往程度的均值是 5.83 分，外来人口与邻里互助程度的均值是 5.17 分，这反映外来人口整体上在社会交往维度融入城市的程度处于中等水平。

（三）文化认同维度

在文化认同维度，社会文化的认同是个体在认知和行为上逐步熟习当地的语言，适应当地的生活方式，接受当地的风俗习惯，最后融入当地文化的过程。来自农村的外来人口在流入城市后经历着乡土记忆与城市文明的冲突，来自异地城市的外来人口也经受过地方文化、习俗、方言差别的苦恼。为了更好地融入城市当地生活，外来人口会去了解当地文化习俗，学习当地方言，模仿当地人的行为方式，适应当地居民的生活习惯。文化层面的城市社会融合程度主要表现为外来人口对流入地城市的语言、生活方式和社会风俗的熟悉与遵循程度。语言作为一种反映特定地域特点的语音和符号体系，在社会文化的传承中发挥着重要作用。外来人口会讲普通话和当地方言有助于增进对流入地文化风俗的理解和遵循；外来人口具有掌握本地方言的语言技能优势，也能获得更多的工作机会；同时能越过语言障碍，与本地人更深入地交流，建立联结两类群体的社会网络，从而促进外来人口迅速融入城市社区。

用"本地方言掌握程度"指标反映外来人口在文化认同维度的融入程度，根据外来人口对本地方言的掌握程度从"根本不会"至"掌握一点点""掌握部分""掌握大部分""完全掌握"赋值。根据 CLDS 数据，外来人口完全掌握本地方言的占 47.2%，掌握大部分的占 19.5%，而掌握部分、掌握一点点、根本不会的依次占 8.2%、10.3%、14.8%。可见，外来人口掌握本地方言的比例还是较高的，有近七成的外来人口能够掌握大部分或完全掌握本地方言，其在与本地人沟通上具有优势，外来人口对本地方言掌握程度的均值为 7.47 分，即整体上处于中等偏上的融合度水平。外来人口对本地方言掌握程度普遍较高，一方面是源于"自我选择"机制，他们一般会选择流入文化相近、语言相通的地区；另一方面是源于"后天习得"机制，外来人口流入城市后出于工作和邻里沟通等需要而主动学习本地方言，积极融入城市社会。

（四）心理融合维度

在心理融合维度，外来人口通过对自身在城市中的经济状况、社会交往、文化交融的感知而产生对城市生活的幸福、满足、安全程度的心理判断，由此获得对城市的归属感和认同感，并产生落户定居城市的意愿，这是外来人口在心理层面融入城市的主要表现。社会融合的深化最终建立在外来人口对流入地的心理认同上。心理融合的增进过程也是外来人口"过客"和"自卑的陌生人"心态消减而作为城市"主人翁"意识提升的过程。在这个过程中，外来人口在所处的城市环境中能够感受到同事、朋友、邻里甚至是陌生人对自身的尊重、认可和认同，并能在城市社会人际网络关系的互动中提升自身的幸福感和归属感。对此，我们将"幸福感"作为心理融合维度的指标之一，根据外来人口自评生活过得幸福程度赋值。当外来人口对流入地产生一定的归属感，愿意留在城市定居和长期发展，并愿意将户口迁入城市，外来人口才真正融入城市社会之中。据此，"定居意愿"和"户籍置换意愿"

也纳入作为心理融合维度的指标。"定居意愿"指标根据外来人口在本地定居意愿是"非常不可能"至"比较不可能""不确定""比较可能""非常可能"赋值。"户籍置换意愿"指标根据外来人口放弃原来户口换取目前工作地户口的意愿是"不愿意""无所谓""愿意"赋值。

根据 CLDS 数据，外来人口的主观幸福感均值为 7.46 分，而本地居民的主观幸福感均值为 7.76 分，平均而言，外来人口的幸福感略低于本地居民，但两类群体都处于"幸福"的水平。外来人口在本地定居意愿是非常可能、比较可能的分别占 28.2%、15.5%，而比较不可能、非常不可能的分别占 10.8%、21.7%，另有 23.7% 的外来人口不确定是否在本地定居，五个级别的定居意愿占比较为平均，从外来人口定居意愿指标均值 6.35 分看，其定居意愿平均仍处于"不确定"的水平。图 7-2 进一步列示外来人口不愿意在城市本地定居的原因分布。城市房价太高、生活成本高是两个最主要因素，分别占 22.5%、20.7%；其次是家人需要照顾，占 14.7%；城市工作收入低、工作机会少、小孩上学难是外来人口定居城市考虑的因素但不是主要的。从"其他"因素中根据受访者的补充回答，再区分出思乡/缺乏归属感、城市环境污染这两个被受访者提及得最多的其他因素，分别占 2.3%、2.2%。受访的外来人口提及得较多的是"落叶归根的观念""没有归属感""退休回老家养老""城里空气环境不好"等等。

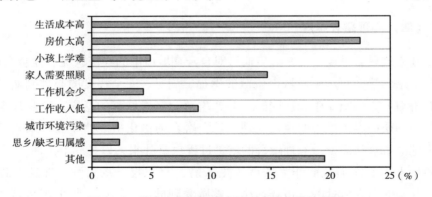

图 7-2　外来人口不愿意在城市本地定居的原因

资料来源：2014 年、2016 年 CLDS 城镇地区个体样本数据。

从户籍置换意愿指标看，有 52.2% 外来人口表示不愿意放弃原来户口换取目前工作地户口，只有 25.1% 表示愿意户籍置换，另有 22.7% 表示无所谓，外来人口户籍置换意愿指标均值为 4.92 分，即平均介于"不愿意"至

"无所谓"之间的水平。可见，尽管有约四成的外来人口持有可能在本地定居的意愿，但出于在老家有土地、集体分红收益等考虑，超过一半的外来人口并不愿意放弃原来户口。这一方面反映外来人口选择完全放弃流入地户籍及利益关系而融入城市社会的程度较低；另一方面也反映一个矛盾，外来人口希望获得城市户籍、享受与城市本地居民同等的待遇，但不愿意放弃流出地户口及户口所附带的农村土地和收益，那么就成了"双重待遇"，这会造成另一种不公平。当然，外来人口不愿意户籍置换也与当前的农村土地政策、城市落户后的待遇政策不明确有关，不少外来人口担心放弃流出地户口后，既得不到将来农村土地改革后高额的土地收益，又享受不到城市同等待遇，落个"两头空"。

二、外来人口社会融合状况的分地区、分类别比较

经过以上四个维度的分析，加总得出外来人口社会融合度总分均值是46.34分，相对于满分80分来说，其社会融合度处于中等的水平。进一步划分不同规模城市、不同区域、不同户籍计算外来人口社会融合度，结果如表7-5所示。

表7-5　　　　　　　　　　外来人口的社会融合度

指标		全部外来人口	特大型城市	一般大型城市	中小型城市	东部省区	中西部省区	城市户籍	农村户籍
社会融合度总分		46.34 (9.76)	45.76 (10.43)	46.82 (9.16)	46.58 (9.38)	44.87 (10.38)	48.76 (8.08)	50.52 (8.76)	44.17 (9.54)
经济地位	经济阶层	4.24 (1.74)	4.14 (1.79)	4.41 (1.70)	4.20 (1.71)	4.09 (1.78)	4.49 (1.65)	4.64 (1.74)	4.04 (1.71)
	相对生活水平	4.89 (1.76)	4.69 (1.81)	5.03 (1.75)	5.01 (1.66)	4.57 (1.82)	5.41 (1.50)	5.52 (1.61)	4.56 (1.74)
社会关系	与本地人交往程度	5.83 (2.65)	5.73 (2.58)	6.00 (2.70)	5.79 (2.68)	5.70 (2.63)	6.04 (2.68)	5.96 (2.80)	5.77 (2.57)
	邻里互助程度	5.17 (2.05)	5.09 (2.13)	5.33 (1.98)	5.11 (2.01)	5.08 (2.12)	5.32 (1.91)	5.32 (1.98)	5.09 (2.08)
文化认同	本地方言掌握程度	7.47 (2.99)	7.06 (3.17)	7.95 (2.67)	7.49 (2.98)	6.89 (3.21)	8.44 (2.29)	8.03 (2.74)	7.19 (3.07)

指标		全部外来人口	特大型城市	一般大型城市	中小型城市	东部省区	中西部省区	城市户籍	农村户籍
心理融合	幸福感	7.46 (1.86)	7.52 (1.86)	7.34 (1.86)	7.49 (1.87)	7.53 (1.89)	7.35 (1.81)	7.73 (1.78)	7.32 (1.89)
	定居意愿	6.35 (2.99)	6.05 (3.07)	6.48 (2.95)	6.63 (2.88)	5.85 (3.09)	7.18 (2.61)	7.82 (2.60)	5.60 (2.89)
	户籍置换意愿	4.92 (3.35)	5.48 (3.53)	4.27 (2.98)	4.85 (3.31)	5.16 (3.48)	4.53 (3.07)	5.52 (3.24)	4.61 (3.36)
观测值		2445	974	730	715	1521	924	835	1610

注：据 2014 年、2016 年 CLDS 城镇地区个体样本数据计算。不带括号的数值是均值，带括号的数值是标准误。

划分不同规模城市①，特大型城市的外来人口社会融合度总分均值为 45.76 分，而一般大型城市、中小型城市的外来人口社会融合度总分均值分别为 46.82 分、46.58 分，经过统计检验，特大型城市的外来人口社会融合度均值显著比一般大型城市、中小型城市要低，而一般大型城市与中小型城市的外来人口社会融合度均值在统计上没有显著差异。从经济地位维度看，特大型城市的外来人口经济阶层均值为 4.14 分，这与中小型城市相当，而显著低于一般大型城市。特大型城市的外来人口相对生活水平均值为 4.69 分，显著比一般大型城市、中小型城市要低。可见，特大型城市的外来人口面临较为激烈的劳动力市场竞争环境和城市高房价、高生活成本的压力，他们与所处城市的其他居民相比觉得自身的经济地位相对较低。

从社会关系维度看，与特大型城市和中小型城市相比，一般大型城市的外来人口与本地人交往和邻里互助所形成的社会关系较为融洽，一般大型城市的外来人口与本地人交往程度、邻里互助程度均值分别为 6.00 分、5.33 分，都显著高于另两类城市。

从文化认同维度看，外来人口对本地方言掌握程度均值由高至低依次为一般大型城市、中小型城市、特大型城市，其外来人口对本地方言掌握程度均值依次为 7.95 分、7.49 分、7.06 分。由于各省份、原本讲不同方言的人

① 鉴于现有数据的统计口径是城市常住人口而非城区常住人口，并相对平衡三类城市的样本数量，此处划分按城市常住人口数在 1000 万人及以上为特大型城市，1000 万以下且 500 万人及以上为一般型大城市，500 万人以下为中小型城市。

都有较大比例选择流入北京、上海、广州、深圳、重庆等特大型城市，他们的家乡话与流入地方言的差异程度较大，这导致他们掌握本地方言较为困难。

从心理融合维度看，尽管特大型城市外来人口的平均经济地位、社会交往程度、方言掌握程度较低，但其幸福感比一般大型城市、中小型城市略高，特大型城市的外来人口幸福感均值为 7.52 分，而另两类城市分别为 7.34 分、7.49 分。对于不少主动选择到特大型城市发展的外来人口来说，尽管特大型城市房价高、生活压力大，但出于就业机会、个人和家庭发展前景、城市氛围等考虑，他们"累并快乐着"。在定居和落户意愿方面，流入中小型城市的外来人口较多是就近、举家迁移，其在本地定居意愿最高，均值为 6.63分，其次是一般大型城市的外来人口，其在本地定居意愿均值为 6.48 分，而特大型城市的外来人口在本地定居意愿最低，均值为 6.05 分。然而，特大型城市的外来人口户籍置换意愿最高，均值为 5.48 分，显著高于另两类城市的水平，特大型城市较多优质的教育、医疗等公共服务资源对外来人口落户形成较强的吸引力。而一般大型城市的外来人口户籍置换意愿最低，均值为4.27 分。流入一般大型城市的外来人口不少是来自城市近郊的农村，这些临近大城市的农村土地的收益升值空间较大，这使得一般大型城市较多外来人口不太愿意放弃原户口而换取流入地城市户口。

划分不同区域，东部省份的外来人口社会融合度总分均值为 44.87 分，而中西部省份的外来人口社会融合度总分均值为 48.76 分，东部省份作为主要人口流入地区，其外来人口的社会融合度均值显著比中西部省份要低。东部省份除幸福感、户籍置换意愿指标均值比中西部省份略高外，其他指标经济阶层、相对生活水平、与本地人交往程度、邻里互助程度、本地方言掌握程度、定居意愿的均值都比中西部省份要低。特别是本地方言掌握程度差距较大，东部省份的外来人口较多来自全国不同的方言区，其对流入地方言的掌握程度较低，其均值为 6.89 分，而中西部省份的外来人口大多来自周边相近方言和文化习俗的地区，其对流入地方言的掌握程度较高，其均值达 8.44分。综合各个维度，东部省份的外来人口在经济地位、社会关系、文化认同方面融入城市社会的程度显著比中西部地区要低。

划分不同户籍群体，持非农或城市居民户口的外来人口主要是从异地城市迁入新城市的，其在流入地的社会融合度较高，总分均值为 50.52 分，而持农业户口的外来人口主要是从农村流入城市的，其在流入地的社会融合度较低，总分均值为 44.17 分。从社会融合度 8 个分类指标的均值看，持农业户口的外来人口在经济地位、社会关系、文化认同、心理融合方面融入城市社会的程度都比持非农或城市居民户口的外来人口要低。可见，相对于城—城转移人口，城—乡转移人口难以融入流入地城市的问题更为严峻。

第五节　外来人口定居意愿的影响因素实证分析

外来人口在经济地位、社会关系、文化认同维度的融入是基础和延伸，而社会融入的深化落脚在外来人口对流入地的心理融合层面，最终表现为外来人口在流入地的永久迁移意愿上。对此，本节聚焦在心理融合维度，拟探讨外来人口在城市定居意愿和户籍置换意愿的影响因素，特别是经济地位、社会关系、文化认同对定居意愿和户籍置换意愿影响的互动关系。

一、影响因素与变量说明

对于个人或家庭来说，迁移决策和定居决策存在一定差异，外来人口的迁移决策主要根据流入地与流出地的收入差距来决定，他们旨在通过外出就业改善家庭收入和生活状况；而其定居决策需要考虑的因素就更多一些，除了两地的收入差距外，还需考虑家庭的长远发展、住房和土地等财产的收益、流入地的社会保障、城市社会的融入状况、落户政策等。

影响外来人口定居意愿和户籍置换意愿的因素主要有三类：一是包括性别、年龄、受教育程度、婚姻状况等在内的个体特征因素，这些因素集中反映家庭生命周期状况和个人在城市立足的能力。二是包括流入地城市规模、流入地所处区域、外来人口户籍、流出地土地拥有情况等在内的地区/类别因素。不同规模的流入地城市、东部与中西部地区在经济发展水平、城市公共服务水平和落户政策等方面存在较大差别，这涉及外来人口永久迁入城市后能获得的长远收益，关乎外来人口对定居城市的选择。外来人口户籍在一定程度上反映其来自农村还是城市，涉及外来人口在流入地城市落户的难易程度和待遇差别。流出地土地拥有情况涉及外来人口保留原户籍所能获得的土地收益，这是外来人口选择户籍置换、定居城市的机会成本。三是由经济阶层、相对生活水平、与本地人交往程度、邻里互助程度、本地方言掌握程度所反映的经济地位、社会关系、文化认同维度的社会融合状况因素。在外来人口融入城市的过程中，经济地位、社会关系、文化认同与心理融合之间存在一定的互动关系，一般认为，外来人口在流入地的经济阶层越高，相对生活水平越好，与本地人有较频繁的社会互动，形成更广泛的社会网络，能够掌握本地方言，则他们对城市的归属感越强，社会融合度较高，他们越倾向于选择永久定居于流入地城市。

　　本节使用 2014 年和 2016 年 CLDS 的城镇地区外来人口个体数据，建立有序 Logit 模型，实证分析个体特征、地区/类别特征、其他社会融合维度状况三类因素分别对外来人口定居城市意愿和户籍置换意愿的影响效应。与本章第四节相同，按在城镇地区常住而户口在本县区以外界定为城市外来人口，外来人口的有效样本数为 2445 个。因变量"定居意愿"按"非常不可能"至"非常可能"从低至高依次赋值 1、2、3、4、5，"户籍置换意愿"按"不愿意""无所谓""愿意"从低至高依次赋值 1、2、3。因变量"定居意愿""户籍置换意愿"都是次序类别变量，且数据模型符合等比例发生风险假设，可采用有序 Logit 模型进行回归分析。变量说明和描述统计如表 7 - 6 所示。

表 7 - 6　　　　　　　　　　　　变量说明和描述统计

类别	变量	变量说明	均值	标准差	最小值	最大值
因变量	定居意愿	本地定居意愿：非常不可能 = 1，比较不可能 = 2，不确定 = 3，比较可能 = 4，非常可能 = 5	3.18	1.49	1	5
	户籍置换意愿	放弃原户口换取工作地户口意愿：不愿意 = 1，无所谓 = 2，愿意 = 3	1.73	0.84	1	3
其他社会融合维度变量	经济阶层	自评社会经济等级从低至最高赋值 1 ~ 10	4.24	1.74	1	10
	相对生活水平	自评相对所在市辖区（或县）其他居民生活水平从低至高赋值 1 ~ 5	2.44	0.88	1	5
	与本地人交往程度	与居住社区/工作单位本地人交往频率从低至高赋值 1 ~ 4；与本社区邻里、街坊及其他居民的熟悉程度从低至高赋值 1 ~ 5	2.72	1.02	1	5
	邻里互助程度	与本社区邻里、街坊及其他居民之间的互助程度从低至高赋值 1 ~ 5	2.59	1.02	1	5
	本地方言掌握程度	本地方言掌握程度从低至高赋值 1 ~ 5	3.74	1.50	1	5

类别	变量	变量说明	均值	标准差	最小值	最大值
地区/类别变量	特大型城市	流入地是特大型城市 =1，否 =0	0.41	0.49	0	1
	一般大型城市	流入地是一般大型城市 =1，否 =0	0.29	0.46	0	1
	东部省区	流入地在东部省份 =1，中西部省份 =0	0.63	0.48	0	1
	农业户口	农业户口 =1，非农/居民户口 =0	0.66	0.47	0	1
	有土地	在老家有土地 =1，没有土地 =0	0.48	0.50	0	1
个体特征变量	性别	男性 =1，女性 =0	0.48	0.50	0	1
	年龄	调查年 – 出生年	37.25	12.87	15	114
	教育程度	受教育年限	10.75	3.82	0	22
	婚姻状况	已婚 =1，否 =0	0.73	0.44	0	1
时间变量	时间变量	2016 年样本 =1，2014 年样本 =0	0.53	0.50	0	1

其他社会融合维度变量包含第四节说明的经济地位、社会关系、文化认同三个维度的 5 个指标。与上节不同的是，本节实证模型中的这 5 个指标无须按满分 10 分进行等距调整，而是构建 5 个次序类别变量，分别用连续的自然数从低至高表示。地区/类别变量包括："特大型城市""一般大型城市"两个虚拟变量，以便区分特大型、一般大型、中小型三类规模的流入地城市①；"东部省份"虚拟变量，以便区分东部与中西部两类流入区域；"农业户口"虚拟变量区分外来人口的户口性质；"有土地"虚拟变量区分在老家有土地和没有土地的两类外来人口。在本样本中，有41%的外来人口流入城市常住人口超过1000万人的城市，有29%流入城市常住人口在500万~1000万人的城市，有30%流入城市常住人口在500万人以下的城市；流入东部省份的外来人口占63%；持农业户口的外来人口占66%；在老家有土地的外来人口占48%。个体特征变量包括性别、年龄、受教育程度、婚姻状况。在本样本中，有48%是男性，受访的外来人口的平均年龄是 37 岁，平均受教育年限是 10.8 年，已婚者占73%。时间变量用于控制不同调查年的样本可能存在的时间趋势。

---

① 三类规模城市的划分与本章第四节相同。

二、实证结果分析

基于 CLDS 的城镇地区外来人口个体数据，分别以定居意愿、户籍置换意愿为因变量，纳入各类影响因素，运用有序 Logit 模型用极大似然法进行估计，得到的实证结果如表 7-7、表 7-8 所示。模型 12、模型 17 是纳入地区/类别变量、个体特征变量的估计结果，模型 13~模型 16、模型 18~模型 21 是在纳入其他社会融合维度变量、地区/类别变量、个体特征变量的估计结果，由于经济地位维度两个指标之间、社会关系维度两个指标之间具有较强的相关性，不能同时纳入模型中，所以将不同维度各一个指标分别组合纳入其中。

表 7-7　　　　　　　　　　定居意愿影响因素的估计结果

变量	模型 12	模型 13	模型 14	模型 15	模型 16
经济阶层		0.095 *** （0.023）	0.093 *** （0.023）		
相对生活水平				0.387 *** （0.047）	0.380 *** （0.047）
与本地人交往程度		0.108 *** （0.038）		0.099 *** （0.038）	
邻里互助程度			0.123 *** （0.038）		0.101 *** （0.039）
本地方言掌握程度		0.381 *** （0.028）	0.381 *** （0.028）	0.375 *** （0.028）	0.377 *** （0.028）
特大型城市	-0.205 ** （0.095）	-0.220 ** （0.097）	-0.217 ** （0.097）	-0.185 * （0.097）	-0.183 * （0.097）
一般大型城市	-0.119 （0.099）	-0.218 ** （0.100）	-0.226 ** （0.100）	-0.171 * （0.100）	-0.177 * （0.100）
东部省份	-0.566 *** （0.089）	-0.313 *** （0.092）	-0.312 *** （0.092）	-0.215 ** （0.093）	-0.215 ** （0.093）
农业户口	-0.441 *** （0.116）	-0.424 *** （0.117）	-0.423 *** （0.117）	-0.350 *** （0.118）	-0.350 *** （0.118）
有土地	-0.895 *** （0.104）	-0.818 *** （0.105）	-0.804 *** （0.106）	-0.821 *** （0.106）	-0.810 *** （0.106）
性别	-0.287 *** （0.076）	-0.275 *** （0.077）	-0.271 *** （0.077）	-0.281 *** （0.077）	-0.278 *** （0.077）

续表

变量	模型 12	模型 13	模型 14	模型 15	模型 16
年龄	0.018 *** (0.004)	0.015 *** (0.004)	0.015 *** (0.004)	0.014 *** (0.004)	0.014 *** (0.004)
受教育程度	0.116 *** (0.012)	0.105 *** (0.012)	0.106 *** (0.012)	0.101 *** (0.012)	0.102 *** (0.012)
婚姻状况	0.068 (0.100)	0.049 (0.102)	0.055 (0.102)	0.087 (0.103)	0.096 (0.102)
时间变量	0.444 *** (0.076)	0.331 *** (0.077)	0.334 *** (0.077)	0.332 *** (0.077)	0.334 *** (0.077)
切点 1	− 0.667 *** (0.253)	1.219 *** (0.292)	1.257 *** (0.293)	1.800 *** (0.304)	1.800 *** (0.304)
切点 2	− 0.0190 (0.251)	1.920 *** (0.293)	1.959 *** (0.294)	2.512 *** (0.305)	2.512 *** (0.305)
切点 3	1.172 *** (0.252)	3.195 *** (0.297)	3.236 *** (0.298)	3.802 *** (0.310)	3.804 *** (0.310)
切点 4	1.997 *** (0.255)	4.065 *** (0.301)	4.106 *** (0.302)	4.685 *** (0.314)	4.686 *** (0.314)
观测值	2436	2436	2436	2436	2436
虚拟 R^2	0.084	0.116	0.116	0.122	0.122
似然值	− 3482	− 3360	− 3359	− 3335	− 3335

　　注：***、**、*分别表示1%、5%、10%的显著性水平；不带括号的数值是估计系数，带括号的数值是标准误。

　　在其他社会融合维度状况对外来人口定居意愿的影响方面，从表7-7的模型13~模型16可以看出，经济地位、社会关系、文化认同三个维度的社会融合程度对外来人口在流入地城市定居意愿具有显著的正向效应。经济阶层越高、相对于市辖区或县其他居民的生活水平越高的外来人口在城市的经济物质基础较好，其定居城市意愿较强。与本地人交往频繁、与邻里互助程度较高的外来人口能在城市获得社会网络的有力支持，其也倾向于在城市长期定居。能够较好地掌握本地方言的外来人口可以与当地人有效沟通并积极融入当地文化环境中，其具有较强的意愿定居城市。

　　在地区/类别因素的影响方面，表7-7的模型12~模型16中"特大型城市""一般大型城市""东部省份"变量的估计系数显著为负值①，说明在

――――――――――

① 在模型12中"一般大型城市"变量的估计系数不显著。

个体特征、社会融合维度状况等其他因素既定情况下，流入特大型城市、一般大型城市的外来人口的定居意愿显著低于中小型城市；流入东部省份的外来人口的定居意愿显著低于中西部省份。"农业户口"变量的估计系数显著为负，说明在其他因素既定的情况下，持农业户口的外来人口的定居意愿显著低于持非农或居民户口的外来人口，城—乡转移人口的定居意愿低于城—城转移人口。"有土地"变量的估计系数在1%显著性水平上为负值，且数值达0.8以上，这说明在老家是否有土地是影响外来人口城市定居决策的一个很重要的因素，即使外来人口的个体特征、社会融合状况、流入地城市规模类型、区域类型都一样，也都是持农业户口，在老家有土地的外来人口在城市定居意愿也显著比无土地者要低。

在个体特征因素的影响方面，不管是否加入其他社会融合维度状况的变量，模型估计结果都很稳健，外来人口的性别、年龄、受教育程度对其定居意愿有显著影响。在外来人口中，女性比男性的定居意愿要强；年龄越大的外来人口、教育程度越高的外来人口越倾向于定居城市；而外来人口的婚姻状况对定居意愿没有显著影响。

在其他社会融合维度状况对外来人口户籍置换意愿的影响方面，从表7-8中的模型18~模型21看出，外来人口在社会关系维度融入城市社会的程度对其户籍置换意愿具有显著的正向效应，外来人口与本地人交往程度越频繁，与邻里间互助程度越高，则其越愿意放弃原户口而换取流入地户口。外来人口的经济阶层对其户籍置换意愿具有显著的负向效应，经济阶层越低的外来人口越渴望通过户籍置换获得流入地城市户口，以便获得相应的市民待遇，借此改变自身经济阶层低的劣势。不同于定居意愿影响因素的实证结果，相对生活水平、本地方言掌握程度对外来人口户籍置换意愿的影响并不显著。

表7-8　　　　　　　　户籍置换意愿影响因素的估计结果

变量	模型17	模型18	模型19	模型20	模型21
经济阶层		-0.042* (0.023)	-0.041* (0.023)		
相对生活水平				-0.035 (0.049)	-0.037 (0.049)
与本地人交往程度		0.096** (0.040)		0.093** (0.040)	

续表

变量	模型 17	模型 18	模型 19	模型 20	模型 21
邻里互助程度			0.070* (0.040)		0.068* (0.040)
本地方言掌握程度		0.040 (0.028)	0.042 (0.028)	0.037 (0.028)	0.040 (0.028)
特大型城市	0.323*** (0.099)	0.317*** (0.100)	0.320*** (0.100)	0.316*** (0.100)	0.319*** (0.100)
一般大型城市	−0.216** (0.104)	−0.224** (0.105)	−0.223** (0.104)	−0.232** (0.105)	−0.230** (0.104)
东部省份	0.222** (0.093)	0.242** (0.094)	0.244*** (0.094)	0.236** (0.096)	0.238** (0.095)
农业户口	−0.040 (0.120)	−0.044 (0.120)	−0.041 (0.120)	−0.049 (0.120)	−0.046 (0.120)
有土地	−0.773*** (0.111)	−0.766*** (0.112)	−0.759*** (0.112)	−0.762*** (0.112)	−0.755*** (0.112)
性别	0.058 (0.080)	0.055 (0.080)	0.057 (0.080)	0.062 (0.080)	0.063 (0.080)
年龄	−0.008** (0.004)	−0.008** (0.004)	−0.008** (0.004)	−0.009** (0.004)	−0.008** (0.004)
受教育程度	−0.002 (0.012)	0.001 (0.013)	0.001 (0.013)	−0.001 (0.013)	−0.001 (0.013)
婚姻状况	0.141 (0.108)	0.123 (0.108)	0.137 (0.108)	0.118 (0.108)	0.132 (0.108)
时间变量	−0.028 (0.079)	−0.058 (0.080)	−0.056 (0.080)	−0.047 (0.080)	−0.046 (0.080)
切点 1	−0.294 (0.265)	−0.080 (0.302)	−0.115 (0.303)	−0.041 (0.314)	−0.080 (0.314)
切点 2	0.760*** (0.266)	0.978*** (0.302)	0.942*** (0.304)	1.016*** (0.314)	0.976*** (0.314)
观测值	2436	2436	2436	2436	2436
虚拟 R^2	0.030	0.032	0.032	0.032	0.031
似然值	−2418	−2412	−2413	−2413	−2415

注：***、**、*分别表示1%、5%、10%的显著性水平；不带括号的数值是估计系数，带括号的数值是标准误。

　　在地区/类别因素的影响方面，表 7 - 8 的模型 17 ~ 模型 21 中"特大型城市"变量的估计系数显著为正值，"一般大型城市"变量的估计系数显著为负值，这说明在其他因素既定的情况下，出于流入地城市户籍相关市民待遇的差别和流出地土地收益的多寡等考虑，流入特大型城市的外来人口的户籍置换意愿显著比一般大型城市、中小型城市要高，流入中小型城市的外来人口的户籍置换意愿又显著比一般大型城市要高。"东部省份"变量的估计系数显著为正值，说明流入东部省份的外来人口的户籍置换意愿显著比中西部省份要高。这与第四节划分不同规模城市、划分不同区域对户籍置换意愿分析的结果一致。"农业户口"变量的估计系数并不显著，而"有土地"变量的估计系数显著为负值。这说明尽管农业户口的外来人口群体的户籍置换意愿平均较低，但农业户口性质并非户籍置换意愿较低的根本原因，而根本原因在于农业户口者在老家有土地、有可能获得土地分红收益，这些拥有土地的外来人口不太愿意放弃原户籍相关的土地收益和权利，因而其户籍置换意愿显著比无土地者要低。

　　在个体特征因素的影响方面，上文实证分析得出年龄越大的外来人口定居意愿越强，而年龄对户籍置换意愿的影响则相反，表 7 - 8 各模型中年龄的估计系数显著为负值，说明越年轻的外来人口户籍置换意愿越强。年轻的外来人口主要是一些新生代农民工，他们基本没有务农经历，受到农村习俗、家庭和利益束缚较少，他们较愿意放弃原户口换取流入地城市户口，以便在城市中谋求更好的发展机会。而不同性别、受教育程度、婚姻状况的外来人口的户籍置换意愿无显著差别。

第六节　结　　论

　　外来人口落脚城市最终需要融入城市社会之中，在经济、社会、文化、心理等层面实现社会融合，让同等条件的外来人口获得与本地居民相当的就业机会和经济地位，增进外来人口与本地居民之间的社会交往和互助，实现文化习俗的包容，让外来人口获得幸福感和归属感并形成在城市长期定居的意愿。外来人口的社会融合，向上追溯有赖于社会信任的建立，表现为在城市社会中个体社会信任度的提升；向下延伸落脚在外来人口在流入地的永久迁移意愿上，表现为外来人口在城市定居意愿的增强并实现在城市长期生活发展。本章首先基于市场化、城镇化与社会信任的关系，使用世界价值观调查（WVS）的中国数据，实证分析城镇化及其与市场化的互动关系对个体社会信任的影响效应；其次，使用中国劳动力动态调查数据（CLDS），从经济地位、社会关系、文化认同、心理融合四个维度建立指标体系并实证分析城市外来人口社会融合的状况；最后，实证探讨外来人口定居意愿的影响因素。主要得到如下结论：

在社会信任的影响因素方面，市场化进程对个体社会信任具有显著的促进作用；就现阶段而言，城镇化程度与社会信任度呈负相关关系，城镇人口和流动人口规模的扩大、地区治安水平的下降对社会信任带来一定程度的负面影响；然而，随着城镇化程度及其质量的提升，市场化进程对社会信任的促进效应将扩大，这在一定程度上预示着中国城市社会格局向着有利于增进社会信任的方向发展。

在社会融合状况方面，基于本章构建的社会融合指标体系，中国城市外来人口的社会融合度总分均值为 46.34 分，相对于满分 80 分来说处于中等的水平。在经济地位维度，城市外来人口的平均经济阶层处于中等略偏下的等级水平，比本地居民略低，外来人口在城市生活仍有一种相对剥夺的感觉。在社会关系维度，基于业缘关系的交往是外来人口在城市人际交往的主要形式，外来人口在城市的社会交往和求助的关系网络还是以亲戚、同乡等依靠亲缘、地缘关系而建立的"整合型社会资本"为主，而"跨越型社会资本"仍是其次。在文化认同维度，源于"自我选择"机制和"后天习得"机制，较高比例（近七成）的外来人口能够掌握大部分或完全掌握本地方言。在心理融合维度，外来人口的平均幸福感略低于本地居民；有约四成的外来人口持非常或比较可能在本地定居的意愿，而城市房价太高、生活成本高是外来人口不愿意定居城市的两个最主要原因；出于在老家有土地、集体分红收益等考虑，超过一半的外来人口并不愿意放弃原来的户口换取流入地户口。

通过跨地区和类别比较发现，特大型城市的外来人口社会融合度低于一般大型城市和中小型城市，东部省份的外来人口社会融合度低于中西部省份，农业户口的外来人口社会融合度低于非农或居民户口的外来人。特大型城市、东部省份的外来人口除幸福感、户籍置换意愿较高外，在经济阶层、相对生活水平、与本地人交往程度、邻里互助程度、本地方言掌握程度、定居意愿方面都相应比一般大型城市和中小型城市、中西部省份要低。而农业户口的外来人口在 8 个指标所反映的社会融合程度都比非农或居民户口者要低。

　　在定居意愿和户籍置换意愿的影响因素方面，经济地位、社会关系、文化认同维度的社会融合度越高的外来人口在流入地城市定居意愿越强；社会关系维度的社会融合度越高、经济阶层越低的外来人口，户籍置换意愿越强。在其他因素既定的情况下，特大型城市、一般大型城市的外来人口的定居意愿比中小型城市要低；而出于流入地户籍相关的市民待遇等考虑，特大型城市的外来人口的户籍置换意愿比一般大型城市、中小型城市要高。东部省份的外来人口的定居意愿低于中西部省份，而户籍置换意愿则相反。在老家有土地会降低外来人口在城市定居意愿和户籍置换意愿。

　　对此，我们得到如下启示：

　　第一，相对本地居民的经济地位差距是城市外来人口社会融合度较低的主要因素。对此，促进外来人口社会融合的着力点之一是消除外来人口在劳动力市场和享受城市基本公共服务等方面的歧视性待遇，给予外来人口公平的就业机会和平等的公共福利权益，推进农业转移人口市民化。

　　第二，社会关系网络尤其是跨越型社会资本对促进外来人口融入城市社会发挥着重要作用。外来人口除借助原有的由亲缘、地缘关系网络所构成的整合型社会资本外，还需在城市积极拓展跨越型社会资本。通过个人、单位和社区共同建立人际交往圈、营造良好氛围和塑造社会支持系统，增进外来人口与本地居民之间的社会交往和互助，让外来人口融入当地社区，接触本地文化，增强对单位、社区和城市的归属感。

　　第三，市场化和城镇化是社会信任演进的重要制度环境。在新型城镇化建设过程中，除充分发挥市场制度对行为主体的激励惩罚机制和信息机制的作用外，还需重视提升城镇化的质量，消除城镇化进程中对外来人口的歧视性待遇因素，提高社会治理水平，优化社区治安环境，继而提升包括外来人口在内的全体居民的社会信任度，促进城市社会融合。

　　第四，增进外来人口社会融合的难点在特大型城市。特大型城市的外来人口社会融合度较低，其症结在于常住人口规模与城市基础设施、有效住房供给、公共服务提供规模不匹配，政府出于城市综合承载力的考虑，没有完全放开特大型城市外来人口在落户和公共服务待遇方面的限制，这使得特大型城市的外来人口所承受的生活压力和身份歧视所带来的心理负担较大，难以融入城市社会。对此，人口流入地城市尤其是特大型城市应该改变"限人"措施，而将重点放在"扩容"上，在全面放开落户限制的同时，通过协调大中小城市发展、优化城市公共交通基础设施布局、增加居住用地供应、扩大公共服务供给等措施提升城市综合承载力，继而减轻外来人口在城市特别是特大型城市生活的负担，提升其融入城市社会的水平。

第五，许多农村进城的外来人口不愿意定居城市和置换户籍的重要原因是不愿意放弃农村土地及其收益。对此，需要加强制度的顶层设计，开展农村土地制度联动改革，明确土地收益如何置换城市待遇，确保外来人口户籍置换后应有的权益保障，给予外来人口稳定的政策预期，消除其定居城市和放弃原户籍的顾虑，才能让外来人口真正融入城市社会。

第八章　落脚城市，路在何方？

第一节　外来人口落脚城市的路径转型

在城镇化浪潮中，许多农民工、异地就业的大学生为了生计、为了梦想，从农村去往城市，从家乡城市奔赴工作城市。他们尽管在城市受到就业、居住、公共服务、社会融合等问题的困扰，也怀着对家乡的牵挂，但并没有因此放弃对落脚城市的渴望，他们渴望在城市实现乐业、安居，平等地享有公共服务，融入城市社会，共享城市发展的机会和成果。外来人口落脚城市的过程其实也是市民化的过程，最终消除城乡二元结构和城市新二元结构，实现与城市本地居民同等待遇和身份认同。外来人口去往城市和落脚城市的状况随着中国城镇化发展道路的演进而变化。当前外来人口落脚城市所面临的问题在一定程度上与以往以经济增长为导向、由政府主导、城市偏向、配套政策改革不同步的城镇化发展道路有关。而外来人口真正落脚城市需要实现发展路径的转型：在立足理念上需要从增长导向转变为以人为本；在动力机制上需要从政府主导转变为市场主导与政府调节协同推进；在关系协调上需要从城市偏向模式转变为城乡融合发展模式；在改革方向上需要从独立的政策改革转变为联动的制度改革。

一、立足理念：从增长导向到以人为本

改革开放以来，中国城镇化发展道路主要是以经济增长为导向，强调城市的物质创造，而广大的外来人口被排除在城市利益分享和保障体系之外，社会、民生等问题被置于次要地位。在这种传统城镇化发展道路中，地方政府注重追求 GDP 的短期收益，对土地财政高度依赖，形成外延式扩张的土地

城镇化，导致后来很多城市遇到土地空间扩张受限、劳动力结构失衡、公共服务和社会保障缺失等结构性问题。

这些问题，集中表现为在城市经济快速增长的同时土地城镇化与人口城镇化并不同步。1998～2018年，中国城镇常住人口从41608万人增加到83137万人，翻了一番；城市建成区面积的扩张幅度更大，从21379.6平方公里增加到58455.7平方公里，增加1.7倍。1998～2018年城镇常住人口的年均增长率为3.6%，城市建成区面积的年均增长率为5.1%，建成区面积增长速度比常住人口增长速度约高40%。① 从图8-1看出，1998～2018年除个别年份外，在其他大部分年份城市建成区面积增长率都高于城镇常住人口增长率，特别是在2001～2005年，城市建成区面积增长率高达7.0%～9.0%，而城镇常住人口增长率保持在4%左右。尽管20多年全国人均GDP实现年均11.7%的增长速度，但土地城镇化与人口城镇化不同步，土地城镇化程度远高于人口城镇化程度，常住人口城镇化水平与户籍人口城镇化水平也有较大缺口。2019年中国城镇常住人口占总人口比例，即常住人口城镇化率为60.6%，而户籍人口城镇化率为44.4%②，近十几年来常住人口城镇化率与户籍人口城镇化率的差距保持在15～17个百分点，也就是这15～17个百分点的非本地户籍而常住城市的居民为城市经济增长作出贡献，但被排除在城市发展成果分享体系之外，并不能同等享有流入地城市福利待遇。土地城镇化与人口城镇化之间、常住人口城镇化与户籍人口城镇化之间的偏差，反映了在"物化"理念下地方政府"经营城市""经营土地"的行为取向衍生出城镇化发展路径与目标的偏离，诠释了外来人口难以落脚城市的原因。

面对增长导向的城镇化发展道路所带来的城市土地扩张难以为继、外来人口落户困难、社会民生缺乏保障等一系列问题，传统城镇化发展路径亟须发生转变。2012年党的十八大明确"新型城镇化"的方针，并提出有序推进农业转移人口市民化。城镇化发展的理念逐步从"物化"向"人本"回归，强调"人的城镇化"，让外来人口享有同城待遇，让城乡居民共享改革发展成果。2016年国务院印发的《推动1亿非户籍人口在城市落户方案》明确全面放开放宽重点群体的落户限制。2019年国家发展改革委发布的《2019年新型城镇化建设重点任务》提出全面取消城区常住人口100万～300万人的Ⅱ

---

① 1999～2019年《中国统计年鉴》。
② 国家统计局《2019年国民经济和社会发展统计公报》。

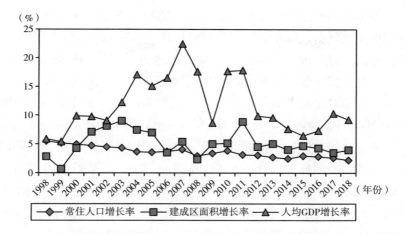

图 8 - 1　中国城市常住人口、建成区面积和人均 GDP 的增长率

资料来源：1999 ~ 2019 年《中国统计年鉴》。

型大城市的落户限制，全面放开放宽城区常住人口 300 万 ~ 500 万人的 Ⅰ 型大城市的落户条件，推进常住人口基本公共服务全覆盖。这意味着我国城镇化进程中的市民化制度性通道不断拓宽。图 8 - 1 反映出 2012 年以后城市建成区面积增长率与城镇常住人口增长率的差距比 2012 年以前有所收窄，两个增长率的差距保持在 1. 5 个百分点左右，2012 年以后地方政府对城市土地扩张的依赖有所减弱，而对常住人口及其福利待遇的重视程度有所提升。可见，以人为本的理念逐渐植根于中国城镇化的发展过程，有助于外来人口落脚城市的路径选择。

二、动力机制：从政府主导到市场主导与政府调节协同推进

中国传统城镇化发展道路主要是以政府主导的城镇化，基于城乡二元体制，由政府通过带偏向性的政策掌握大部分要素资源的配置，导致城乡要素的不平等交换，推动城市经济优先发展。地方政府利用较低的工业地价和较低的劳动力市场价格吸引资本、劳动力等要素资源流入城市，通过"以地引资"和促进农民工进城，推动城市经济增长；然后以土地为载体，利用资本杠杆实现资本累积，发挥"土地财政"的作用，增加地方政府财政收入。在传统城镇化道路中政府主要利用三种政策工具来配置要素资源：一是利用征地规制，地方政府低价征收农村土地然后高价卖出，为城市工业建设提供土

地资源，促进城镇化进程，但在一定程度上牺牲了农村居民的利益。二是利用城市用地配额制度，每年新增城市建设用地指标"自上而下"由中央分配到省份，再由省份分配给地方，通过城市用地指标间接调控城市扩张规模，并对城市数量和城市行政级别的设置实行限制。但这种用地配额制度不能反映和满足各城市对土地资源的市场需求，主要人口流入地城市的土地资源配给在 2003 年以后相对收紧，造成城市人口与土地的空间错配。三是利用户籍制度，各地方政府掌控落户指标的分配，制定差别性落户政策，对不同规模的城市、不同类型的外来人口设置不同的落户门槛，以便甄别和吸引技能人才优先落户，而在一定程度上限制非技能劳动力落户，并控制大城市人口规模。但这种由政府主导的"限人"措施又会引发城市劳动力结构失衡等问题。

这种由政府主导的城镇化在推动城市经济和重点产业快速发展、保证地方财政增收的同时也带来资源配置的扭曲、劳动力自由流动受限、市民化成本难以分担等问题。对此，城镇化发展道路和外来人口落脚城市的动力机制需摆脱政府主导的模式，而转变为由市场主导与政府调节协同推进，建立市场与政府之间的良性互动机制，实施一种诱发式的制度变迁。这种良性互动机制改变以往由政府直接干预土地、劳动力等要素资源配给的方式，而是由政府牵头建立"人—地—钱"挂钩的激励机制，然后充分发挥市场配置资源的作用。

首先是"人"，应有序放宽各类城市的落户限制，促进劳动力自由流动，保障外来人口的自由迁徙权、自由择业权、自由交易权等，让外来人口在公平竞争的市场环境中得到应有的回报；政府只需在公共服务、城市治理等方面着力提升公共服务覆盖水平，增强城市综合承载力，满足人口流入的需要。

其次是"地"，一方面应深化农村土地制度改革，探索建立农村土地市场化的交易机制，使有意愿在城市定居的外来人口可将农村土地置换成进城的资本，用进城的资本换取城市公共服务，借助市场机制分担农业转移人口市民化成本，提升外来人口享有的城市公共福利水平；另一方面应改革城市用地配额制度，使之与市场需求挂钩，城市新增建设用地指标的配给要与城市新增常住人口规模相一致，这样才能解决很多大城市"人多地少"的资源配置扭曲问题。

最后是"钱"，在允许要素自由流动情况下，资本自然流向劳动力成本较低、土地供给充足、集聚度较高的产业和城市，这是市场机制可以自发调节的；而这里的关键是要在制度上允许外来人口的医保、社保等资金待遇可携带、可跨地区转移，即公共服务待遇可随人走；同时，地方政府用于民生方面的财政支出和获得的转移支付资金要按常住人口规模来配给，这样才能形成对人口流入地政府实施市民化政策的有效激励。也就是让"钱随人走，地可换钱"，通过要素资源自由流动，发挥市场主导和政府调节作用，做大城市经济"蛋糕"并有效分担市民化成本，形成吸纳外来人口落脚城市的内生动力机制。

三、关系协调：从城市偏向到城乡融合

中国传统城镇化发展道路存在"城市偏向"，政府在经济和社会发展中实施偏向城市的政策，一方面采用有利于城市的投资、税收、价格等政策，利用价格扭曲机制，吸引优质要素资源流向城市；另一方面政府公共支出向城市倾斜，为城市提供比农村更高水平的公共服务，结果使得经济发展对城市地区和城市本地居民有利，而牺牲农村地区、农村居民和农业转移人口的利益。中国这种由地方政府主导的"城市偏向"的城镇化道路使得城市对农村、中心城市对周边城镇形成明显的虹吸效应。在城镇化的初始发展阶段，地方政府低价征收农村土地供城市建设使用，同时农村大量廉价劳动力自发流入城市，政府也在城市选择重点产业给予扶持政策，吸引农村和周边城镇的要素资源向城市特别是中心城市集聚，城市地区经济得以快速发展。随后，政府加大对中心城市的公共支出，中心城市优质的教育、医疗、基础设施等公共服务资源相对充裕，进一步吸引农村和周边城镇的人才、资金、信息等资源的流入，中心城市的竞争力提高，城市规模进一步扩大。而农村普遍出现空心化、老龄化严重、留守儿童等问题，一些小城镇因产业变迁、优质资源大量流失而迅速衰落。城乡收入差距、城乡公共服务水平差距也随之扩大。外来人口既不能与城市本地居民同等获得高收入和享受城市公共服务，又不得不承受自身在农村的留守家庭的沉重负担。"城市偏向"的传统城镇化道路加剧了城乡社会的对立性，并不利于外来人口落脚城市。

对此，城镇化发展和外来人口落脚城市的路径需协调好城乡发展的关系，需从城乡分离、城市偏向模式向城乡一体、城乡融合模式转变。近年来在新型城镇化建设中，中国也开始重视推进城乡融合发展，这主要推行了以下三个方面的政策举措。

一是实施农村土地制度改革，推动乡村振兴。通过规范农村土地经营权

有序流转，实施跨省域国家统筹耕地占补平衡政策，推进农村建设用地拆旧复垦指标跨区域流转交易试点，有效盘活农村土地、资金等要素资源；因地制宜促进农业规模化经营，繁荣乡村旅游产业，发展城市郊区特色农业；在城市获得用地指标、集聚劳动力、资本等要素资源得以发展的同时，有效避免农村空心化问题，推动乡村振兴。

二是开展城中村改造，落实农村移民异地搬迁安置工作。各地区依据城中村的实际特点，灵活采用集体自主改造、村企合作改造、政府收储等改造模式，实施原址安置、异地安置、合并安置等方式，在城区或城郊建设农村移民新居，让村民"洗脚上楼"；促使村民从被动拆迁变为主动建设，推进搬迁安置区的新型城镇化建设，以城带乡，以城镇化建设带动农村脱贫致富。

三是实施城乡公共服务对接政策，推进农业转移人口市民化。通过让农业转移人口的城乡医保、社保可转移、可对接，让农业转移人口随迁子女可同等在城市接受教育，让农业转移人口在农村的土地可置换为进城资本，这样才能消除外来人口社会保障的后顾之忧，从根本上解决农村留守儿童问题、农业转移人口在城市购房难等问题，促进城乡基本公共服务均等化。

四、改革方向：从政策独立到制度联动

在以往的城镇化发展道路中，促进外来人口落脚城市的路径起初遵循以户口作为资源配置和权益分配依据的固有范式，主要采用"积分换户口"的户籍改革方式；而后针对户籍改革的问题，提出剥离户籍与城市公共服务权益的关系，实行按常住人口规模提供公共服务，将改革重心放在通过财政政策推动公共服务常住人口全覆盖方面；与此同时，农村土地制度改革在相对独立地开展；通过城市规划推动城市空间布局优化也一直在推进。然而，户籍制度、公共服务、土地制度、城市规划等改革的开展相对独立，它们之间缺乏有效的联动机制，存在改革不配套、不同步等问题，难以形成有效合力，对于促进外来人口落脚城市的作用有限。而单项制度不是孤立存在的，制度设计需注重关联性。针对促进外来人口落脚城市的路径问题，在改革方向上需要从独立的制度改革转变为联动的制度改革，围绕"人往哪里去，地从何处来，钱从哪里出"等核心问题，开展农业转移人口市民化的相关体制机制创新，建议推进"户籍—土地—公共服务—城市规划""四位一体"的联动改革。

在"户籍—土地"联动改革方面，需建立"人地挂钩"机制。通过探索建立农业转移人口用农地权益置换进城户籍以及城乡建设用地增减挂钩节余指标跨省交易的新机制，使城镇新增建设用地供给与吸纳外来人口落户数量、新增常住人口规模相一致。在"户籍—公共服务"联动改革方面，需建立"人钱挂钩"机制。通过完善居住证制度和财政政策，将原来按户籍人口规模改为按常住人口规模来分配财政资源和提供公共服务，对吸纳外来人口落户和新增常住人口较多的地区给予财政转移支付资金支持，以便推进基本公共服务常住人口全覆盖和均等化。在"土地—公共服务"联动改革方面，需建立"带地进城"机制。通过将土地指标与地方用于民生方面的财政支出相挂钩，允许农业转移人口用农地权益置换进城的资本和公共服务，允许地方政府将农村宅基地复耕指标换取新增的城市建设用地指标，但需将新增的卖地收入优先用于提升常住人口的公共服务水平。无论是户籍、土地还是公共服务的改革都需置于城市空间的维度来实施，需与城市规划布局相衔接，才能最大限度地提升市民化的政策效能。对此，应将户籍、土地、公共服务改革与城市规划联动，突破城市单元模式，而基于城市群模式，建立落户指标、土地指标、公共服务供给在城市群内统筹调配、交易流转和均等化布局的机制。

本章第二～第五节拟具体论述户籍制度改革、土地制度改革、公共服务同城待遇的财政支持政策、城市空间布局优化等促进外来人口落脚城市的对策建议。

第二节　户籍制度改革

一、户籍制度改革面临的问题

作为城市属地化权利界定和福利配置的重要依据，户籍制度被视为引致半城镇化问题的直接制度渊源。而要促进外来人口真正落脚城市，需要稳步推进户籍制度改革，最终建立"一元化"户籍制度。然而，现阶段的户籍制度改革仍面临三个方面的突出问题：

一是地方政府缺乏放开落户限制的激励。现阶段的地方政府仍是一种发展型政府，基于"属地管理""行政发包""软预算约束"的中国政府体系特征下，地方发展型政府以推动经济发展为主要目标，长期作为经济发展的主导力量（郁建兴和高翔，2012）。由于城市户籍附带的巨大待遇利益，地方政府在 20 世纪 90 年代至 21 世纪初，普遍借助户籍政策来吸引发展地方经济所需的各种资源，逐渐将原本只具有社会管理功能的户籍制度异化为增加地方政府财政收入的政策工具。2014 年以来，中央和地方相继出台多项关于户籍制度改革和推动农业转移人口市民化的政策，如《国务院关于进一步推进户籍制度改革的意见》《居住证暂行条例》《国务院关于实施支持农业转移人口市民化若干财政政策的通知》等，按照"中央顶层设计、地方分类实施"的方针，地方政府可获得户籍制度改革实施的一定自主权，但同时也面临来自中央统筹推进户籍制度改革的约束力。

在中央的约束力下，地方政府需改变以往以经济增长为主要目标导向的户籍政策，而需在经济增长与社会公平之间有所取舍，许多大城市需逐步降低落户门槛，逐步扩大外来人口享有的城市公共服务范围。这意味着主要人口流入地的政府需按新增落户人口和常住人口规模扩大民生方面的财政支出，而短期内财政收入不见得会大幅增加，地方政府的预期收益小于预期成本；或者在增加新本地人和外来人口利益的同时却需减少城市原本地居民的利益，才能维持财政收支平衡。那么，地方政府因缺乏内在激励而不愿意实施放开落户限制的政策，减少一部分人利益而去增加另一部分人利益的"存量改革"也会面临受既得利益者抵制的重重压力。况且，落户指标的分配和市民化成本的分担缺乏跨地区的统筹协调机制。户籍政策涉及人口流入地与流出地政府之间利益的再分配，放开落户限制后，人口流入地政府的财政负担相对增加，而人口流出地政府的财政负担相对减少，在缺乏跨地区的统筹协调机制下，人口流入地政府缺乏放开落户限制的激励，诱发性制度变迁仍无法进行。

二是落户政策与落户意愿不匹配。2013 年发布的《中共中央关于全面深化改革若干重大问题的决定》指出"全面放开建制镇和小城市落户限制，有序放开中等城市落户限制，合理地确定大城市落户条件，严格控制特大城市人口规模。"2019 年发布的《国家发展改革委关于培育发展现代化都市圈的指导意见》进一步放宽落户限制，明确"放开放宽除个别超大城市外的城市落户限制"。2020 年，中共中央、国务院发布的《关于构建更加完善的要素市场化配置体制机制的意见》再次强调"放开放宽除个别超大城市外的城市落户限制"，并"试行以经常居住地登记户口制度"。尽管近 10 年来城市落户政策不断放宽，2010 年起已在全国范围实行居住证制度，但是落户的矛盾依然存在，各地普遍存在"放开落户的城市，农业转移人口不愿意落户"而"农业转移人口有落户意愿的城市，没有放开落户限制"的现象。由于中国各地区发展不平衡，虽然中小城市、一般大城市放开落户条件，但外来人口的落户意愿较低；而北京、上海、广州、深圳等外来人口落户意愿较高的超大城市因巨大的人口压力而持续严格控制落户条件。不同规模城市的落户政策与外来人口的落户意愿不匹配，并且农业转移人口对农村土地收益的去留有后顾之忧，加剧了落户政策、土地政策与落户意愿的矛盾。所以，户籍制度改革的全面实施与政策普惠于民的目标仍有一段距离。

三是落户门槛的设置具有选择性。地方政府为促进本地区的经济增长，其制定的落户政策旨在优先吸引生产率较高的劳动力流入而排斥生产率较低的劳动力。许多大城市的落户政策主要是偏向高技能人才，吸引高学历、具有专业技术职称的劳动力落户，而对于低技能劳动力和一些农村移民来说，在城市落户依然遥不可及甚至面临更高的落户门槛。以广州、深圳、佛山2020 年积分落户政策为例，都提及个人文化程度和技术能力的分值项：本科及以上学历者的得分比专科、高中学历者要高；中级及以上职称或技师及以上职业技术资格者的得分比其以下职称或职业技术资格者要高；有专利发明、技能竞赛获奖者或在研发机构等单位从事专业技术工作者可获得加分等。广州、深圳的积分落户政策还提及年龄的分值项，越年轻的成年劳动者得分越高，而 45 岁以上的劳动者得分低，广州、深圳的落户政策主要偏向吸引年轻的劳动力落户。2020 年上海人才落户新政提及博士研究生、名校的应届硕士毕业生、北京大学、清华大学及在沪四所名校的应届本科毕业生符合基本条件可直接落户，而其他非上海生源应届毕业生落户需达到一定分值。[①] 可见，上海的落户政策对名校毕业生有较强的倾向性，而一般高校毕业生落户上海也不容易，本科以下学历者落户更是困难。另外，大部分城市基本公共服务所优先扩大的覆盖对象主要是持本省户籍、在本省范围内流动的外来人口，而跨省流动的外来人口往往被排除在流入地城市基本公共服务覆盖范围之外。

许多城市"因人而异"的落户门槛设置的出发点是吸引生产率较高的高技能劳动力流入。然而，在城市产业体系中，高技能与低技能劳动力具有一定的互补性，高技能劳动力增加的同时，城市产业体系对低技能劳动力的需

---

① 　上海市政府发布《2020 年非上海生源应届普通高校毕业生进沪就业申请本市户籍评分办法》。

求也相应增加。地方政府通过落户门槛限制低技能劳动的供给，势必引起低技能劳动力的短缺及其价格上涨，这就表现为近年来许多大城市的运输、餐饮、家政、环卫等一线服务业招工难、工资上涨等问题，使得劳动力结构失衡，对城市产业发展造成效率损失。

二、户籍制度改革的路径

针对现阶段的户籍制度改革面临的问题，让外来人口落脚城市的路径之一是要分阶段、分地区深化普惠型、增量式的户籍制度改革。普惠型的户籍制度改革是将社会公平与经济发展放在同等重要的位置，摒弃社会福利待遇的双重标准，让城市外来人口与本地居民同等分享城市发展成果，实现城市基本公共服务的广覆盖和人均意义上的均等化。普惠型的户籍制度改革需要构建"淡化"户籍、"强化"常住地待遇的制度安排。"淡化"户籍是要让户籍回归人口管理和服务功能，淡化依附于城市户籍所特有的机会和待遇；而"强化"常住地待遇是将原本只有城市户籍才享有的机会和待遇同样赋予城市外来人口，将城市基本福利待遇的分配制度按城市常住人口规模来设计和实施。

为减少改革阻力和平衡各方利益，普惠型的户籍制度改革应采用增量改革的方式，也就是做"加法"：在维持城市本地居民基本利益的前提下，渐进地增加新市民的落户指标和城市外来人口的福利待遇水平；在维持人口流出地政府利益不下降的前提下，渐进地增加人口流入地政府按常住人口规模配给的公共支出水平。要实现户籍制度的增量改革，首先，需要地方政府做大经济"蛋糕"，将地方经济增长和财政增收所带来的增量用于满足城市新增落户指标和外来人口的公共福利开支。其次，需加强中央政府在户籍改革中的跨区域统筹协调的作用，突破地方政府各自为政、以邻为壑的改革模式，中央政府进一步加强顶层设计，制订户籍制度改革的省际统筹方案，通过财政转移支付、跨省外来人口落户指标设定等方式，协调主要人口流入省份与流出省份之间在农业转移人口市民化方面的利益冲突，将跨省流动的外来人口纳入地方户籍新政的受益范围之内。通过增量改革的方式，增强地方政府放开落户限制、按常住人口规模提供公共服务的激励作用。

户籍制度改革的最终目标是消除外来人口不能享有与城市本地户籍人员同等机会和待遇的排斥性体制，建立"一元化"户籍制度，但户籍制度改革不可能一蹴而就，而需分阶段、渐进地推行。首先，全面推进居住证制度，在全国范围内取消农业、非农业以及其他户口性质的划分，统一登记为居民户口，建立城乡统一的户口登记制度。居住证制度自 2010 年推行至今已覆盖全国大部分城市。居住证制度的推行实质是剥离城市户籍制度所附着的巨大利益和福利分配功能，回归单纯的户口登记和个人信息记录的本质，以推进面向常住人口的"一元化"管理，实现居住证制度与户籍制度的过渡与对接。其次，现阶段户籍制度改革的主要任务是健全居住证积分入户制度，在全面放开中小城市落户限制的同时，逐步放开放宽大城市的落户限制，扩大外来人口享有城市基本公共服务的范围，让持居住证的外来人口可通过积分等方式，阶梯式地享有城市社会福利。通过改革积分落户制度，逐步放开对不同规模城市、不同人群差别化的落户限制，使落户政策与外来人口落户意愿相匹配，使城市劳动力结构与产业长期发展需要相匹配。最后，建立"一元化"户籍制度，这既包括户籍在人口登记管理职能上的"一元化"，也包括居民享有基本公共服务待遇上的"一元化"，全面取消城市落户限制，使有意愿落户的外来人口可成为城市户籍居民，让所有常住居民同等享有城市基本公共服务待遇。

由于各地区发展不平衡，一项户籍改革措施难以在全国各地普遍适用，这就需要考虑地区差异性，分地区实施不同的户籍改革政策，因地制宜开展户籍制度改革实践。各地区户籍制度改革所面临的主要问题有所不同，例如，重庆由于农业人口比重较大，仍面临市辖区的农业转移人口如何从农业户口转变为非农业户口的问题；而上海的农业转移人口从农业户口转为非农业户口的问题已基本解决。又如，因依附在农业户口上的土地权益等一些集体福利分配的利益诱使等问题，广东、浙江等沿海发达地区的部分大城市面临的主要不是"农转非"问题，而是已经转变为非农户口的人员想要重新变更为农业户口的新问题，为避免市民利用"逆城市化"的政策空间来逐利，在户籍政策设计上会令已成为非农业户口的市民重新变更为农业户口较为困难。各地区的城镇化发展水平和城市常住人口规模也有较大差异，例如，北京、上海、广州、深圳等超大城市的城镇化水平较高，常住人口、外来人口规模较大，其户籍政策、放开放宽落户指标的步伐可以与一般大城市、中小城市有所不同，超大城市可以在提升城市综合承载力、扩大外来人口享有城市基本福利待遇范围的同时，渐进有序地吸纳外来人口落户。

三、广州、深圳、佛山的积分入户政策分析

围绕户籍制度改革，各地试点探索形成多样化的落户政策。以广东省广州市、深圳市和佛山市的积分入户政策为例，比较得出这三个城市落户政策的特点和实践经验。从表 8 - 1 归纳的这三个城市积分入户指标及分值可以看出：

表 8 - 1　　　**2019～2020 年广州、深圳、佛山积分入户指标及分值**

	广州	深圳	佛山
合法稳定住所	·本市居住证每满 1 年计 3 分 ·在本市拥有产权住房计 10 分，在从化区/增城区拥有产权住房再加 5 分；租赁住所或单位宿舍每满 1 年计 2 分 ·居住地由越秀区/海珠区/荔湾区/天河区转到本市其他行政区，每满 1 年计 2 分	·持本市居住证 ·在本市拥有产权住房或租赁住房并登记备案满 5 年	·本市居住证每 1 年计 10 分 ·在本市拥有房产，按房产建筑面积每平方米计 1 分，最高 144 分；租赁房屋，每满 1 年计 5 分
合法稳定就业（参保情况）	·参加本市社会保险满 4 年 ·在本市参加五种基本社会保险，每个险种每满 1 年计 1 分	·参加本市社会养老保险满 5 年 ·在本市参加社会养老保险每满 1 年计 3 分；参加其他社会保险险种每满 1 年计 1 分	·在广东省内参加社会保险，每满 1 年计 5 分；在本市内参加社会保险，每满 1 年再计 10 分 ·开立住房公积金账户计 5 分，缴交每满 1 年计 5 分
文化程度	·本科及以上（50 分）；专科（高职）（35 分）；高中（中职）（20 分）	·大专以上学历并具有中级以上专业技术人员职业资格（100 分）；非全日制本科学历并具有初级专业技术资格（90 分）；非全日制本科学历（80 分）；全日制大专学历（70 分）；非全日制大专学历（60 分）	·本科以上（50 分）；大专（30 分）；高中（中技、中职）（20 分）
技术能力	·中级及以上职称或技师及以上职业资格（30 分）；初级职称、高级职业资格、事业单位工勤技术三级（20 分）；中级职业资格、事业单位工勤技术四级，或正在从事专业技术/职业资格证书相应职业工作（10 分）		·高级技师、高级专业技术资格（80 分）；技师、中级专业技术资格（60 分）；高级技工、初级专业技术资格（50 分）；中级技工（40 分）；初级技工（20 分）

续表

	广州	深圳	佛山
创新/奖励	·发明专利、实用新型专利、外观设计专利 ·在本市新型研发机构等单位从事专业技术工作 ·获表彰奖励	·发明专利、实用新型专利 ·技能竞赛获奖	·发明专利、实用新型专利、外观设计专利 ·技能竞赛获奖 ·获表彰奖励
急需工种/职业资格	·属于急需工种或职业资格、从事特殊艰苦行业一线人员	·属于紧缺类的不同等级技能、专项职业能力	·从事环卫、公共交通驾驶员工作的公共服务岗位人员
年龄情况	·18～30岁（30分）；31～40岁（40分）；41～45岁（10分）	·18～35岁加5分；35～40岁无加减分；40～45岁每增长1岁减2分	无
纳税情况	·划分个人和企业在近3个年度内本市累计纳税额越高，得分越高	·划分个人和企业在近3个年度内本市累计纳税额越高，得分越高	·划分个人和企业在近5个年度内本市累计纳税额越高，得分越高 ·在本市设立企业可加分
社会公益	·献血、志愿服务可加分	无	·献血、志愿服务可加分

资料来源：广州、深圳、佛山市人力资源和社会保障局网站。

第一，合法稳定住所和合法稳定就业是外来人口在城市落户的两个基本条件，只是不同城市设定的最低居住年限或参加社会保险年限有所不同，常住人口规模较大的城市落户门槛较高，设定的最低年限较长，如深圳为5年，广州为4年，而佛山为1年且高学历专业技术人员落户不受1年参保年限限制。佛山的入户政策对在广东省内参加社会保险的年限也可积分，佛山这项入户政策相对广州、深圳等超大城市来说要宽松，对于吸纳广东省内流动的人口落户佛山有一定的激励作用。

第二，鉴于外来人口面对大城市高房价压力，拥有产权住房较为困难，这三个城市将租赁房屋也纳入合法稳定住所的计算范畴，这也是配合"租购并举"改革的一项举措。

第三，为鼓励外来人口往城市郊区落户而舒缓中心城区压力，广州的积分入户政策适当放宽从化区、增城区、南沙区、花都区、番禺区等非中心城区的落户条件，在从化区、增城区拥有产权住房可加分，由越秀区、海珠区、荔湾区、天河区这四个中心城区迁往广州市其他行政区居住可加分。重庆市也实施对主城区、区县城和小城镇分级设立户籍准入条件的做法。重庆市在政策设计上适度放宽主城区的落户条件，主城区的落户条件高于区县城，小城镇落户条件则全面放开，以便促进人口在主城区、区县城、小城镇三级城镇体系合理分布，发挥小城镇的人口集聚功能，鼓励更多的人口就地城镇化。

第四，广州、深圳、佛山的积分入户政策都设立文化程度、技术能力、创新与奖励、急需工种与职业资格的指标，其政策设计是偏向吸纳高学历、技能人才、科技创新人才以及城市紧缺的特殊艰苦行业、服务业一线人员落户。广州和深圳的积分入户政策还设定年龄情况的指标，其政策设计旨在吸引年轻劳动力落户。这三个城市的落户政策仍带有较强的以城市经济发展为中心的功利性目的，对落户人员具有较强的选择性，旨在吸引生产率高的劳动者落户而排斥生产率低的劳动者。

第五，这三个城市的积分入户政策都强调申请落户者对本城市的纳税贡献，纳税额越高者积分越高，越有可能成功落户。除纳税贡献外，佛山的积分入户政策也注重投资贡献，在佛山投资设立企业可加分。广州、佛山的政策还设立社会公益贡献的指标，无偿献血、志愿服务等可加分。无偿献血、志愿服务本身是公民的义务和公益行为，而将其纳入积分指标中，变成可换取落户机会，这带有较明显的功利性，也有失社会公平。

广州、深圳、佛山等地的积分入户政策将租赁房屋也纳入合法稳定住所的计算范畴，广州、重庆等地试行对市内不同常住人口规模的行政区分级设立户籍准入条件等做法值得推广。而对广州、深圳、佛山等大城市的积分入户政策的改革建议是：应逐步放开放宽落户条件；逐步消除对高学历、高技能、从事特殊行业工种等特定人群落户的偏向性；让入户政策回归本地合法稳定居所、合法稳定就业、本地居住和工作年限等一般性指标，并注重落户申请人对城市的纳税贡献、社会贡献和社会信用；让积分入户政策的指向从原来的按"身份"落户转变为按"本地居住、工作年限和对城市贡献"落户。

第三节　土地制度改革

一、土地制度改革的路径

尽管大量外来人口进城务工、经商，但"城乡两栖"的人口迁居模式仍是当前中国城镇化发展的常态。不少外来人口进城而不在城市定居、落户，究其原因，除了大城市落户政策门槛高以外，还与依附于农村户籍的土地权益有关。农村土地权益既是农业户籍居民的财产权利，又承载着农村社会保障与福利功能，是农业转移人口进城后返乡的基本保障。近年来，伴随城乡利益格局的重塑，依附于农村户籍的土地红利日益显现。农业转移人口保持城乡身份兼有的迁居决策主要是基于农村土地利益考虑而作出理性选择的结果，农业转移人口通过减少对城市户籍的需求，保持农村集体的身份权和土地权益关系，以构建风险规避机制并确保土地财产升值的利益分成，于是，他们"进城能打工，退守能种田"。但这种"离乡不离土"的不完全市民化状况对外来人口落脚城市和农村土地流转都形成障碍，需要建立一种制度通道将"人地依附"关系这个"障碍"变为农业转移人口市民化的资源和动力。

中国的城镇化过程可以分解为农业退出、城市进入、农村退出三个阶段，与之相对应，农业转移人口的迁居过程可分解为乡城流动、城市留居、城市落户（朱要龙等，2020）。中国的城镇化已经过"农业退出"、农业转移人口"乡城流动"的阶段，现亟须解决的是在"城市进入"阶段中农业转移人口的"城市留居"问题，以及如何实现"农村退出"，让农业转移人口在"城市落户"，达到彻底的城镇化。外来人口落脚城市不仅需考虑"城市融入"的问题，还需顾及"农村退出"的机制，以"退"为"进"，建立进城农民"三权"退出的市场化机制，为农业转移人口提供农村土地退出与财产价值实现的制度通道，处理好"农村退出"问题，才能更好地实现"城市融入"。

对此，要促进外来人口真正落脚城市，可以从土地权益和土地指标两个方面建立市场化的制度通道，开展土地制度改革。在土地权益方面，要深化农村土地制度改革，探索建立农村土地市场化的交易机制，使有意愿的农业转移人口将农村土地置换成进城的资本，用进城的资本换取更多城市公共服务，继而提升进城农业转移人口的福利水平。具体而言，一是建立进城农业转移人口"三权"退出的市场化机制。在依法维护进城农业转移人口在农村的土地承包权、宅基地使用权、集体收益分配权等土地权益和尊重其自主定居落户抉择的基础上，按照"三权分置"的思路，遵循市场机制作用，建立农村宅基地使用权和农地承包经营权的市场化有偿退出机制，让有定居城市意愿的农业转移人口自愿地通过市场交易方式退出宅基地使用权、原有农地的承包权与经营权等，从而获得农村土地的财产性收益。

二是构建"同地、同权、同价"的城乡土地制度和农业转移人口"带地进城"的新机制。在 2019 年土地管理法修订之前，中国的农村集体土地须通过政府征收转换为城市国有土地，才能进入国有土地使用权交易市场。政府借助这项土地制度限制农地交换与增值，继而分享土地收益，为土地城镇化提供资本，但这种低价征收农地而高价售出的方式严重损害了农民的利益。对此，要推进城乡集体建设用地的市场化改革，构建城乡一体化的建设用地市场，建立集体建设用地入市交易的价格形成机制、交易规则、收益分配制度、相关税收制度等；并探索建立农业转移人口"带地进城"的机制，允许农业转移人口用农地权益置换进城的资本、户籍和公共服务等。

在土地指标方面，要建立城镇新增建设用地指标与城市扩容、吸纳外来人口落户数量挂钩的机制，完善年度土地利用计划指标分配机制，保障外来人口在城市落户的新增用地需求。具体而言，一是探索建立城乡建设用地增减挂钩节余指标跨省交易机制。为守住18亿亩耕地红线，确保粮食安全，我国原本并不允许建设用地指标跨省交易，但这既对中西部地区建设用地指标造成浪费，又使东部地区城市得不到集聚效应所需要的土地资源。2018年国务院发布《跨省域补充耕地国家统筹管理办法》和《城乡建设用地增减挂钩节余指标跨省域调剂管理办法》，提出位于西藏、新疆、甘肃、四川和云南地区国家层面的深度贫困地区及其他深度贫困县的城乡建设用地增减挂钩节余指标由国家统筹跨省域调剂使用，这是对城乡建设用地增减挂钩节余指标跨省调剂机制的积极探索。对此，应扩大该项政策的实施范围，全面放开城乡建设用地增减挂钩节余指标的跨省调剂，允许在集聚效应辐射范围内的主要人口流入地城市与主要人口流出地区之间设置建设用地指标的跨省"占补平衡"，实现建设用地指标的跨区域再配置。

二是将地方政府的建设用地指标需求与农业转移人口的户籍转换相衔接，建立农业转移人口用农村宅基地复耕而新增的建设用地指标换取人口流入地城市户籍的机制。在机制设计上，地方政府因城市发展需要而中央政府提出增加建设用地指标的需求，增加城市建设用地规模与新增常住人口数量相匹配，地方政府在获得新增建设用地指标的同时，需增加吸纳相应数量的外来人口在城市落户。

二、重庆"地票模式"的实践经验

为促进农业转移人口市民化和推动新型城镇化建设，全国各地广泛开展集体经营性建设用地入市、农村宅基地流转、城乡建设用地增减挂钩等多项关于土地制度的改革，形成重庆"地票模式"、上海"土地换社保模式"、成都"城乡统筹模式"等实践经验。其中，重庆市试行的地票制度，对农村承包地经营权、宅基地使用权、集体收益分配权"三权"自愿有偿退出以及农村集体经营性建设用地入市等进行积极探索，积累了可供借鉴的经验。

第一，重庆市制定"户籍转换—土地处置—社会保障"三位一体的配套政策，既维护农村土地权益，又让户籍转换的居民的城镇待遇一步到位，以消除农业转移人口进城落户和参与地票交易的后顾之忧。按照重庆市的政策，农民进城后可以继续享有农村原有的宅基地、林权、承包地土地权益；农业转移人口转为城市户籍后，农村土地相关权益仍可保留由其依法、自愿、有偿处置；如果转户后的农业转移人口未退出农村土地，则可继续享受种粮直补、农资综合补贴、退耕还林补助、征地补偿收益等9项与农地相关的权益。重庆市的农业转移人口一旦转为城市户籍，就可以在落户地平等享有城市居民应有的全部福利待遇，包括可以参加更高水平的城镇职工养老保险和医疗保险，可申请全市范围内的公租房，其子女可以就近入学、享有城市义务教育，符合条件者可申请城市低保待遇等等。该项政策兼顾农村土地权益的维护和城市公共服务的享有，给予农业转移人口稳定的制度预期，有助于地票制度的实施和推动农业转移人口市民化。

第二，重庆市探索建立地票交易制度，促进农村土地"三权"退出，将土地收益的财产性收入转化为农业转移人口进城的资本。土地资源的利用面临的矛盾是劳动力大量流入的城市的建设用地需求大幅增加，而劳动力大量流出的村庄的宅基地普遍闲置。原本的土地政策规定土地流转只能在同村甚至同村民组内开展，而不允许集体建设用地向本村镇以外的企业和个人流转，这使得城乡之间、地区之间的土地市场相对分割，限制了农村土地在城乡、市域、省域间流转，不利于土地资源的利用。对此，重庆市按照"土地确权—地票指标—市内跨地域交易"的思路创新性地建立地票交易制度，将退出的宅基地复垦为耕地并置换为建设用地指标，实现宅基地用益物权显性化和级差地租最大化。

重庆市首先实施农村土地确权颁证，在尊重农业转移人口"三权"是否退出的意愿的基础上，对土地承包经营权、宅基地使用权及其附着物、林地使用权进行确权、登记、发证。然后，依托全市及各区县农村土地整治机构，通过土地用益物权的价值发现，建立地票指标。所谓"地票"，是指农村宅基地及其附属设施用地、乡镇企业用地、农村公共设施和农村公益事业用地等农村集体建设用地经过复垦并经土地管理部门验收后所产生的指标。各级土地储备机构和企业购得地票，可增加相应数量的城镇建设用地。最后，依托全市统一的农村土地交易平台，实现地票指标在市内跨地域交易，城市用地指标竞买方实行价格反哺，农村土地出让方获得收益补偿。已进城的农业转移人口自愿退出的宅基地将复垦为耕地，土地所有权仍为原农村集体经济组织所有，产生的建设用地指标形成地票，地票价款扣除复垦相关成本后得到地票净收益，地票净收益的 85% 归转户居民所有，剩余 15% 归集体经济组织所有。转户居民、集体经济组织应得价款分别不低于 12 万元/亩、2.1 万元/亩，若退出的宅基地及附属设施用地暂不能复垦产生地票，则按 9.6 万元/亩一次性结清价款。① 已进城的农业转移人口自愿退出的承包地可通过政府搭建的交易平台，将经营权流转给经营大户、合作社、龙头企业等。

第三，重庆市建立与地票制度相配套的融资机制，以市场化投融资和长期摊销方式实现落户公共资金平衡。在地票交易的资金周转的政策设计上，重庆市先期通过融资贷款、财政调度、拨付资金等渠道筹集农业转移人口户籍变换的市级周转资金，周转资金专户设置在市农村土地整治中心，各区县可先借款然后在地票交易后归还。区县政府的支出主要是垫支宅基地的复垦成本和产权证面积补偿金，地票交易后再按照 85∶15 的比例获得地票交易的补偿收益（欧阳慧和邓兰燕，2020）。通过这项资金运作方式，区县政府的成本与收益大体可以通过地票制度实现平衡。重庆市地票交易的制度创新有助于增加农民和农业转移人口的财产性收入，促进农业转移人口落户城市和获得市民待遇，在增进农业规模化经营的同时，为城市拓展土地资源和发展空间，促进城乡协调发展。

第四节　公共服务同城待遇的财政支持政策

一、城市公共服务覆盖外来人口所面临的问题

外来人口落脚城市的集中体现是其获得市民待遇，可以同等享有城市基

---

① 重庆市人民政府办公厅 2011 年发布的《关于户籍制度改革宅基地及附属设施用地处置有关事宜的通知》。

本公共服务。实现城市基本公共服务的普惠和均等是促进外来人口落脚城市的重要路径。提高城市基本公共服务的普惠性是扩大基本公共服务的覆盖面，将外来人口纳入城市基本公共服务的受益范围；促进城市基本公共服务均等化，让外来人口与本地居民享有的城市公共服务水平均等，不同地区的公共服务水平实现人均意义上的相对一致。然而，当前外来人口还未能完全纳入城市当地的公共服务体系之中，外来人口与本地居民享有同城待遇仍然任重道远。究其原因，地方政府推进农业转移人口市民化、让城市公共服务覆盖外来人口主要面临"钱从何来""怎样激励""如何'分蛋糕'"三个亟须解决的问题。

一是钱的问题，即市民化成本问题。让外来人口同等享有城市基本公共服务意味着人口流入地城市需按户籍人均财政支出标准向外来人口提供教育、医疗、社会保障、保障性住房等各项公共服务，这无疑会增加人口流入地政府的财政支出负担。按现有大部分文献的测算结果，农业转移人口市民化的人均成本为 8 万 ~ 13 万元。[①] 在城市经济和财政收入短期内不能大幅增长的情况下，这些市民化成本投入资金如何筹措是一个问题。另外，全国约有一半的外来人口是跨省流动的，而外来人口原享有的公共服务待遇在省际间转移接续又相当困难，这使得外来人口携有流出地的公共服务待遇但不能在流入地享受。如果按政策给予外来人口同城待遇，那么流入地政府需额外承担其市民化待遇支出，这加重了流入地政府的负担，存在一定的不合理性，这需要中央财政的介入和分担。外来人口享有的一些公共服务如"五险一金"等本身已由职工个人和企业缴纳，可以不由地方财政来承担。类似这些情形下的市民化成本如何在中央和地方政府之间、个人、单位与政府之间分担又是一个问题。

二是激励问题，人口流入地的地方政府缺乏给予外来人口市民待遇的激励机制。在财政分权体制下，地方政府提供公共服务的财政支出、中央对地方的转移支付原本按户籍人口数量来实施。而按市民化政策的要求，地方政府则需承担按常住人口数量提供公共服务的主要支出责任。人口流入地的地方政府经过财政分成后留存可用的财政资金本来不多，现在还需额外负担外来人口的公共服务支出，这使得人口流入地的地方政府的事权与财权不匹配

[①] 参阅中国社科院（2013）、国务院发展研究中心（2011）、周春山和杨高（2015）、张华初等（2015）等文献。

程度更为严重。以广东省为例，广东虽然是财政收入总量第一大省，但按常住人口计算的人均财政支出水平只排在全国第 16 位左右，其按常住人口计算的公共服务供给能力并不高。并且地方政府的政绩考核侧重于 GDP、财政收入、招商引资等经济方面的指标上，地方政府并不愿意把财政资金投向无法产生直接效益的民生福利方面，这也包括不愿意加大对常住人口公共服务的投入。因此，人口流入地的地方政府对给予外来人口公共服务同城待遇的动力不强。

三是"分蛋糕"的问题，即财政资金的分配问题。在短期内，地方财政收入"蛋糕"不见得大幅增加，同时受公共服务供给能力的限制，地方政府向外来人口提供城市公共服务，需要在经济增长与民生发展目标之间寻求平衡，需要对教育、医疗、社会保障等各类公共服务的财政支出进行分配：决定先提供哪类公共服务，后提供哪类公共服务，具体公共服务供给的优先顺序是怎样的；按多高标准向外来人口提供公共服务；优先向哪类外来人口群体提供哪些公共服务等。解决好"分蛋糕"问题，可让有限的财政资金用在刀刃上，并平衡外来人口与本地居民的利益，兼顾财政资金使用的有效性与分配的公平性。

二、公共服务同城待遇的财政支持政策

要让外来人口享有公共服务同城待遇和推进农业转移人口市民化，分别针对上述关于市民化成本、地方政府激励、财政资金分配的问题，建议从以下三个方面完善公共服务供给和农业转移人口市民化的财政支持政策。

（一）建立农业转移人口市民化的成本分担机制

要解决城市公共服务常住人口全覆盖和农业转移人口市民化的成本问题，需要建立政府和企业与个人之间、中央与地方各级政府之间有效的成本分担机制。

在政府、企业与个人之间的成本分担方面，需根据公共服务供给和市民化的成本所涉及的性质合理划分不同主体的支出责任：政府应承担农业转移人口市民化在义务教育、基本医疗卫生、基本养老、保障性住房、市政设施等基本公共服务提供方面的成本；企业应让外来务工人员与城镇职工同工同酬，加大技能培训投入，为外来务工人员同样缴纳医疗、工伤、失业、生育、

养老等社会保险费用；城市外来人口通过参与职业教育、技能培训等，提升自身的就业能力，取得更多收入，以便支撑个人和家庭在城市立足。政府也应进一步优化财政资金的投入方式，用财政资金撬动更多社会资金投入农业转移人口市民化的成本分摊中。例如，政府可给予吸纳和解决较多农业转移人口就业和福利问题的企业以税收减免；对于企业和社会组织开展面向农业转移人口的技能培训予以财政资金支持等。

在中央与地方政府之间的成本分担方面，外来人口为城市当地经济发展和财政增收作出贡献，他们理应能够享受当地的公共服务和社会福利。一般而言，公共服务提供的主体责任应由人口流入地政府来承担。然而，在现行的财税体制下，各级政府是按户籍人口标准而不是常住人口标准来分配财政资源的，那么，外来人口较多的地区按户籍人口标准所获得的财政资源较少，却要按常住人口规模来承担公共服务的支出，这种财权与事权不匹配的格局造成人口流入地政府的财力负担过重且人均公共服务水平较低，而某些经济欠发达的人口输出地省份的人均公共服务水平反而更高，这形成了财政资源在区域间分配的不均。

对此，农业转移人口市民化的财政支出成本应由中央财政、省级财政和市县级财政共同负担。一方面，考虑到部分省份外来人口较多且来自省外的人口比重较大，而跨省流动人口的公共服务享有涉及省份之间财政支出责任的再配置，需要中央的协调，中央财政应加大对吸纳省外人口较多的省份的财政支持力度，中央财政分配给这些省份的基本公共服务资金和农业转移人口市民化奖励资金应实行全国趋同的补助标准；中央财政在安排城市基础设施建设、保障性住房等相关专项资金时，对吸纳外来人口较多的地区给予重点支持；对于外部性较大、受益范围较广的公共服务，如外来人口随迁子女的义务教育，应加大中央财政的支出比例甚至可由中央财政完全负担。另一方面，考虑到区域间协调发展和城市间公共服务均等化的需要，各省份实施市民化政策时应加大省级财政资金的统筹力度，按全省常住人均公共服务的平均水平对人口流入地城市的市县级财政予以市民化公共资金补助。

（二）构建财政转移支付同农业转移人口市民化挂钩机制

针对地方政府提供公共服务的激励不足的问题，可通过完善财政转移支付制度、建立农业转移人口市民化奖励机制等方式构建财政转移支付同农业转移人口市民化挂钩机制。

一是完善财政转移支付制度。针对地方政府在推动农业转移人口市民化的过程中所遇到的财权与事权不匹配、地方政府支出负担过重的问题，应进一步完善中央对地方财政、省级对市县级财政的纵向转移支付以及市县级财政之间的横向转移支付制度，合理划分政府间的事权责任，加大中央财政、省级财政对城市外来人口公共福利供给的资金支持，为地方减负，使地方政府的财权与事权相匹配。长期来看，面对人口流动的态势，财政转移支付制度也应与时俱进，将原来按户籍人口标准分配均衡性转移支付的做法改为按常住人口标准来分配财政资源。短期内，渐进式的改革措施是：中央对地方、省级对市县级的财政转移支付应适当考虑为持有居住证人口提供基本公共服务的增支因素，充分考虑各地区对持有居住证人口提供基本公共服务的支出需求，加大对外来人口较多且民生支出缺口较大的市县政府的财力保障，尽量确保各地方按常住人口计算的人均财力不减，并根据基本公共服务水平的提高和持有居住证人口规模的增长情况做动态调整。

二是建立农业转移人口市民化奖励机制。在一般性财政转移支付的基础上，为进一步调动人口流入地城市推动农业转移人口市民化的积极性，中央和省级财政要建立农业转移人口市民化奖励机制，根据各地区推动市民化的进展情况给予奖励，由中央和省级财政为地方适当分担市民化的成本。农业转移人口市民化奖励资金的分配应综合考虑各地区的外来人口流动、城市规模、外来人口落户数量和基本公共服务提供情况等因素，并向吸纳外来人口较多的地区倾斜。省级财政统筹使用中央财政安排奖励资金及省级预算资金，市级、县级政府要将上级奖励资金统筹用于提供基本公共服务。

（三）优化与公共服务同城待遇相适应的财政支出结构

要给予外来人口公共服务同城待遇，地方政府在财政支出方面需重点加大民生类公共服务的支出，调整财政支出结构，扩大基本公共服务在常住人口中的覆盖范围，使得财政资金的分配与农业转移人口市民化的政策目标相适应。

一是调整财政支出结构。推动市民化进程需要在保证城市原户籍居民福利不减的情况下，让更多的外来人口能够享有流入地城市的基本公共服务。一方面，要求各级政府加大对公共服务的财政支出，按照"做大'蛋糕'，增量分配"的原则，提升地方经济增长和财政收入的总量，将每年新增的财政资金用于农业转移人口市民化的公共服务开支。另一方面，为提升财政资金的使用效率，需根据外来人口的流动特征和城市财力，合理安排各项民生财政支出的结构和优先次序，并建立动态调整机制。例如，根据当地外来人口以中青年、已婚家庭为主的特点，在第一阶段，应优先加大对义务教育和就业培训的财政投入，以便让外来人口随迁子女可接受良好的教育，并提升外来人口的就业技能素质，继而有助于城市人力资本水平和生产力的持续提升。在第二阶段，应加大对医疗卫生、社会保障、保障性住房等基本公共服务的投入，给予外来人口定居城市的长期保障。在第三阶段，推动城市各项基本公共服务水平的全面提升。

二是扩大基本公共服务覆盖范围。推动市民化进程需要扩大基本公共服务在城市常住人口中的覆盖范围，逐步将外来人口纳入各项基本公共服务的保障体系当中。在义务教育方面，各级地方政府应将外来人口随迁子女的义务教育纳入公共财政保障范围；中央和省级财政按在校学生人数及物价增长幅度、社会工资水平等相关标准制定和调整义务教育保障的国家补助标准，对接受随迁子女较多的市县应适当提高中央和省级财政分担的生均公用经费比例，并实现"两免一补"和生均公用经费基本定额资金随学生流动可携带；对于公办学校学位不能满足随迁子女入学需要的市县，在增加积分入读公办学校指标的同时，政府可通过向民办学校购买学位等方式，保障入读民办学校的随迁子女也可同等接受义务教育。在促进就业方面，落实外来人口在常住地可按规定享受相应的就业创业扶持政策，对与外来人口相关的就业培训和服务予以财政资金支持，省级财政在分配就业专项资金时要以城镇常住人口数、吸纳外来人口落户数、新增就业人数等作为参考指标。在基本医疗和社会保障方面，应将外来人口及其随迁家属纳入城市当地的医疗救助和社会保障体系之中。我国的基本医疗和社会保障大多仍处在省级统筹乃至市级统筹阶段，不同户籍居民享有的医疗和社会保障待遇因不同省区、不同城市的经济条件不同而有较大差别，外地户籍人口往往难以获得保障水平更高的流入地的同城待遇。对此，应提升基本医疗和社会保障的统筹层次，加大中央统筹和省级统筹的力度，建立流动人口医保统筹基金和社会保障基金省际转移接续的有效机制。在保障性住房方面，应赋予持居住证的外来人口与城市本地户籍居民同等的申请城市保障性住房的权利；省级财政在安排城市基础设施建设、保障性住房的专项资金时，应加大对吸纳外来人口较多的地级市的支持力度。

第五节　城市空间布局的优化

一、以城市群模式破解落脚城市难题

外来人口真正落脚城市不仅是获得城市户籍和享有市民化待遇的问题，还涉及其对宜业宜居的城市环境的诉求。市民化进程中的落户指标、农地流转、公共服务供给也不仅是面向外来人口的福利赋予，还是植根于城市空间的资源再配置。这需要加入城市空间的维度才能破解诸如"城市病""人地错配"和公共服务供需矛盾等落脚城市难题。

在以往的城镇化过程中，人口和经济活动从农村向城市集聚，尤其是向大城市集聚，城市空间结构以单核为主，中心城市呈现规模增长与外延扩张，周边的中小城市和城市郊区处于依附地位，所谓"大树底下不长草"，同时也引发对大城市人口过度膨胀而引起"城市病"问题的担忧。于是，政府实施按城市规模来确定落户门槛的差别性政策，中小城市全面放开落户限制，而大城市严格控制落户数量，大部分城市之间对外来人口居住及参保的积分年限不互认；在用地指标分配上，中小城市和县城建设用地供给增加，而超大城市、特大城市用地规模受到严格控制，用地指标跨区域交易并没有全面放开。这种限制劳动力、土地等经济要素自由流动、按行政区域分割的"城市单元模式"，割裂了城市之间的协同，阻碍了劳动力、用地指标从低阶城市向高阶城市的集聚，既使得大城市的集聚效应难以显现，也使得中小城市的发展活力不足，并且这种"限人""限地"的措施也没有从根本上避免"城市病"问题。

对此，建议城市发展模式从"城市单元模式"向"城市群模式"转变，从以大城市为中心的单核扩张模式向以城市群为主体的多核心发展模式转变，以便加强城市之间的协同和资源互通，促进外来人口落脚城市。城市群被定义为由地理邻接的两个以上大都市区组成的多核心、多层次的城市网络。其中的大都市区是由以服务业为中心的市区和以工商业为中心的郊区共同构成的多中心城市结构，在空间上表现为高度集中的中心城市以及与之联系紧密的外围区域的结合。相对于城市单元模式，基于城市群模式推动市民化进程的优势在于打破城市的行政区划，在城市群内的大、中、小城市之间、市区

与郊区之间实现更大范围的资源要素的自由流动。

基于城市群模式推动市民化进程的可供探索的改革举措包括：

一是落户指标在城市群内统筹调配。让在城市群内各城市居住和参保的年限可以直接互认或折算后互认计算入户积分；在不超过城市群落户指标总数的条件下，允许根据城市群内各城市发展的客观需要分配落户指标。这有助于促进劳动力在城市群内各城市间自由流动，缓解城市群内大城市落户难、集聚不足而中小城市发展滞后的问题。例如，当前已经实施的相关举措是全面放开距离上海大约 300 公里的苏州、杭州、无锡、常州和嘉兴等外围城市的落户。

二是建设用地指标在城市群内交易流转。建立城乡建设用地增减挂钩节余指标在城市群内跨市交易机制，允许城市群内大城市与中小城市之间设置建设用地指标的跨市"占补平衡"，以便优化城市群内不同规模城市之间的土地资源配置。

三是公共服务在城市群内实现均等化。当前大城市优质的教育、医疗等公共服务资源相对丰富，而中小城市的公共服务供给相对薄弱，学校、医院、行政服务中心等公共设施也往往集中在中心城区，这会使得人们纷纷赴大城市、赴中心城区接受公共服务，继而加大了大城市、中心城区的承载压力，引发拥堵等城市问题。对此，应该统筹优化城市群内各类学校、不同层级医疗机构等公共资源的布局，使得城市群内各城市的公共服务供给水平相对均等，让外来人口无论在哪里落户都可享受相对均等的基本公共服务。

以城市群模式推进市民化进程，有助于发挥城市群中心城市的集聚效应和规模经济效应，同时利用中等城市的分流和整合功能，有效缓解中心城市治理压力；有助于突破在户籍制度改革、土地制度改革、公共服务供给过程中的城市割据局面，使劳动力、土地等要素资源实现城市群内城乡之间、大小城市之间的双向流动，推动"单向"城镇化向"双向"城镇化转型；有助于优化城市层级体系，推动形成以城市群为主体、大中小城市协调发展的城镇化新格局和市民化新路径。

二、城市空间布局优化的对策

在城镇化过程中，由于城市规划和空间布局的不合理，一些人口大量流入的大城市出现交通拥堵、环境污染、住房紧张、公共服务失衡等城市问题。

并且区域产业结构过于雷同，大中小城市的产业缺乏合理分工，造成大城市的功能和人口过于集中，中小城市因缺乏实体产业支撑而活力不足。一些城市的城际交通基础设施也相对落后，市内公共交通建设滞后于城市人口规模扩张的需要，不利于人流、物流的疏导。经济和人口的聚集是经济发展过程中的普遍规律，城镇化不可逆转，关键是如何优化城市空间布局，为包括外来人口在内的城市常住人口创造宜业宜居的环境。建议采取以下三个方面的对策：

一是城市功能分区优化。在城区综合功能布局方面，城市空间布局更多地应采用网格化形式，而非"摊大饼"形式。在城市每个网格区间内，具有就业区、生活区、商务区、休闲区相配套；较为均匀地分布中小学校、各级医疗机构、体育文化场所、行政服务中心等公共服务资源；合理布局主干道和城市小路；科学规划地铁、公交线路等公共交通设施连接城市各区。这有助于疏散人流和车流，避免居民为接受优质服务而往中心城区扎堆，减少上班和居住的通勤距离，减少拥堵所造成的空气污染，以便构建城市优质生活圈。在新城建设方面，为舒缓超大、特大城市中心城区的人口、住房、交通等压力，很多超大、特大城市通常在距离中心城区 20~40 公里处建设有特色的新城。新城不应被单纯定位为居住的"卧城"或只是接受主城转移工业产业的卫星城，而应定位为具有综合功能的城市副中心，需要将生产功能与居住功能相结合，需要具有发达的服务产业和较强的服务功能作为支撑，并且新城与主城之间需要有便捷的交通工具衔接，以便促进新城与主城协调发展，提升城市综合承载力。

二是城市产业协同发展。城市产业结构和区域经济布局决定着未来的城镇体系和人口分布格局，从这个意义上说，促进城市产业转型升级和形成城市群间合理的产业分工体系对于产城融合发展和外来人口落脚城市非常重要。对此，应该建立以城市群为主导、产业互动融合、产业链高效整合的产业空间治理体系，形成功能协作、产业协同的多层次城市空间分布格局。根据城市群内各城市的产业特征、资源禀赋和区位优势，统筹重点产业的分工布局，避免各城市产业结构过于雷同和资源重复建设。大都市圈的中心区域可重点发展高端商贸、金融服务、信息咨询等现代服务业，承担总部经济、研发设计等高端服务功能；周边区域可重点发展先进制造、现代物流、休闲娱乐等产业，承担生产性服务功能和居住配套功能。不同城市和城市区域的不同产业定位自然吸引相应技能劳动力的流入，有助于城市之间的产业错位竞争和人力资源互补配置，实现城市人力资源与产业需求的有效匹配，推动形成人口、产业与空间耦合协调、良性互动的城市宜业宜居系统。

三是基础设施互联互通。面对城市拥堵等问题，限人、限车、限流动并非上策，城市问题宜疏不宜堵，其中一个有效的疏导方法就是完善城市基础设施建设，实现交通基础设施互联互通。一方面需要加强城市公共交通建设，符合条件的大城市可大力发展地铁等轨道交通，有效缓解中心城区交通拥堵、居民通勤时间长等问题。地铁等轨道交通的建设可以突破本市范围，而扩展至都市圈乃至城市群区域，发展市际轨道交通。例如，2010年开通的"广佛线"是国内首条跨越地级行政区的地铁线路，连通广州和佛山两个大城市。笔者经常往返于佛山和广州之间，亲身体验到乘"广佛"地铁从佛山禅城区到广州海珠区的通勤时间甚至比在广州市内乘地铁从海珠区到白云区的时间要短。也是出于"广佛"地铁便捷省时、佛山房价低于广州等考虑，不少市民选择在广州工作而在佛山定居落户。这在一定程度上疏导了超大城市广州的人流，让人们既保留超大、特大城市的就业发展机会，也享受一般大城市、中小城市生活的惬意。另一方面需要完善省域之间、省内各城市之间的高铁、轻轨等交通基础设施建设，实现提速增效和有效接驳市内交通，降低劳动力等要素资源在省际、市际的流动成本。

综上所述，人口进城并非城镇化过程中出现的城市和社会问题的症结，实施背离经济内在规律和劳动力进城内在动力的人口调控政策也被实践证明是无效的。从长远来看，在城镇化过程中"人"的参与和贡献远大于城镇化所引致的成本。从这个意义上说，"人"才是城市进步和城乡协调发展的根本动力。城市也不仅是外来人口生存的空间，更是外来人口发展的机会。立足以人为本的理念，依靠市场主导与政府调节协同推进的动力机制，注重城乡融合发展的关系协调，实施"户籍—土地—公共服务—城市规划"联动改革，这是外来人口落脚城市之"道"。

参 考 文 献

[1] [印] 阿马蒂亚·森. 以自由看待发展 [M]. 任赜, 于真, 译. 北京: 中国人民大学出版社: 2013.

[2] 边燕杰, 张文宏. 经济体制、社会网络与职业流动 [J]. 中国社会科学, 2001 (2): 77 –89.

[3] 蔡昉. 人口转变、人口红利与刘易斯转折点 [J]. 经济研究, 2010 (4): 4 –13.

[4] 陈刚, 李树, 陈屹立. 人口流动对犯罪率的影响研究 [J]. 中国人口科学, 2009 (4): 52 –61.

[5] 陈淑云, 王翔翔, 王佑辉. "两轮限购" 对住房价格的动态影响 [J]. 华中师范大学学报 (人文社会科学版), 2019 (1): 38 –49.

[6] 陈钊, 陆铭, 佐藤宏. 谁进入了高收入行业? ——关系、户籍与生产率的作用 [J]. 经济研究, 2009 (10): 121 –132.

[7] 程名望, 史清华, 徐剑侠. 中国农村劳动力转移动因与障碍的一种解释 [J]. 经济研究, 2006 (4): 68 –78.

[8] 丛颖, 杜泓钰, 杨文静. 公共服务资本化对房价影响的空间计量分析——基于我国 269 个地级市的经验研究 [J]. 财经问题研究, 2020 (7): 69 –77.

[9] 崔岩. 流动人口心理层面的社会融入和身份认同问题研究 [J]. 社会学研究, 2012 (5): 141 –160.

[10] 邓曲恒. 城镇居民与流动人口的收入差异——基于 Oaxaca-Blinder 和 Quantile 方法的分解 [J]. 中国人口科学, 2007 (2): 8 –16.

[11] 董昕, 张翼. 农民工住房消费的影响因素分析 [J]. 中国农村经济, 2012 (10): 37 –48.

[12] 都阳, 朴之水. 迁移与减贫——来自农户调查的经验证据 [J]. 中国人口科学, 2003 (4): 56 –62.

　[13] 樊纲，王小鲁，朱恒鹏．中国市场化指数：各地区市场化相对进程 2011 年报告 [M]．北京：经济科学出版社，2011.

　[14] 范剑勇，莫家伟，张吉鹏．居住模式与中国城镇化——基于土地供给视角的经验研究 [J]．中国社会科学，2015 (4)：44 – 63.

　[15] 范晓光，吕鹏．找回代际视角：中国大都市的住房分异 [J]．武汉大学学报（哲学社会科学版），2018 (6)：177 – 187.

　[16] 费孝通．乡土中国 [M]．上海：上海人民出版社，2006.

　[17] 冯长春，李天娇，曹广忠，沈昊婧．家庭式迁移的流动人口住房状况 [J]．地理研究，2017 (4)：633 – 646.

　[18] [美] 福山．信任：社会美德与创造经济繁荣 [M]．彭志华，译．海口：海南出版社，2001.

　[19] 付文林．人口流动的结构性障碍：基于公共支出竞争的经验分析 [J]．世界经济，2007 (12)：32 – 40.

　[20] 傅勇，张晏．中国式分权与财政支出结构偏向：为增长而竞争的代价 [J]．管理世界，2007 (3)：4 – 22.

　[21] 高波，陈健，邹琳华．区域房价差异、劳动力流动与产业升级 [J]．经济研究，2012 (1)：66 – 79.

　[22] 郭庆旺，贾俊雪．地方政府间策略互动行为、财政支出竞争与地区经济增长 [J]．管理世界，2009 (10)：17 – 27.

　[23] 国务院发展研究中心课题组．农民工市民化：制度创新与顶层政策设计 [M]．北京：中国发展出版社，2011.

　[24] 郭云南，姚洋．宗族网络与农村劳动力流动 [J]．管理世界，2013 (3)：69 – 81.

　[25] 韩立彬，陆铭．供需错配．解开中国房价分化之谜 [J]．世界经济，2018 (10)：126 – 149.

　[26] 韩叙，夏显力．社会资本、非正规就业与乡城流动人口家庭迁移 [J]．华中农业大学学报（社会科学版），2019 (3)：111 – 119.

　[27] 何兴强，费怀玉．户籍与家庭住房模式选择 [J]．经济学（季刊），2018 (1)：527 – 548.

　[28] 何炜．公共服务提供对劳动力流入地选择的影响——基于异质性劳动力视角 [J]．财政研究，2020 (3)：101 – 118.

　[29] 胡尊国，王耀中，尹国君．选择、集聚与城市生产率差异 [J]．

经济评论，2017（2）：3-16.

[30] 李明欢.20世纪西方国际移民理论 [J]. 厦门大学学报（哲学社会科学版），2000（4）：12-18.

[31] 李培林. 巨变：村落的终结——都市里的村庄研究 [J]. 中国社会科学，2002（1）：168-179.

[32] 李培林，李炜. 近年来农民工的经济状况和社会态度 [J]. 中国社会科学，2010（1）：119-131.

[33] 李实，Knight J. 中国城市中的三种贫困类型 [J]. 经济研究，2002（10）：47-58.

[34] 李涛，黄纯纯，何兴强，周开国. 什么影响了居民的社会信任水平？——来自广东省的经验证据 [J]. 经济研究，2008（1）：137-152.

[35] 李晓飞. 城市"新二元结构"与户籍制度改革的双重路径转向 [J]. 华中科技大学学报（社会科学版），2017（2）：77-87.

[36] 梁波，王海英. 国外移民社会融入研究综述 [J]. 甘肃行政学院学报，2010（2）：18-27.

[37] 梁若冰，汤韵. 地方公共品供给中的Tiebout模型：基于中国城市房价的经验研究 [J]. 世界经济，2008（10）：71-83.

[38] 刘斌，李磊. 寻职中的社交网络"强连接"、"弱连接"与劳动者工资水平 [J]. 管理世界，2012（8）：115-128.

[39] 刘厚莲. 我国特大城市流动人口住房状况分析 [J]. 人口学刊，2016（5）：45-53.

[40] 刘欢，席鹏辉. 中国存在环境移民吗？——来自空气质量指数测算改革的自然实验 [J]. 经济学动态，2019（12）：38-54.

[41] 刘涛，曹广忠. 大都市区外来人口居住地选择的区域差异与尺度效应——基于北京市村级数据的实证分析 [J]. 管理世界，2015（1）：30-50.

[42] 刘祖云，毛小平. 中国城市住房分层：基于2010年广州市千户问卷调查 [J]. 中国社会科学，2012（2）：94-109.

[43] 陆铭，张爽. 劳动力流动对中国农村公共信任的影响 [J]. 世界经济文汇，2008（4）：77-87.

[44] 陆铭. 玻璃幕墙下的劳动力流动——制度约束、社会互动与滞后的城市化 [J]. 南方经济，2011（6）：23-37.

［45］陆铭，高虹，佐藤宏．城市规模与包容性就业［J］．中国社会科学，2012（10）：47 – 66.

［46］陆铭，欧海军，陈斌开．理性还是泡沫：对城市化、移民和房价的经验研究［J］．世界经济，2014（1）：30 – 54.

［47］陆铭，李杰伟，韩立彬．治理城市病：如何实现增长、宜居与和谐？［J］．经济社会体制比较，2019（1）：22 – 29.

［48］陆万军，张彬斌．就业类型、社会福利与流动人口城市融入——来自微观数据的经验证据［J］．经济学家，2018（8）：34 – 41.

［49］吕炜主持的课题组．农业转移人口市民化研究——财政约束与体制约束视角［J］．财经问题研究，2014（5）：3 – 9.

［50］孟凡强，向晓梅．职业隔离、工资歧视与农民工群体分化［J］．2019（3）：102 – 111.

［51］穆光宗，江砥．流动人口的社会融合：含义、测量和路径［J］．江淮论坛，2017（4）129 – 133.

［52］宁光杰．中国大城市的工资高吗？——来自农村外出劳动力的收入证据［J］．经济学（季刊），2014（3）：1021 – 1046.

［53］宁光杰，雒蕾，齐伟．我国转型期居民财产性收入不平等成因分析［J］．经济研究，2016（4）：116 – 128.

［54］欧阳慧，邓兰燕．特大城市推进农民工落户的经验与启示——基于重庆市的调研［J］．宏观经济管理，2020（1）：75 – 84.

［55］潘静，陈广汉．家庭决策、社会互动与劳动力流动［J］．经济评论，2014（3）：40 – 50.

［56］潘静，张学志．市场化、城镇化与社会信任——基于WVS中国数据的实证研究［J］．云南财经大学学报，2015（6）：34 – 44.

［57］彭树宏．城市规模与工资溢价［J］．当代财经，2016（3）：3 – 12.

［58］乔宝云，范剑勇，冯兴元．中国的财政分权与小学义务教育［J］．中国社会科学，2005（6）：37 – 46.

［59］石智雷，薛文玲．流动人口的住房选择及其影响因素研究——基于2012年湖北省流动人口动态监测数据的分析［J］．西部论坛，2014（2）：25 – 33.

［60］孙红玲．化解农民工问题的财政措施的探讨［J］．财政研究，2011（3）：38 – 41.

[61] 孙红玲，谭军良. 构建财政转移支付同农业转移人口市民化挂钩机制的思考 [J]. 财政研究，2014 (8)：60 – 63.

[62] 孙立平. 城乡之间的新二元结构与农民工流动 [A]. 李培林，农民工. 中国进城农民工的经济社会分析 [C]. 北京：社会科学文献出版社，2003.

[63] 王春超，周先波. 社会资本能影响农民工收入吗？——基于有序响应收入模型的估计和检验 [J]. 管理世界，2013 (9)：55 – 68, 101, 187.

[64] 王春超，叶琴. 中国农民工多维贫困的演进——基于收入与教育维度的考察 [J]. 经济研究，2014 (12)：159 – 174.

[65] 王春艳，吴老二. 人口迁移、城市圈与房地产价格——基于空间计量学的研究 [J]. 人口与经济，2007 (4)：63 – 67.

[66] 王海宁，陈媛媛. 城市外来人口工资差异的分位数回归分析 [J]. 世界经济文汇，2010 (4)：64 – 77.

[67] 王美艳. 城市劳动力市场上的就业机会与工资差异——外来劳动力就业与报酬研究 [J]. 中国社会科学，2005 (5)：36 – 46.

[68] 王震. 农民工城市社会融入的测度及影响因素——兼与城镇流动人口的比较 [J]. 劳动经济研究，2015 (2)：41 – 61.

[69] 吴宾，徐萌. 中国住房保障政策扩散的过程及特征 [J]. 城市问题，2018 (4)：85 – 93.

[70] 吴晓刚，张卓妮. 户口、职业隔离与中国城镇的收入不平等 [J]. 中国社会科学，2014 (6)：118 – 140.

[71] 夏怡然，陆铭. 城市间的"孟母三迁"——公共服务影响劳动力流向的经验研究 [J]. 管理世界，2015 (10)：78 – 90.

[72] 肖子华，徐水源，刘金伟. 中国城市流动人口社会融合评估——以 50 个主要人口流入地城市为对象 [J]. 人口研究，2019 (9)：96 – 112.

[73] 徐清，陈旭. 劳动力转移与城市劳动力集聚的最优规模——基于地级城市的面板数据 [J]. 当代经济科学，2013 (5)：65 – 73.

[74] 严成樑. 社会资本、创新与长期经济增长 [J]. 经济研究，2012 (11)：48 – 60.

[75] 严善平. 城市劳动力市场中的人员流动及其决定机制——兼析大城市的新二元结构 [J]. 管理世界，2006 (8)：8 – 17.

[76] 严善平. 中国省际人口流动的机制研究 [J]. 中国人口科学，

2007 （1）：71 –77.

[77] 杨菊华. 流动人口在流入地社会融入的指标体系 [J]. 人口与经济，2010 （2）：64 –70.

[78] 杨菊华. 城乡差分与内外之别——流动人口劳动强度比较研究 [J]. 人口与经济，2011 （3）：78 –86.

[79] 杨菊华. 流动人口（再）市民化：理论、现实与反思 [J]. 吉林大学社会科学学报，2019 （2）：100 –110.

[80] 杨巧，杨扬长. 租房还是买房——什么影响了流动人口住房选择? [J]. 人口与经济，2018 （6）：101 –111.

[81] 叶静怡，周晔馨. 社会资本转换与农民工收入——来自北京农民工调查的证据 [J]. 管理世界，2010 （10）：34 –46.

[82] Yiu Por Chen. 财政分权下的地方经济发展、地方公共品拥挤效应和劳动力流动——以 1982 –1987 年为例 [J]. 世界经济文汇，2009 （4）：36 –51.

[83] 余吉祥，沈坤荣. 城市建设用地指标的配置逻辑及其对住房市场的影响 [J]. 经济研究，2019 （4）：116 –132.

[84] 俞雅乖. 农民工市民化的基本公共服务投入成本及其财政分担机制研究 [J]. 西南民族大学学报（人文社会科学版），2014 （8）：127 –131.

[85] 郁建兴，高翔. 地方发展型政府的行为逻辑及制度基础 [J]. 中国社会科学，2012 （5）：95 –112.

[86] 张国胜. 基于社会成本考虑的农民工市民化：一个转轨中发展大国的视角与政策选择 [J]. 中国软科学，2009 （4）：56 –69.

[87] 张华初，楚鹏飞，陶利杰. 中国流动人口社会融入的内部结构 [J]. 华南师范大学学报（社会科学版），2019 （5）：112 –121.

[88] 张继良，马洪福. 江苏外来农民工市民化成本测算及分摊 [J]. 中国农村观察，2015 （2）：44 –56.

[89] 张军，高远，傅勇，张弘. 中国为什么拥有了良好的基础设施 [J]. 经济研究，2007 （3）：4 –19.

[90] 张莉，年永威，皮嘉勇，周越. 土地政策、供地结构与房价 [J]. 经济学报，2017 （1）：91 –118.

[91] 张启春，冀红梅. 新生代农业转移人口的就业身份选择——基于2016 年全国流动人口动态监测数据的分析 [J]. 江汉论坛，2018 （7）：

36 - 36.

[92] 张顺，郭小弦. 社会网络资源及其收入效应研究——基于分位回归模型分析 [J]. 社会，2011 (1)：94 - 111.

[93] 张维迎，柯荣住. 信任及其解释：来自中国的跨省调查分析 [J]. 经济研究，2002 (10)：59 - 70.

[94] 张文宏，雷开春. 城市新移民社会融合的结构、现状与影响因素分析 [J]. 社会学研究，2008 (5)：117 - 141.

[94] 张学志，才国伟. 社会资本对农民工收入的影响研究——基于珠三角调查数据的证据 [J]. 中山大学学报（社会科学版），2012 (5)：212 - 220.

[96] 张云武. 不同规模地区居民的人际信任与社会交往 [J]. 社会学研究，2009 (4)：112 - 132.

[97] 章元，陆铭. 社会网络是否有助于提高农民工的工资水平？ [J]. 管理世界，2009 (3)：45 - 54.

[98] 章元，Mouhoud，范英. 异质的社会网络与民工工资：来自中国的证据 [J]. 南方经济，2012 (2)：3 - 14.

[99] 郑思齐，曹洋. 居住与就业空间关系的决定机理和影响因素——对北京市通勤时间和通勤流量的实证研究 [J]. 城市发展研究，2009 (6)：29 - 35.

[100] 郑思齐，符育明，任荣荣. 居民对城市生活质量的偏好：从住房成本变动和收敛角度的研究 [J]. 世界经济文汇，2011 (2)：35 - 51.

[101] 中国发展研究基金会. 中国发展报告 2010：促进人的发展的中国新型城市化战略 [M]. 北京：人民出版社，2010.

[102] 中国社会科学院. 中国城市发展报告 No.6：农业转移人口的市民化 [M]. 北京：社会科学文献出版社，2013.

[103] 周春山，杨高. 广东省农业转移人口市民化成本——收益预测及分担机制研究 [J]. 南方人口，2015 (5)：20 - 31.

[104] 周大鸣，杨小柳. 从农民工到城市新移民：一个概念、一种思路 [J]. 中山大学学报（社会科学版），2014 (5)：144 - 154.

[105] 周怀康，彭秋萍，孙博，姜军辉. 谁在助推房价？——基于中国高层次流动人口的经验证据 [J]. 中国经济问题，2019 (1)：93 - 105.

[106] 周颖刚，蒙莉娜，卢琪. 高房价挤出了谁？——基于中国流动人

口的微观视角 [J]. 经济研究, 2019 (9): 106 – 122.

[107] 朱恺容, 李培, 谢贞发. 房地产限购政策的有效性及外部性评估 [J]. 财贸经济, 2019 (2): 147 – 160.

[108] 朱力. 论农民工阶层的城市适应 [J]. 江海学刊, 2002 (6): 82 – 88.

[109] 朱农. 离土还是离乡? ——中国农村劳动力地域流动和职业流动的关系分析 [J]. 世界经济文汇, 2004 (1): 53 – 63.

[110] 朱平利, 杨忠宝. 农民工城市归属感影响因素的多维分析 [J]. 华南农业大学学报 (社会科学版), 2019 (1): 44 – 53.

[111] 朱要龙, 刘培培, 王树. 农地制度、土地依附效应与半城镇化问题研究——基于人口农村退出视角 [J]. 人口与经济, 2020 (2): 47 – 62.

[112] 踪家峰, 周亮. 大城市支付了更高的工资吗? [J]. 经济学 (季刊), 2015 (4): 1467 – 1496.

[113] Acemoglu, D., Johnson, S. and Robinson, J. Institutions as a Fundamental Cause of Long-Run Growth [A]. in Aghion, P. and Durlauf, S. (eds.), Handbook of Economic Growth, 2005, 1 (A): 385 – 472.

[114] Ai, C. and Norton, E. C. Interaction Terms in Logit and Probit Models [J]. Economics Letters, 2003, 80 (1): 123 – 129.

[115] Alesina, A. and Ferrara, L. Who Trusts Others [J]. Journal of Public Economics, 2002, 85 (2): 207 – 234.

[116] Alkire, S. Valuing Freedoms: Sen's Capability Approach and Poverty Reduction [M]. New York: Oxford University Press, 2002.

[117] Au, C. and Henderson, J. V. How Migration Restrictions Limit Agglomeration and Productivity in China [J]. Journal of Development Economics, 2006a, 80 (2): 350 – 388.

[118] Au, C. and Henderson, J. V. Are Chinese Cities Too Small? [J]. Review of Economic Studies, 2006b, 73 (3): 549 – 576.

[119] Banzhaf, H. S. and Walsh, R. P. Do People Vote with Their Feet? An Empirical Test of Tiebout's Mechanism [J]. American Economic Review, 2008, 98 (3): 843 – 863.

[120] Bauer, T., Epstein, G. and Gang, I. N. Herd Effects or Migration Networks? The Location Choice of Mexican Immigrants in the U. S [Z]. IZA Dis-

cussion Paper, 2002, No. 551.

[121] Berg, J., Dickhaut, J. and McCabe, K. Trust, Reciprocity, and Social History [J]. Games and Economic Behavior, 1995, 10 (1): 122 – 142.

[122] Berggren, N. and Jordahl, H. Free to Trust: Economic Freedom and Social Capital [J], International Review for Social Sciences, 2006, 59 (2): 141 – 169.

[123] Bian, Y. Bringing Strong Ties Back In: Indirect Ties, Network Bridges, and Job Searches in China [J]. American Sociological Review, 1997, 62 (3): 366 – 385.

[124] Bian, Y. and Li, L. China's General Social Survey 2003: a Methodological Report [Z]. Paper Presented at the proceedings of JGSS Colloquium, 2005.

[125] Bjørnskov, C. Determinants of Generalized Trust: A Cross-country Comparison [J]. Public Choice, 2006, 130 (1 – 2): 1 – 21.

[126] Blinder, A. S. Wage Discrimination: Reduced Form and Structural Estimates [J]. Journal of Human Resources, 1973, 8 (4): 436 – 455.

[127] Binet, M. E. Testing for Fiscal Competition among French Municipalities: Granger Causality Evidence in a Dynamic Panel Data Model [J]. Regional Science, 2003, 82: 277 – 289.

[128] Borrow, L. School Choice through Relocation: Evidence from the Washington. D. C. Area [J]. Journal of Public Economics, 2002, 86 (1): 155 – 189.

[129] Boxman, Ed., Graaf, P. and Flap, H. The Impact of Social and Human Capital on the Income Attainment of Dutch Managers [J]. Social Networks, 1991 (13): 51 – 73.

[130] Buchanan, J. M. An Economic Theory of Clubs [J]. Economica, 1965, 32 (125): 1 – 14.

[131] Cai, F. and Wang, D. Migration as Marketization: What Can We Learn from China's 2000 Census Data? [J]. The China Review, 2003, 3 (2): 73 – 93.

[132] Chantarat, S. and Barrett, C. Social Network Capital, Economic Mobility and Poverty Traps [J]. The Journal of Economic Inequality, 2012 (10):

299 – 342.

［133］ Chen, Z. , Jiang, S. , Lu, M. and Sato, H. How do Heterogeneous Social Distances Affect the Neighborhood Effect in Rural-Urban Migration?: Empirical Evidence from China ［Z］. International Workshop on Employment Dynamics and Social Security, Fudan University, 2010.

［134］ Chiuri, M. C. and Jappelli, T. Do the Elderly Reduce Housing Equity? An International Comparison ［J］. Journal of Population Economics, 2010, 23 (2): 643 – 663.

［135］ Ciccone, A. and Hall, R. Productivity and the Density of Economic Activity ［J］. American Economic Review, 1996, 86 (1): 54 – 70.

［136］ Combes, P. P. , Duranton, G. , Gobillon, L. , Puga, D. , and Roux, S. The Productivity Advantages of Large Cities: Distinguishing Agglomeration from Firm Selection ［J］. Econometrica, 2012, 80 (6): 2543 – 2594.

［137］ Davis, M. A. , and Ortalo-Magné, F. Household Expenditures, Wages, Rents ［J］. Review of Economic Dynamics, 2011, 14 (2): 248 – 261.

［138］ Day, K. M. Interprovincial Migration and Local Public Goods ［J］. The Canadian Journal of Economics, 1992, 25 (1): 123 – 144.

［139］ D'Costa, S. and Overman, H. G. The Urban Wage Growth Premium: Sorting or Learning? ［J］. Regional Science and Urban Economics, 2014, 48 (3): 168 – 179.

［140］ Dolfin, S. and Genicot, G. What Do Networks Do? The Role of Networks on Migration and "Coyote" Use ［J］. Review of Development Economics, 2010, 14 (2): 343 – 359.

［141］ Duranton, G. and Puga, D. Miicro-foundations of Urban Agglomeration Economies ［J］. Handbook of Regional and Urban Economics, 2004: 2063 – 2117.

［142］ Eichholtz, P. and Lindenthal, T. Demographics, Human Capital, and the Demand for Housing ［J］. Journal of Housing Economics, 2014 (26): 19 – 32.

［143］ Epple, D. and Sieg, H. Estimating Equilibrium Models of Local Jurisdiction ［J］. Journal of Political Economy, 1999, 107 (4): 645 – 681.

［144］ Farrell, H. and Knight, J. Trust, Institutions, and Institutional

Change: Industrial Districts and the Social Capital Hypothesis [J]. Politics & Society, 2003, 31 (4): 537 – 566.

[145] Fernandes, C., Crespo, N. and Simoes, N. Poverty, Richness, and Inequality: Evidence for Portugal Using a Housing Comfort Index [J]. Journal of Economic and Social Measurement, 2017, 41 (4): 371 – 394.

[146] Filandri, M. and Olagnero, M. Housing Inequality and Social Class in Europe [J]. Housing Studies, 2014, 29 (7): 977 – 993.

[147] Flap, H. and Völker, B. Goal Specific Social Capital and Job Satisfaction Effects of Different Types of Networks on Instrumental and Social Aspects of Work [J]. Social Networks, 2001, 23 (4): 297 – 320.

[148] Freedman, M. Lineage Organization in Southeastern China [M]. London: University of London, Athlone Press, 1965.

[149] Glaeser, E. L., Laibson, D. I., Scheinkman, J. A. and Soutter, C. L. Measuring Trust [J]. The Quarterly Journal of Economics, 2000, 115 (3): 811 – 846.

[150] Gramilich, E. M. and Rubinfeld, D. L. Micro Estimates of Public Spending Demand Functions and Tests of the Tiebout and Median-Voter Hypotheses [J]. Journal of Political Economy, 1982, 90 (3): 536 – 560.

[151] Granovetter, M. The Strength of Weak Ties [J]. American Journal of Sociology, 1973, 78 (6): 1360 – 1380.

[152] Greif, A. Contract Enforceability and Economic Institutions in Early Trade: The Maghribi Traders' Coalition [J]. American Economic Review, 1993, 83 (3): 525 – 548.

[153] Grootaert, C. Social Capital, Household Welfare and Poverty in Indonesia [Z], The World Bank, Local Level Institutions, Working Paper, 1999, No. 6.

[154] Guiso, L., Sapienza, P. and Zingales, L., People's Optum? Religion and Economic Attitudes [J]. Journal of Monetary Economics, 2003, 50 (1): 225 – 282.

[155] Harris, J. R. and Todaro, M. P. Migration, Unemployment and Development: A Two-Sector Analysis [J]. American Economic Review, 1970, 60 (1): 126 – 142.

[156] He, C. and Gober, P. Gendering Interprovincial Migration in China [J]. International Migration Review, 2003, 37 (4): 1220 – 1251.

[157] Helliwell, J. F. and Barrington-Leigh, C. P. How Much is Social Capital Worth? [Z]. NEBR Working Paper, 2010, No. 16025.

[158] Hsu, L. K. F. Clan, Caste and Club [M]. New York: Van Nostrand Reinhold Company Press, 1963.

[159] Ihlanfeldt, K. R. , The Effect of Land Use Regulation on Housing and Land Prices [J]. Journal of Urban Economics, 2007, 61 (3): 420 – 435.

[160] John, P. , Dowding, K. and Biggs, S. Residential Mobility in London: A Micro-Level Test of the Behavioural Assumptions of the Tiebot Model [J]. British Journal of Political Science, 1995, 25 (3): 379 – 397.

[161] Kahn, M. E. Smog Reduction's Impact on California County Growth [J]. Journal of Regional Science, 2000, 40 (3): 565 – 582.

[162] Karlan, D. Mobius, M. , Rosenblat, T. and Szeidl, A. Trust and Social Collateral [J]. The Quarterly Journal of Economics, 2009, 124 (3): 1307 – 1361.

[163] Knack, S. and Keefer, P. Does Social Capital Have an Economy Payoff? A Cross-Country Investigation [J]. Quarterly Journal of Economics, 1997, 112 (4): 1251 – 1288.

[164] Knack, S. Social Capital and the Quality of Government: Evidence from the US States [J]. American Journal of Political Science, 2002, 46 (4): 772 – 785.

[165] Knight, J, and Yueh, L. The Role of Social Capital in the Labour Market in China [J]. Economics of Transition, 2008, 16 (3): 389 – 414.

[166] Lauridsen, J. and Skak, M. Determinants of Homeownership in Denmark [Z]. Discussion Papers on Business and Economics, University of Southern Denmark, 2007, No. 2.

[167] Lee, E. A Theory of Migration [J]. Demography, 1966, 3 (1): 47 – 57.

[168] Lewis, A. Economic Development with Unlimited Supplies of Labor [J], The Manchester School of Economic and Social Studies, 1954, 22 (2): 139 – 191.

［169］ Lin, N. Social Capital: A Theory of Social Structure and Action ［M］. Cambridge: Cambridge University Press, 2001.

［170］ Logan, J. R. , Bian, Y. and Bian, F. Housing Inequality in Urban China in the 1990s ［J］. International Journal of Urban and Regional Research, 1999, 23 (1): 7 - 25.

［171］ Lucas, R. E. Life Earnings and Rural-Urban Migration. The Journal of Political Economy, 2004, 112 (S1) .

［172］ Marshall, A. Principles of Economics ［M］. London: Macmillan, 1890.

［173］ Meier, G. M. and Stiglitz, J. E. Frontiers of Development Economics: The Future in Perspective ［M］. Oxford: Oxford University Press, 2001.

［174］ Mincer, J. Schooling, Experience, and Earnings ［M］. New York: Columbia University Press, 1974.

［175］ Munshi, K. Networks in the Modern Economy: Mexican Migrants in the U. S. Labor Market ［J］. Quarterly Journal of Economics, 2003, 118 (2): 549 - 599.

［176］ Munshi, K. Strength in Numbers: Networks as a Solution to Occupational Traps ［J］. The Review of Economic Studies, 2011, 78 (3): 1069 - 1101.

［177］ Musgrave, R. A. Cost-benefit Analysis in the Theory of Public Finance ［J］. Journal of Economics Literature, 1969, 7 (3): 797 - 806.

［178］ Mussa, A. , Nwaogu, U. G. and Pozo, S. , Immigration and Housing: A Spatial Econometric Analysis ［J］. Journal of Housing Economics, 2017 (35): 13 - 25.

［179］ Nozick, R. Anarchy, State and Utopia ［M］. New York: Basic Books, 1974.

［180］ Oates, W. E. The Effects of Property Taxes and Local Public Spending on Property Values: An Empirical Study of Tax Capitalization and the Tiebout Hypothesis ［J］. Journal of Political Economy, 1969, 77 (6): 957 - 971.

［181］ Oaxaca, R. Male - Female Wage Differentials in Urban Labor Markets ［J］. International Economic Review, 1973, 14 (3): 693 - 709.

［182］ Paxton, P. Social Capital and Democracy: an Interdependent Relationship ［J］. American Sociological Review, 2002, 67 (2): 254 - 277.

［183］ Porta, R. L. , Lopez-de-Silanes, F. , Shleifer, A. and Vishny, R. W. Trust in Large Organizations ［J］. American Economic Review, 1997, 87 (2): 333 – 338.

［184］ Putnam, R. Bowling Alone: The Collapse and Revival of American Community ［M］. New York: Simon and Schuster, 2000: 134 – 177.

［185］ Ranis, G. and Fei, J. A Theory of Economic Development ［J］. American Economic Review, 1961, 51 (4): 533 – 565.

［186］ Rawls, J. A Theory of Justice ［M］. Cambridge MA: Harvard University Press, 1971.

［187］ Roemer, J. E. Equality of Opportunity ［M］. Cambridge, MA: Harvard University Press, 1998.

［188］ Rhode, P. W. and Strumpf, K. S. Assessing the Importance of Tiebout Sorting: Local Heterogeneity from 1850 to 1990 ［J］. American Economic Review, 2003, 93 (5): 1648 – 1677.

［189］ Rosenbaum, P. R. and Rubin, D. B. The Central Role of the Propensity Score in Observational Studies for Causal Effects ［J］. Biometrika, 1983, 70 (1): 41 – 55.

［190］ Rothstein, B. and Stolle, D. Introduction: Social Capital in Scandinavia ［J］. Scandinavian Political Studies, 2003, 26 (1): 1 – 26.

［191］ Sabatini, F. Does Social Capital Improve Labour Productivity in Small and Medium Enterprises? ［J］. International Journal of Management and Decision Making, 2008, 9 (5): 454 – 480.

［192］ Samuelson, P. A. The Pure Theory of Public Expenditure ［J］. Review of Economics and Statistics, 1954, 36 (4): 387 – 389.

［193］ Sen, A. Development as Freedom ［M］. London: Oxford University Press, 1999.

［194］ Schönwälder, K. and Söhn, J. Immigrant Settlement Structures in Germany: General Patterns and Urban Levels of Concentration of Major Groups ［J］. Urban Studies, 2009, 46 (7): 1439 – 1460.

［195］ Stark, O. and Taylor, J. E. Migration Incentives, Migration Types: The Role of Relative Deprivation ［J］. The Economic Journal, 1991, 101 (408): 1163 – 1178.

[196] Tao, L. , Hui, E. C. M, , Wong, F. K. W. and Chen, T. Housing Choices of Migrant Workers in China: Beyond the Hukou Perspective [J]. Habitat International, 2015, 49: 474 – 483.

[197] Tiebout, C. The Pure Theory of Local Expenditures [J]. Journal of Political Economy, 1956 (64): 416 – 424.

[198] Todaro, M. P. A Model of Labor Migration and Urban Unemployment in Less Developed Countries [J]. American Economic Review, 1969, 59 (1): 138 – 148.

[199] Tsai, L. L. Solidary Groups, Informal Accountability, and Local Public Goods Provision in Rural China [J]. American Political Science Review, 2007, 101 (2): 355 – 372.

[200] Uslaner, E. M. Where You Stand Depends upon where Your Grand-parents Sat: the Inheritability of Generalized Trust [J]. Public Opinion Quarterly, 2008, 72 (4): 725 – 740.

[201] Yankow, J. J. Why Do Cities Pay More? An Empirical Examination of Some Competing Theories of the Urban Wage Premium [J]. Journal of Urban Economics, 2006, 60 (2): 139 – 161.

[202] Yi, C. and Huang, Y. Housing Consumption and Housing Inequality in Chinese Cities During the First Decade of the Twenty-First Century [J]. Housing Studies, 2014, 29 (2): 291 – 311.

[203] Zak, P. J. and Knack, S. Trust and Growth [J]. The Economic Journal, 2001, 111 (4): 295 – 321.

[204] Zelmer, J. Linear Public Goods Experiments: A Meta-analysis [J]. Experimental Economics, 2003, 6 (3): 299 – 310.

[205] Zhang, X. and Li, G. Does Guanxi Matter to Nonfarm Employment? [J]. Journal of Comparative Economics, 2003 (31): 315 – 331.

[206] Zhu, N. The Impact of Income Gaps on Migration Decisions in China: A Verification of the Todaro Model [J]. China Economic Review, 2002, 13 (2 – 3): 213 – 230.